成都银杏酒店管理学院规划教材

旅游学概论

Introduction to Tourism

（第二版）

主　编　贾　荣　王毓梅

副主编　张辉辉　闫海莹

参　编　李汶桐　彭　璐　李姣楠

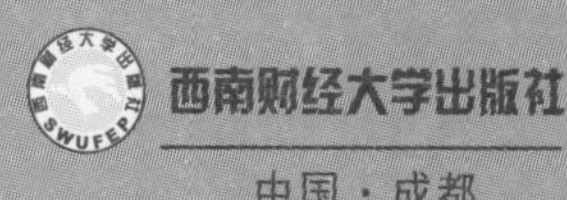

西南财经大学出版社

中国·成都

共同完成单位名单如下：

成都银杏酒店管理学院
上海国际主题乐园有限公司
四川上航假期国际旅行社有限公司
成都文旅公交旅游发展有限公司
成都文化旅游发展股份有限公司西岭雪山运营分公司
成都浓园文化艺术传播有限公司

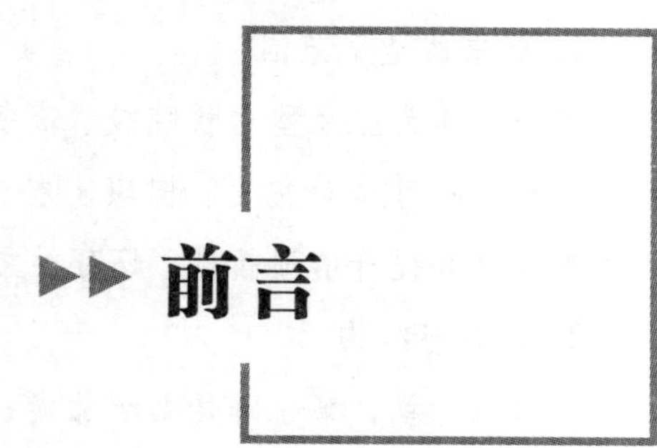

前言

从2018年开始，以党的十九大召开和改革开放40周年为重要标志，中国旅游迈入了4.0阶段——跨界融合中国旅游新时代，这个时代的突出特征是“旅游+”。旅游通过跨界，与文化、健康、农业、体育、生态、研学等融合发展，形成文化旅游、健康旅游、养生旅游、休闲农业旅游、生态旅游、非遗主题旅游、研学旅游等多个新兴业态。2020年伊始，新冠肺炎疫情爆发，对旅游业产生了巨大影响。纵观2020年，在新冠肺炎疫情影响下，中国旅游业仍然实现了80%的市场恢复程度。中国旅游研究院院长戴斌对2021年旅游经济运行持相对乐观的预期，并对行业高质量发展充满期待。

受新冠炎疫情影响，旅游业与科技融合的互联网思维越来越突出。2020年11月，国务院常务会议确定了支持“互联网+旅游”发展的系列措施，推动互联网、大数据、人工智能和旅游业的深度融合，尤其是要建设智慧景区，通过做好分时预约、流量监测和数字导览等服务，更好地满足大众旅游的需求。疫情促使人们对周边游进行了深度挖掘，“重新发现家门口的美景”成为新趋势；本地旅游者对新玩法、深度游有了更高的需求，由此推动了定制游市场的发展。疫情之下，旅游的服务与体验从有形的线下场景延伸到无形的线上场景，线上线下消费边界逐渐模糊，全渠道融合成为行业突围方向。非物质文化遗产资源、红色旅游资源、沉浸式演艺、剧本杀等日渐成为可体验、可购买的集艺术性与观赏性于一体的新型旅游产品，这些旅游产品赋予了旅游更蓬勃的生命力。

《旅游学概论》作为旅游类专业的基础教材，其系统性、应用性和前瞻性尤为重要。2015年10月，国家旅游局、教育部联合出台了《加快发展现代旅游职业教育的指导意见》，其中指出要“加强普通本科旅游类专业，特别是适应旅游新业态、新模式、新技术发展的专业应用型人才培养。”本书在多次赴旅游企业调研、选题讨论、审题等的基础上，由成都银杏酒店管理学院的 7 位教师与和成都银杏酒店管理学院建立校企合作关系的文旅企业职业经理人共同探讨开发，是一本适合跨界融合、应用型旅游人才发展需求的本科教材。

1. 本书的适用范围

本书可作为应用型本科院校、高等职业院校旅游类、文化产业类、休闲类专业的课程教材，也可作为文化、健康、农业、体育、生态、考古、研学等行业从业人员的业务参考书和提升培训教材，还可供文旅相关部门的领导、专家和工作者参考。

2. 内容与结构

全书共十章，第一章是初识旅游；第二章是认识旅游者和旅游市场；第三章是认识旅游资源；第四章是走进旅游业之旅行社行业；第五章是走进旅游业之旅游交通；第六章是走进旅游业之旅游食宿接待业；第七章是走进旅游业之旅游目的地；第八章是走进旅游业之旅游娱乐购物业；第九章是理解旅游影响；第十章是旅游+新业态概述。

全书遵循应用型本科既注重基础理论知识，又强调实践操作能力的原则，结合我国文化旅游行业发展的实际，比较系统地阐述了旅游学的基本原理和方法。

3. 本书的特点

本书紧跟我国文化旅游行业的发展现状和趋势，力求满足“旅游+”跨界融合人才的实际需要，具有较强的应用性、融合性、指导性。本书具有以下两个显著特点：

(1) 立足创新，理论联系实际，强调对现实问题的解读。全书将知识学习与能力培养紧密结合，正文链接了丰富的资料，穿插了很多现实、生动的文化旅游行业的真实案例，同步设有案例实务训练，在拓展学习的同时，训练学生发现、分析和解决实际问题的能力。

(2) 体例完整，按照学生认知规律来设计教学环节。在正文前设置了“学习目标”“引导案例”，在正文中设置了“小知识”“小贴士”，在正文后设置了“核心知识小结”“案例解析”“思考题”“线上阅读拓展”栏目，便于学生从不同的角度来掌握旅游学基础知识和理论，提升对理论的应用能力和实践能力。

4. 编纂分工

本书由贾荣提出写作大纲，贾荣和王毓梅修订大纲。各章初稿的写作分工如下：第一章由张辉辉负责；第二章由贾荣负责；第三章由张辉辉负责；第四章由王毓梅负责；第五章由贾荣负责；第六章由彭璐负责；第七章由李汶桐负责；第八章由闫海莹负责；第九章由闫海莹负责；第十章由王毓梅负责；文中部分文化旅游行业案例由李姣楠搜集编辑。初稿完成后，由贾荣、王毓梅对各章内容进行了修改、总纂和定稿。

5. 鸣谢

在本书的编写过程中，我们得到了成都浓园文化艺术传播有限公司周凯、上海国际主题乐园有限公司林勇智、成都文化旅游发展股份有限公司西岭雪山运营分公司李铖、四川上航假期国际旅行社有限公司罗敏、北京途牛国际旅行社成都分公司任艳洁、成都文旅公交旅游发展有限公司向在翔、成都巅行国际旅行社有限公司蒋光跃等同志的大力帮助与支持，获得了企业的一线资料和前沿动态。在此，我们对以上各位的付出表示深深的感谢。同时，本书参阅了国内外大量的相关研究成果，在书中我们都尽可能地做了说明，在此谨向原作者表示诚挚的谢意！最后，本书受成都银杏酒店管理学院教材建设资金资助，感谢成都银杏酒店管理学院秘涛处长为本书的顺利再版付出的辛苦。

由于编者水平及资料所限，本书在内容、体例编排等方面尚有诸多不足之处，恳请同行和广大读者朋友们批评指正，以便今后再做修订和完善。

编　者

2022 年 2 月

▶▶目录

第一章 初识旅游

［学习目标］

1. 了解旅游的产生及发展过程。
2. 掌握旅游的本质、属性和内涵。
3. 熟悉旅游活动的构成要素、主要特征及种类。
4. 归纳旅游活动的特点。

［引导案例］

马云说，眼光是走出来的

学习能力，是阿里巴巴不断成功的重要因素。“中国经济、世界经济、互联网加上我们的年轻，如果我们不学习，不成长，我们对不起自己，也对不起这个时代”“在1995年、1996年的时候，一大批专家说互联网未来应该这样发展，这样是错的，那样是对的……我觉得他们是瞎扯，因为那时候人类没有见到过互联网是什么东西”。

马云认为，学习是主要的，他和阿里巴巴就是边学边干走到现在的。谁都不是天生的首席执行官（CEO），马云说，“人家问马云你怎么当CEO的？我说我不知道怎么当CEO，这个世界上没有哪个CEO是培训出来的”。马云也是在学习中成长的，“作为一个领导，必须拥有眼光、胸怀，眼光就是多跑多看，读万卷书不如行万里路”。

“人要学会投资在自己的脑袋、自己的眼光上面。你每天旅游的地方都是萧山、余杭，你怎么跟那些大客户讲，世界未来发展是这样子的。你把旅游计划放到日本东京去看看，去纽约看看，去其他地方看看，去全世界看看，回来之后你的眼光就不一样。人要舍得在自己身上投资，这样才能转给客户”。

（资料来源：马云内部讲话——相信未来）

补充案例 1-1　诗和远方终于在一起了！文化和旅游部正式挂牌

补充案例 1-2　文旅融合背景下四川特色的现代文化旅游

党的十九大报告明确指出，中国特色社会主义进入新时代，我国社会主要矛盾已经转化为人民日益增长的美好生活需要和不平衡不充分的发展之间的矛盾。随着社会生产力水平的显著提高，人民对美好生活的需要日益广泛，对物质生活提出了更高的要求。旅游业作为直接服务于人民美好生活的重要行业之一，其自身的发展程度直接影响到了人民日益增长的美好旅游生活。《“十四五”文化产业发展规划》中指出，以推动文化产业高质量发展为主题，以深化供给侧结构性改革为主线，以文化创意、科技创新、产业融合催生新发展动能，提升产业链现代化水平和创新链效能，不断健全现代文化产业体系和市场体系，促进满足人民文化需求和增强人民精神力量相统一，为社会主义文化强国建设奠定坚实基础。发挥文化赋能作用，推进旅游为民，发挥旅游带动作用，推进文旅融合、努力实现创新发展，为提高国家文化软实力、建设社会主义文化强国做出积极贡献。

什么是旅游？旅游是什么时候出现的，又是如何产生的？旅游的本质、特征和内涵是什么？旅游活动由哪些要素构成？旅游活动有哪些类型，各类型具有什么特点？解答这些问题是认识旅游以及旅游业的基础。

第一节　旅游现象

旅游是社会经济发展到一定阶段的产物，是从早期的旅行逐步发展而来的。在 21 世纪，几乎没有人从未参与过旅游活动，或者至少说没有人从未见过别人的旅游行为。古有孔子周游列国游学，今有中小学生研学旅行；古有丝绸之路，今有“一带一路”倡议；古有李白“一生好入名山游”，今有“世界那么大，我想出去看看”……这些都属于旅游活动的范畴。丰富多样的旅游活动给旅游者带来了身心上的愉悦，同时拉动了地方就业和经济增长，弘扬了地方文化，提高了当地居民的文化认同感和文化自信心。改革开放40多年以来，我国旅游业从旅游事业逐步发展为新兴产业、战略性产业和支柱性产业。2014年，国发〔2014〕31号文件《国务院关于促进旅游业改革发展的若干意见》明确指出，“旅游业是现代服务业的重要组成部分，带动作用大。加快旅游业改革发展，是适应人民群众消费升级和产业结构调整的必然要求”，我们要树立科学的旅游观，增强旅游发展动力，促进旅游业改革发展。

随着社会经济的飞速发展和人民生活水平的不断提高，人们对精神文化的需求进一步增加，旅游活动已经成为居民生活的重要组成部分。20世纪60年代以来，旅游业超过石油和汽车产业，成为全球最大的新兴产业和世界第一大产业。2019年全球旅游总人次达123.1亿人次，旅游总收入达到5.8万亿美元，占世界生产总值的6.7%。旅游业已成为全球经济发展中势头最强劲和规模最大的产业之一。2019年我国旅游业实现新跨越，形成了休闲度假游、亲子游、周边游、小长假短程游、国庆长假中远程游等市场热点，国内旅游人数达到60.06亿人次，国内旅游总收入为6.63万亿元，分别实现8.4%和11%的增长速度。出境旅游人数保持良性增长趋势，达到1.55亿人次。2019年入境旅游市场平稳发展，入境人数达到1.45亿人次，入境旅游收入达到1 313亿美元。受新冠肺炎疫情影响，2020年，国内旅游人数为28.79亿人次，国内旅游总收入为2.23万亿元，分别比上年同期减少52.1%、66.4%。2021年，我国前三季度的国内旅游总人次数为26.89%亿人次（恢复到2019年同期的58.5%），国内旅游收入为2.37万亿元（恢复到2019年同期的54.4%。）与此同时，伴随着新冠肺炎疫情所带来的旅游行业变革正在发生，定制化、数字化、品质化正成为未来旅游业的发展趋势。旅游者对高端酒店、民宿青睐度提升，更加注重旅游住宿的舒适度和体验感，更加注重文化体验和精神追求。旅游业与农业、交通业、教育业、工业、健康产业、冰雪产业等行业跨界融合，工业旅游、田园综合体、房车旅游、研学旅行、康养旅游、冰雪旅游等旅游新业态、新产品全面升级，智慧旅游贯穿旅游全过程，游客体验便捷度不断提升，旅游大消费时代已经到来。

一、旅游活动的产生

关于旅游的起源，一直是旅游学界争论不休的话题。目前，国内外学界有三种不同的看法：第一种看法广为流传，其认为旅游作为人类的一种活动是自古有之的，它是人们认识活动的一部分，是社会发展进步的结果。那么，究竟“古代”这一概念应该从何算起，学界并未达成共识。第二种看法则认为，旅游活动是工业革命后随着市场经济的发展出现的产业，出现于18世纪工业革命之后的英国。第三种看法则认为，真正意义上的旅游活动则出现在以宗教旅游、士人漫游、商务旅游、科学考察、官吏宦游等为代表的封建社会。

应该说，由于世界各国家、地区及民族的不同，旅游的发展历史也存在着相当大的差别。人类生活地点转移和迁徙的历史可以说由来已久了，甚至可以说，人类定居的历史反而略显短暂。但是，我们能够因此就断言旅游的历史与人类迁徙的历史等同吗？很显然是不能的。目前，人们基本形成了一个普遍的认识：旅游最基本的特征就是空间上的移动。可以说，旅游活动的产生源于古代旅行活动的变异，古代人类迁徙、旅行活动是旅游现象产生的前奏。

（一）人类迁徙与旅行产生

原始社会人类进行的一切活动都与他们的生存有着密切关系，围绕生存问题，他们在自然分工的基础上进行采集和渔猎活动。由于当时的社会生产力低下，他们面临着来自大自然的各种威胁，为此人们必须依靠集体的力量同自然抗争。然而，由于受到自然原因（如气候、天灾等对生存环境的破坏），或者人为原因（如战争）的威胁，人们被迫离开定居地，在新的定居点定居下来，不再回到原来的定居点的迁徙行为是早期人类旅游的雏形。因此，虽然迁徙具有客观的"空间移动"的外部特征，但从客观上讲，迁徙是受外在因素的胁迫而被迫离开的，从主观上讲，人们还缺乏有意识的、自愿外出的旅行需求。

因此，这样的迁徙活动与当今的旅游活动之间有着很大的差异。从目的来看，原始社会人类迁徙活动的目的是求生存，与追求消遣游玩的旅游活动存在本质上的差异；从迁徙特征来看，迁徙是永久地离开原来的居住地，而旅游活动则是暂时性地离开并最终会回到原住地；从属性来看，迁徙是出于生存目的的本能反应的自然现象，而旅游活动则是一种社会现象。所以，原始社会人类的迁徙活动不属于旅行亦不属于旅游。由于社会经济条件的限制，在原始社会早期，人类不仅在客观上没有开展旅行活动的物质基础，而且在主观上也无自愿外出旅行的愿望和动机。由于生产力水平低下，人类没有旅行的物质基础，仅有受战争、自然等因素的影响为生存而被迫进行的迁徙活动，这不属于今天意义上的旅行和旅游的范畴。

思考 1-1：迁移属于旅行吗？

思考 1-2：迁移和旅行有什么区别与联系？

（二）人类最早的旅行

到了新石器时代晚期，金属工具出现。随着金属工具的普及和生产技术的进步，人们的生产效率大幅提高，剩余产品随之出现。到了原始社会末期，人类历史上的第二次社会大分工促使手工业从农业和畜牧业中分离出来。社会的再次分工促使剩余劳动力从家庭劳动中分离出来，生产效率得到进一步提高，剩余产品数量随之增加。出于生产和生活的需要，承担不同分工的人们必须将剩余产品拿来交换。剩余产品数量的增加，商品经济的不断发展，加速了私有制的形成。早在第一次社会大分工之后，游牧部落与农业部落之间因生产生活的需要，易货交易的现象便已开始萌芽。而第二次社会大分工进一步解放了剩余劳动力，剩余产品不断丰富，交易的范围和数量进一步增加。随着社会分工和交换的不断发展，到了原始社会瓦解和奴隶制社会开始形成的时候，商业从农业、牧业、手工业中分离出来，出现了专门从事贸易经商的商人阶级。这便是第三次社会大分工。

社会分工的发展使得人们进行商品交换的地域范围不断扩大。正是由于这一发展，人们需要了解其他地区的产品生产和需求情况，需要到其他地区交换所需产品或货物，因此自愿外出交易的旅行经商便产生了。所以人类最初的自愿外出旅行实际上远非休闲和度假活动，而是出于现实主义和产品交换或经商的需要而产生的一种经济活动。回溯历史，"丝绸之路""香料之路""食盐之路""茶马古道"等众多历史遗留下来的世界著名旅行线路，其最初的形成无一例外都是基于商业贸易的发展。

所以，纵观世界，可以说商人是旅行的开创者。人类出于自愿并有意识外出的旅行活动肇始于原始社会末期，发展于奴隶社会时期。但这一时期的旅行活动并不是以消遣度假为目的，而是以贸易或商品交换为主要目的，这仍然在一定程度上推动了旅行的发展。

旅行是人们出于迁徙以外的任何目的离开自己的常住地到异地进行短暂停留并按原计划返回的行为。从目的来看，旅游是人们出于消遣目的而短暂离家外出的活动，旅行则是泛指出于商务、求学、探亲、打工等任何目的而往来于不同地方的空间转移活动。从内容来看，旅游包含旅行和游览，旅行则仅仅是出于某一目的的空间移动活动，旅游包含旅行，但是旅行不一定是旅游。从外出时间来看，旅游在完成目的地游玩活动后，一定时间内（通常不超过一年）返回原来的居住地，而旅行时间则未必。

二、旅游活动的发展

（一）奴隶社会的旅行

由于生产力水平提高、交换范围扩大，人类有意识的外出旅行活动从原始社会末期开始出现，并在奴隶社会得到了迅速发展。公元前 3200 年前后，在尼罗河畔，古埃及形成了政治、军事统一的强大国家。同时，两河流域的古巴比伦在公元前 2300 年前后，古印度在公元前 1000 年前后，古中国在公元前 2100 年前后，先后都建立了统一的奴隶制国家。旅行首先在最早进入文明时代的古埃及、古巴比伦、古希腊、古印度、古中国和古罗马发展起来。在奴隶制时期，奴隶制国家的发展与繁荣客观上为旅行的发展提供了经济、政治、文化等多方面的必要条件，并使其在古罗马、古希腊时代达到全盛。

早在公元前3000年，商业旅行就产生了。被称为“海上民族”的腓尼基，很早就有发达的商业和手工业，造船业的水平高居世界榜首，这些为商业旅行提供了条件。因此，腓尼基很早就出现了商业旅行。由于有丰富的航海经验，腓尼基人很早就认识了北斗星，希腊人将之称为“腓尼基星”。腓尼基人西越直布罗陀海峡，北至北欧波罗的海各地，东达波斯湾、印度。波斯帝国也是较早兴起商务旅行的国家，地处东亚和南亚通往西方的交通要道，在东西方文化交流中起着重要作用，促进了文明融合，发展了旅游文化。为了加快控制分散的总督，加速政治、经济、军事信息的传达，波斯帝国大兴道路建设。公元前6世纪中叶，波斯帝国兴建了两条“御道”，第一条东起帝国首都苏萨（今伊朗胡齐斯坦省油兹富尔城西南），直抵地中海的以弗所，全长约2 400千米，有驿站和旅舍110座。另一条起自巴比伦城，横贯伊朗高原，直达巴克特里亚（大厦）和印度边境。这条后来成为“丝绸之路”西段的基础。这两条道路的修建，对商务旅行的兴起和发展起到了巨大的推动作用。

古埃及的宗教旅行很发达，每年都要举行几次宗教节日集会活动，其中规模最大、最隆重的是“布巴提斯市的阿尔铁米司祭”，前来参加盛会的男男女女，乘坐大型游艇，妇女打着手板，男子吹着笛子，载歌载舞，途径临河镇、市，都要靠岸表演，达到布巴提斯时，则献上丰盛的祭品，各种仪式热闹非凡，男女老幼，通宵达旦，甚是壮观。公元前1501—前1480年，埃及皇后哈特谢普苏特还前往红海地区旅行，被称为是世界上最早的旅游。

古希腊时期，宗教旅行达到鼎盛。古希腊的提洛岛、特尔斐和奥林匹斯山是当时世界著名的宗教圣地。宙斯神庙所在之地——奥林匹亚，在举办宙斯大祭之日，同时举行赛马、赛车、赛跑、角斗等体育活动，参观者络绎不绝，这就是当时最负盛名的奥林匹亚节。这一节日活动发展至今，发展为世界闻名的体育赛事——奥林匹克运动会。当时的奥林匹克盛典，纯属一种宗教活动，但却在一定程度上促进了周围剧院的建立和宗教旅行的发展。后来，宗教旅行逐渐遍及全球，成为一种世界性的旅行活动。这一时期也出现了一些有名的大旅行社家，比如古希腊哲学家泰勒斯、毕达哥拉斯、柏拉图和亚里士多德，他们通过旅行观察社会、思考人生、享受生活。他们在旅行中不断增长的对客观世界的认识，直接推动了古希腊的自然科学和哲学的产生。

古罗马时代，旅行更加多样化，达到了全盛时期。在古罗马帝国强盛时期，其疆域空前庞大。北部边界到了现在欧洲的英国、德国、奥地利、匈牙利和罗马尼亚等地，东到西亚的幼发拉底河，南面包括非洲的埃及和苏丹北部，西边濒临大西洋。此时，其大规模的侵略和扩张已经基本停止，帝国的秩序相对稳定，从而促进了社会经济在原有基础上的进一步发展。特别值得一提的是，罗马政府在全国境内修建了许多宽阔的大道，形成了以罗马为中心的公路网。甚至曾经有一句谚语形容其城市间道路网络的状况——“条条大道通罗马”。他们分段由当地部门管理，并由军队保护，社会治安逐渐好转。这种全国道路网络的兴建虽然其本意上是出于政治和军事上的目的，但是在客观上，也为人们沿路旅行提供了方便。

越来越完备的基础条件，为人们实现空间移动奠定了良好的基础。在一部分有钱有权有闲的特权阶层中开始出现了以寻求乐趣为目的的闲暇旅行，旅行超越了商务、宗教信仰，出现了具有鉴赏艺术、疗养、徒步旅行、庙宇游览、建筑欣赏、古迹观光等各种目的的旅行。这一时期还出现了最早的自然观光旅行，例如英国北部灿若明珠的湖泊、希腊北部雄峻的顿泊河谷，以及作为文化标志的尼罗河、莱茵河和小亚细亚蜿蜒曲折的河流，都成为极富魅力的旅游吸引地。另外，埃及的金字塔、希腊的神庙、西班牙和高卢的独特民俗、北非的新兴城市都成了吸引旅游者的因素。古罗马著名历史学家、文学家塞涅卡在文章中写道：“很多的人都不惜长途跋涉，一睹遥远的景。”普鲁塔施说：“世界的涉足者将他们一生中最宝贵的时间都花在旅馆和船上了。”据史书记载，古罗马甚至在去那不勒斯沿途还建起了豪华别致的别墅，供旅游者享用。罗马最著名的旅行家和地理学家斯特拉波游历过欧亚和非洲的广大地区，在旅游中观察各种自然和人文现象。古代罗马的百科全书式的作家、博物学家老普林尼，几乎一生都在旅行途中，足迹几乎到达了罗马帝国的所有地方。

奴隶制社会时期中国旅行发展情况同西方的发展情况基本相同，但是，中国奴隶社会的建立总体来说，在世界上属于较早的，比一般西方国家要早得多。在奴隶制到达鼎盛时期的商代，生产工具和生产技术的进步以及新的社会分工使得生产效率空前提高，从而也使得商代成为中国奴隶社会经济繁荣时期。良好的社会环境，相对完善的交通体系，城市和客舍的产生，商品经济的发展，为中国古代旅行的产生和发展创造了良好的条件。

夏、商、周的旅游主要是帝王巡游、政治旅行和商旅活动。帝王巡游，如西周时期的周穆王，他那“欲斯其心，周行天下，将皆必有车辙马迹焉”的远游理想，使他“西征”成功，开创了中国通往西方、密切长安与西方各国关系的先河。到了东周时期，礼崩乐坏，纲纪失常，出现了诸侯国之间“挟天子以令诸侯”的争霸战争。由于诸侯争霸，大批知识分子游历于各个诸侯国，出现了诗人政治、游说旅行的高潮。如孔子周游列国，劝兴周礼，著《春秋》来宣传他的政治主张。而最具代表性的当属苏秦和张仪，均以布衣位列卿相。此外，这一时期屈原的放逐之旅，可谓是痛苦悲壮而令后世称道的，他在放逐期间创作《离骚》《纠葛》《九章》《天问》等记录自己的行旅生活。《管子》中有“使出周游于四方，明号召收天下贤士”的描述。这一时期的旅游主要不是为了游览审美、欣赏娱乐，而是为了审时度势、置身卿相。中国真正意义上的商旅活动，是从商朝逐步发展起来的，而这一时期的商旅活动也十分活跃。商代是中国奴隶制社会经济繁荣时期，商人足迹“已经走遍了他们所知道的世界”（翦伯赞《中国史纲要》）。到了春秋时期，商人成为“四民”（士、农、工、商）之一，远距离的商贸旅行更加繁荣。

（二）封建社会的旅行

中国的封建社会长达2 000多年，在此间，中国的经济是家庭式的自给自足的自然经济，由于社会安定，生产力和社会经济较之前都有很大的进步，且社会经济发展优先于西方世界。社会安定与经济繁荣为这个时期的旅行活动发展奠定了物质基础。中国古代封建社会的旅行主要有以下几种类型：

帝王巡游：相较于奴隶社会时期的帝王巡游，封建社会时期的帝王巡游则具有更加浓郁的“游”的成分，如秦始皇、汉武帝、隋炀帝、乾隆等帝王巡游。这类古代帝王在旅行的过程中一方面可以饱览祖国大好河山，另一方面也显示了皇权的威严，震慑人民，同时也可以了解民情，巩固其统治。也有部分帝王是为了封禅，封禅地点多为天下名山，封天禅地，祈求上天庇佑，江山永固。比如自秦始皇至清代先后有13代帝王亲登泰山封禅或祭祀，有24代帝王遣官祭祀72次。此外，秦始皇执政期间六次外出巡游，范围遍及全国。隋炀帝下扬州、乾隆下江南等都是众人皆知的帝王巡游的典型。

官吏宦游：指的是在中国封建社会时期，历朝历代官吏走马上任或者受帝王派遣，为执行某种政治、经济、军事任务而进行的旅行活动。其中以张骞、郑和为代表的官吏宦游最具影响力。张骞奉汉武帝之命，出使西域，试图联络大月氏一起抵御匈奴，由于种种原因并未达成此项政治目的。但张骞先后达到大宛、康居、月氏、大夏、安息等国，并把各国使节带回汉朝。张骞此次出使西域，加强了汉朝对西域的了解，增强了中原地区和西域的交流，同时，汉朝通过这条道路将中国丝绸运往西域，形成了影响深远的“丝绸之路”，因此张骞此次西域之行也被称为“凿空之旅”。郑和七次下西洋，航行五万余千米，到达东南亚、南亚、阿拉伯和东非三十多个国家和地区，规模之大，范围之广，可谓是我国航海史上的一大壮举。“中国航海日”也因此而来。此外，三国时期的朱应、康泰，唐代的杜环，元代的汪大渊，都是中国古代官吏宦游的杰出代表。

宗教旅行：是以朝拜、寻求仙人、布道、求经等为目的而进行的一种旅行活动。由于佛教、基督教、伊斯兰教、印度教、拜火教、犹太教先后传入我国，我国从很早开始就有了宗教旅行的记载。我国古代更是将宗教信仰者因修行问道而云游四方的活动称之为游方。宗教旅行在我国长期发展，形成了众多的旅游资源，例如四大石窟、少林寺、四大佛教名山等。宗教云游的代表人物是东晋法显、唐朝的玄奘和鉴真。公元627年，玄奘从长安出发，西出玉门关和阳关，行程5万余千米，时长19年，在公元645年回到长安后，由其口述，其弟子撰写了《大唐西域记》，记载了他游历西域的所见所闻，包含了一百多个国家和城邦，从不同层面、不同角度、不同深度反映了西域的风土民俗。

阅读材料 1-1　玄奘西行　拜佛取经

买卖商游：古代中国，占支配地位、规模较大旅行的是买卖商游进行的，他们以贸易经商为主要目的。由于中国古代经济的繁荣，商业的发展历史极为悠久，商人一词可以追溯到商朝。中国古代统治者认为商人是靠投机取巧牟取暴利，不利于农业生产，为了保证粮食生产，他们采取重农抑商的政策，个别时期甚至歧视商人，将商人列入社会最低阶层，限制其子弟考取功名，甚至限制其穿着丝绸。但是，由于中国有大量精美的产品备受世人青睐，促使经济不断繁荣发展，因此买卖商游规模巨大。往返各地做买卖的活动被称为“商旅”，买卖繁荣的必经之路被称之为“商路”，其中最为著名有“丝绸之路”“海上丝绸之路”“茶马古道”等。在中国古代，全国各地水陆交通四通八达。西南地区栈道千里无所不通，沿海地区则海运畅通。商路的开辟为商旅的发展提供了良好的条件，同时也是商务旅行兴起的重要标志。现在，部分商路已成为厚重历史的承载者，昔日经贸繁荣的见证者，且又演变为当代的优质旅游资源。

文人漫游：主要是指文人学士为了各种目的而进行的旅行游览活动。文人漫游肇始于先秦，不同时期文人漫游的目的各有侧重，形式和内容也略有不同。如先秦时期的文人漫游主要是为了施展政治抱负，故游说之士较多。魏晋南北朝时期的文人漫游多为政治上失意进而通过追求适意怡情达到排解忧愤的目的，故这一时期多放浪形骸、寄情山水的漫游之士。而隋唐科举制度的实施，最大限度地调动了文人从政的热情，“宦游”“游学”之风盛行。此外，古人提倡“读万卷书，行万里路”，这也表明了中国是一个行知结合的社会，古代的很多文人都有游学的经历，他们走遍了中国的名山大川，漫游名胜古迹，广结朋友，切磋才艺，提高学问，留下了很多经典的传世佳作。其中不乏一些高雅之士，拥有济世之志但不贪慕虚荣，自负才学而不愿参加科举，但又不愿消极隐逸，所以通过“远游”托物言志，来寄托自己的志向和情怀。其中，司马迁、陶渊明、李白、杜甫、柳宗元、欧阳修、苏东坡等人都是此中典型的代表，这些人的事迹以及他们的文学作品构成了旅游资源的一部分。

科学考察旅行：主要是指一些专家、学者为了考证先贤遗著的正误而探索客观世界的奥妙，或者为开创一门新学科而进行的治学与旅游相结合的实践活动，它是中国文化的优秀传统之一。许多求学之士，崇尚求学或深知“尽信书不如无书”的道理，或为了获得“读万卷书”所无法获得的知识信息，都热衷于“行万里路”来弥补“读万卷书”之不足。像徐霞客、郦道元、李时珍这一类人，为了追求真理而走遍中国各地，通过长期艰苦的实地考察旅行，在相关领域取得了伟大的成就。汉代著名的史学家司马迁，用20年的时间先后游览考察了江、浙、皖、鲁、鄂、湘等地，收集了大量的历史、地理等方面的文献资料，最终完成了史学巨著《史记》。此外，明代地理学家徐霞客，四海为家，山水为伴，游历34年，足迹遍及今天的21个省、直辖市、自治区，“达人所之未达，探人所之未知”，所到之处，探幽寻秘，撰写了《徐霞客游记》。该游记用精湛的笔法记录了徐霞客所观察到的各种现象，人文、地理、动植物等状况，被世人称为“世间真文字、大文字、奇文字”。我国也将《徐霞客游记》开篇之日（5月19日）定为中国旅游日。但是，这类旅行在中国封建旅行当中只有少数一部分人才能进行。

阅读材料1-2　千古奇人徐霞客

同中国封建社会时期的旅行发展相比，欧洲封建社会时期的旅行一度沉寂，发展明显落后。从罗马帝国衰亡，到19世纪中叶，这段时期内，欧洲没有多少人外出旅行。造成这一情况的根本原因是欧洲当时的社会经济状况。欧洲在公元5世纪开始其封建化进程。随着罗马帝国的衰亡，战乱、社会动荡及其对社会经济的影响，都使得旅行活动的发展条件陆续消失。这主要体现在：各地间贸易数量小，商务旅行者数量急剧下降；道路无人管理而日渐破败，行路不再方便；道路沿途盗匪横生，旅行安全不复存在。除了上述原因，其更深层次的原因是欧洲封建社会中，封建割据，王权衰落，整个精神文化领域为僧侣阶层垄断，构成人口主体的农民大体上是农奴，与中国封建社会的自由人农民还是有很大差异性的①。

这一时期，西方旅行主要以宗教旅行、求学旅行、商务旅行和探险旅行为主。罗马人喜爱四处观光游览，他们使用导游手册，甚至雇用导游，在旅游目的地到处题字留念，购买纪念品。一个叫鲍萨尼亚的希腊人写了一本《希腊旅游手册》，成为迄今为止最古老的、唯一留存下来的导游手册，此书撰写于公元160年至公元180年，它是“旅游史上的里程碑”。

7—8世纪，地跨亚非欧的阿拉伯帝国达到发展的顶峰时期。阿拉伯帝国以首都巴格达为中心，广修驿道，密置驿站，交通运输空前发展，交通四通八达，驿站备有马、

① 李天元. 旅游学［M］. 北京：高等教育出版社，2009：14-15.

骡和骆驼。当时伊斯兰教已经取得合法地位，并对教徒规定了朝觐制度，这使得每一个穆斯林者平生都有欲望进行一次长途旅行。朝觐期间，来自各地的穆斯林旅行团云集麦加，商人、艺术家也趁机而来，或做生意，或献艺。驿传局还编写了许多旅行指南，对穆斯林、旅客、商贾等均有实用价值。

9—10 世纪，西方商务旅行盛行。地处交通要冲的阿拉伯帝国的商人，几乎控制了东西方之间的全部贸易。他们东到中国，西到大西洋东岸，北达波罗的海，南抵非洲内陆，在长期的贸易旅行中积累了丰富的旅行知识。13 世纪，欧洲的外交、贸易旅行开始兴盛，中产阶级迅速成长，马可·波罗就是其中的典型代表。意大利旅行家马可·波罗随其父、叔途径两河流域，越过伊朗高原和帕米尔高原来中国经商，于 1275 年抵达元上都，随后到达元大都（北京）。在得到忽必烈的信任后，他在中国游历 17 年，游览和访问了中国各地及周边国家。1292 年，马可·波罗从海路经苏门答腊、印度等国返回，并撰写了《马可·波罗游记》，记述了中亚、西亚、东南亚等国家（地区）的情况，并重点叙述了中国的情况，对新航线的开辟和航海事业的发展有很大影响。

阿拉伯帝国时期，出现了以求知求学为目的的旅行。阿拉伯人是寻求知识而爱好旅行的典型代表。穆罕默德曾教导穆斯林们，“学问虽远在中国，亦当求之”。例如，被称为“阿拉伯的希罗多德”的著名旅行家和历史学家马苏迪，曾游历埃及、巴勒斯坦、印度和中国等地。他在《淘金场与宝石矿》中，多次提及中国，推崇中国的非凡技艺，认为中国人是世界上最聪明的人，最擅长塑像和其他技艺。此外，阿拉伯旅行家伊本·巴图塔外出旅行长达 38 年之久，漫游了马里王国，在其著作《亚洲非洲旅行记》中记载了中国的城市、商埠、物产和风俗。

15 世纪，西方产业革命的兴起，引起了对外扩张和对黄金的需求。《马可·波罗游记》中盛赞东方富庶，遍地黄金，吸引了一大批欧洲的商人、航海家、封建主从事海洋远航。著名的意大利航海家哥伦布，在多次建议葡萄牙国王进行环海航行探索通往印度和中国的海上之路无果后，移居西班牙。1492—1502 年，哥伦布在西班牙国王的资助下先后四次横渡大西洋，到达巴哈马群岛和古巴、海地、美洲大陆等地，发现了新大陆，开辟了由欧洲到美洲的新航线。1498 年，葡萄牙人达伽马绕过非洲南端的好望角，发现了通往印度的新航线。1519—1522 年，麦哲伦绕地球航行一周，证明了地圆说，对科学的发展及人们对宇宙的认识具有重要意义。这一时期的航海旅行，兼具探险、科学考察旅行的性质。

17 世纪后，出现了科学考察旅行和带有掠夺性的探险旅行。17 世纪，沙俄政府组织所谓的“探险队”“航海线”等团队，以“考察”“旅行”的名义进行“地理发现”，所到之处均被划为沙俄的“领土”。18 世纪中叶，英国组织了多次探险旅行队，进行殖民地掠夺，其中包括自然科学工作者所从事的航海路线、动植物和地质研究。其中以库克船长为首的探险队先后进行环球航行三次，达尔文在航行过程中，通过对各地的实地考察，找到了物种起源的科学解释，创立了伟大的进化论学说。这一时期具有科学意义的旅行队对人类社会的进步起到了重要影响。

直到18世纪中叶，世界上第一次出现了真正自觉的、有特定目的的自然观光旅游。当时正值资本主义初期，资产阶级提出了“个性解放”的口号，以冲破中世纪宗教对人性的束缚。在资产阶级的浪漫主义代表人物卢梭、歌德、海涅、萨托博里杨等人的影响下，欧洲掀起了“回归大自然”的热潮。一些酷爱大自然的大文豪、音乐家、画家，用文学作品、音乐、画卷来鼓励人们到大自然中去。而这种酷爱大自然、崇尚大自然、回归大自然的浪漫主义时代精神，成为后来旅游业发展的思想基础。

综上所述，封建社会时期，世界各地旅行呈现出一些共性：

其一，从参加者来看，旅行者多为帝王、官僚、贵族等统治阶层及上层人士，人数少，规模小，不具有普遍意义。

其二，从旅游类型来看，宗教旅行、商务旅行占据主导地位，但仍然不属于真正意义上的消遣性的旅游活动。

其三，从旅行范围和交通工具来看，交通工具仍然是以自然力、人力、畜力为主的车船，出行距离和范围受到限制，仅有极个别的人，出于探险、经商的目的，用毕生精力甚至生命，创造了长途旅行的历史。

思考1-3　欧洲封建旅行和中国封建旅行有哪些共同特点？

（三）近代旅游活动的发展和旅游业的开端

从全世界看，19世纪初期，旅行活动开始在许多方面具有了今天意义上的旅游活动的特点。其重要特征为：因消遣目的而外出观光或度假的人数在规模上超过了传统的商务旅行；为旅游服务的行业作为一个独立的经济部门而逐渐发展起来。这个时期无论是国内旅游还是国际旅游都有了突破性的发展，根本原因是工业革命带来的社会经济的迅速发展。

18世纪60年代，在英国开始的工业革命，蔓延至西方资本主义社会。这场工业革命不仅提高了生产力，而且改变了封建社会时期的生产关系。因此，工业革命直接影响近代旅游的产生和发展，其主要表现如下：

（1）加快了城市化进程，刺激了旅游活动的发展。

资本主义原始积累时期的圈地运动使得大量农民失去了自己的土地，使其变得一无所有、无以为生。工业革命则正好提高了生产效率，促使大机器生产时代的到来，而工业生产的发展急需大量的劳动力，这些自由但一无所有的人为了谋生和寻求就业机会，大量涌向城市。他们的工作和生活地点从乡村转移到了工业城市。越来越多的人远离了过去自由、宁静、景色优美、生活相对悠闲的农村，来到了嘈杂、拥挤、节奏紧张的城市，原来那种随农时变化而忙闲有序的多样性农业劳动，被单一、枯燥的重复性的大机器工业劳动所取代。面对紧张的城市生活、拥挤嘈杂的生产环境，越来越多的人产生了回归大自然，追求宁静、自由的农村生活的想法。研究资料显示，由于巨大的心理压力和长期远离大自然，在城市生活的人，比在农村生活的人更向往旅游活动，更加希望有时间可以在大自然中生活一段时间。这就促使人们产生强烈的休假需求。

（2）改变了很多人的工作性质，促使旅游动机产生。

在农业生产中，人们早已习惯了较为自由、相对散漫、忙闲有序的生产方式。而在工业革命后，在大机器的流水作业生产过程中，工作最突出的特点就是单一、重复、枯燥、紧张，个别的工厂中还存在劳动时间过长的问题。这些，对于习惯了农业生产方式的人们来说必然造成巨大的心理压力，人们急需通过休假旅游来放松自己，舒缓心理压力，以便能够恢复精力投入新的工作。在这种情况下，工业革命一定程度上给旅游的发展创造了机会，激发了旅游需求的产生，推动了旅游的发展。

（3）带来了阶级关系的新变化，使有财力参与外出旅游的人数增加。

产业革命带来了经济关系和阶级关系的变化，使有条件外出旅游的人数增加。产业革命促进了社会生产力的快速发展，使社会财富集聚和增长，使人们的收入总体水平上升，为旅游的发展奠定了经济基础，从而促使了古代旅游向近代旅游的根本转变。此外，产业革命造就了工业资产阶级和工业无产阶级，工人阶级要求休假的不懈斗争迫使资产阶级不得不增加工人工资及缩短劳动时间，这为近代旅游的发展创造了时间条件和物质基础。

（4）蒸汽机在交通中的应用，使得大规模人员流动成为可能。

工业革命推动了新技术的发明，交通工具的发展进一步解决了旅游的空间障碍，并且使大规模的人员流动成为可能。工业革命最主要的标志之一就是蒸汽机的发明和应用。蒸汽机的改进和在交通领域的应用解决了当时交通运输的动力问题，形成新的陆路、水路运输方式——火车和蒸汽机船，这也成为旅游发展进入近代旅游的标志之一。19 世纪以后，蒸汽动力的轮船迅速普及和发展。1807 年，美国“克莱蒙特”号轮船已在哈德逊河上开始了定期航班载人运货。1825 年，享有“铁路之父”之称的英国人乔治·史蒂芬孙建造的斯托克顿至达林顿的铁路正式投入运营。1838 年，英国蒸汽轮船“西柳斯”号首次横渡大西洋的成功，更大大缩短了穿行欧美的时间和距离。铁路运输具有速度快、成本低、运量大等优点，因此很快就得到大规模的发展建设，各地开始兴建铁路。世界上公认的第一个真正的旅行代理商是英国人托马斯·库克，第一次组织的旅行就是采用的火车作为交通工具。在火车和蒸汽机船投入使用之后，远距离旅行的时间大大缩短，这也使得大规模、远距离旅游成为可能。

阅读材料 1-3　团体旅游活动的出现

阅读材料 1-4　旅游业先驱托马斯·库克

（四）现代旅游活动

现代旅游活动通常指的是第二次世界大战结束以后，特别是 20 世纪 60 年代以来，迅速普及于世界各地的社会化旅游活动。

第二次世界大战以后，国际政治形势相对稳定，世界经济迅速发展，科学技术显著进步。各国致力于发展经济，理疗战后的创伤，国际联系不断加强。战后世界人口数量在迅速增加，经济迅速发展，人民生活水平不断提高，为形成巨大的国际旅游市场提供了必要的条件。现代交通运输业的高度发达，飞机所取代，高速公路的急剧发展，交通运输工具的进步，旅行的时空距离缩短，使旅游者的流动性大大增强。生产自动化程度的提高，使得人们带薪假期得到增加。而城市化进程普遍加快，使人们的生活环境发生了极大变化，空气污染和噪音使得人们的生存环境在不断地恶化，工作单调乏味、重复性大使得人们的工作氛围枯燥，再加上拥挤的生活空间和喧闹的城市环境，更加推动了人们旅游动机的产生。此外，人们旅游意识增强，旅游需求增多，教育事业发展、信息技术进步和旅游宣传的影响，以及各国政府的鼓励和支持，对旅游业的发展无疑都起到了积极的推动作用。

阅读材料 1-5　我国现代旅游发展经历的四个阶段

阅读材料 1-6　2019 年“十一”黄金周部分省市的旅游收入情况

第二节　旅游的概念与内涵

一、旅游的概念

（一）*旅游概念的形成*

旅游是社会经济发展到一定阶段的产物，是从人类早期的旅行发展而来。“游”作为单独的概念，在中国早已出现。先秦典籍《诗》《易》将“旅”定义为行旅、商旅。《尔雅》曰：“旅，途也。”郭璞注：“途，道也。”旅由“道路”逐步引申出客居之意。《易经》中的“旅卦”主要是商旅卦，是西周人对旅行方位观念的反应。朱熹在《易·旅卦注》中注解：旅者，客寄之名，羁旅之称，失其本居而寄他方，谓之为旅。“旅”的含义后来逐渐演变为“在途中”的状态，即旅行，指到外地做客或游历，有从一个地方到另一个地方的空间移动。而“游”即游览、遨游之意，古人认为“游就是闲暇无事的活动”。由此我们可以得知，我国先民很早就意识到“旅游”是有空间移动并在闲暇时间所做的活动。

“旅游”一词出现则稍晚，魏晋南北朝诗人沈约在《悲哉行》中说到“旅游媚年春，年春媚游人”，比英国要早约 1 300 年。唐代以后，“旅游”使用频率增高。如唐代诗人韦应物在《送姚孙还河中》写到“上国旅游罢，故园生事微”；白居易《朱陈村》中写到“忆昨旅游初，迨今十五春”。

“旅游”一词虽然在中国很早就出现了，但并不是现代意义所理解的旅游，且至今关于“旅游”一词的科学概念和定义尚无统一的说法。“旅游”一词最早出现在 1811 年出版的《牛津词典》中，将其解释为：离家远行，又回到家里，在此期间参观游览一个或几个地方。这种定义只是对旅游表面现象的描述。

1927 年，德国的《国家科学词典》将旅游定义为：狭义的理解是那些离开自己的住地，为了满足生活或文化的需求，或个人各种各样的愿望，而作为经济和文化商品的消费者逗留在异地的人的交往。

1960 年，我国商务印书馆出版的《现代汉语词典》中对旅游的解释是：旅行游览。1964 年 7 月，中国旅行游览事业管理局成立。继此之后，中国旅游出版社、中国旅游报社和上海旅游高等专科学校等相继成立，“旅游”一词被广泛使用。1982 年，国家旅游局正式设立，肯定了“旅游”一词的客观存在。

定义旅游可以从两个角度出发，一是理论性定义，二是技术性定义。所谓的理论性定义是用逻辑思维的方法（演绎与归纳）给事物定义，是为了探究旅游活动最本质的特征，发生、发展的原因、趋势和规律；技术性定义是用技术的方法（调查统计）给事物定义。

（二）概念的辨析

（1）“艾斯特”定义。瑞士学者汉泽格尔和克拉普夫在 1942 年提出的著名的旅游定义，后来在 20 世纪 70 年代为“旅游科学专家国际联合会（AIEST）”所采用，这就是著名的“艾斯特”定义。他认为“旅游是非定居者的旅行和暂时居留而引起的现象和关系的总和。这些人不会长期居住，并且不涉及任何赚钱的活动。”

（2）旅游是人们为了休闲、商务或其他目的离开他们惯常环境，到某些地方并停留在那里，但连续不超过一年的活动。（世界旅游组织，1995）

（3）旅游是人们出于移民和就业意外的其他原因离开自己的长住地，前往异国他乡的旅行和逗留活动所引起的各种现象和关系的总和。（李天元，2006）

（4）旅游是人们离开长住地到异国他乡，因对社会文化、生活和历史的体验而引起的一切现象和关系的总和，并在一定条件下引发人类的社会经济活动。（洪帅，2011）

（5）旅游是个人以前往异地寻求愉悦为主要目的而度过的一种具有社会、休闲和消费属性的短暂经历。（谢彦君，2004）

（6）旅游可界定为在吸引和接待旅游者和其他来访游客的过程中，由于旅游者、旅游企业、东道地政府和东道地社会的相互作用而引起的各种现象和关系的总和。（库伯，1994）

这样的概念数不胜数，在这里就不一一列举了。仔细分析上述 7 种概念，不难发现它们之间彼此有很多共同的特点。所有的定义都说明了旅游是具有流动性和暂时性的，产生于人们的外出运动和在不同地方或目的地的逗留活动。另外一个特点就是旅游具有异地性，旅行和逗留发生在游客常居环境或定居、工作之外的地方。因此，旅游活动所带来的表现和结果与在居住地定居和工作的活动截然不同。旅游活动表现出自由、休闲、新奇的特点。在旅游的定义当中还隐含着一对相互依附的关系，那就是“旅”和“游”，这两个因素缺一个都不是现代意义的旅游。有“旅”无“游”是出差；有“游”无“旅”是娱乐，是休闲。

综合众多学者对旅游定义的不同表述，我们发现，他们至少有以下几个方面达成了一致共识：

（1）旅游必须是旅游者离开自己的常住地，到异国他乡寻求休闲娱乐。这一点反映了旅游活动的异地性。

（2）旅游是旅游者前往旅游目的地，做短暂停留的访问活动，这完全不同于移民性质的永久居留。这一点反映了旅游活动的暂时性。

（3）旅游是旅游者旅行和暂时居留而引起的各种现象和关系的总合，既包括旅游者的活动，也包括与之相关的客观产生的一切现象的总和。这一点反映了旅游的综合性。

（4）旅游具有经济性。随着世界经济全球化趋势的不断加强，国际交往和合作的日益增多，旅游业的蓬勃发展，许多新的旅游现象不断涌现，其中具有经济性质的商务旅游、会展旅游、贸易旅游等新形式是否应该纳入旅游或者是否应该纳入旅游的概念，人们并未形成共识。而实际上，这些新形式均是旅游发展的新态势。孙文昌的《旅游学导论》则提出“旅游是在不定期的社会经济条件下产生的一种社会经济现象，是以满足人们休息、消遣和文化需要为主要目的。它是非定居者旅行和暂时居留所引起的一切现象和关系的总和”，这一概念则强调了旅游的经济性。

二、旅游的本质属性

旅游究竟属于一种什么性质的活动？学者对旅游定义众说纷纭，因此对旅游本质的理解也不一样。意大利学者马里奥蒂最早提出“旅游是属于经济性质的一种社会现象”，在此后相当长的一段时间内，旅游被普遍视为一种经济活动，这一观点得到了经济学家的普遍认可。第二次世界大战以后，一些社会学家、历史学家、美学家、文化学家则认为旅游现象属于非经济性质的活动。文化学家认为旅游是为了寻找文化差异而进行的一种暂时性文化空间的跨越的行为过程（李天元，1991）。美学家认为旅游的本质是一种审美活动。信息学家认为旅游本质是摄取信息。但从旅游发展的历史进程来看，旅游是人类社会经济和文化发展到一定阶段的产物，因此旅游必定具备经济活动和文化活动的特点；同时，旅游是人在具体的社会环境中进行的，必定会综合反映社会环境中的多种复杂现象。因此，我们对旅游的本质属性可以从以下几个方面理解。

（一）消费属性

旅游的本质是一种以消遣娱乐、追求精神享受为目的的高级消费活动，并将逐渐成为人们生活中的一种基本需要。人在生活中的需要是多种多样的，既有为延续和发展自己所必需的物质需要，也有为发展智力、道德、审美等方面的精神需要，随着物质的不断丰富，人们对精神需要的层次也在不断提高。

旅游过程中的所有消费均是建立在衣、食、住、行基本生活得到满足的基础之上，进而产生的享受和发展的需要，旅游是一种更为高级的消费形式。虽然旅游是超出人们基本生存需要的高级消费形式，但是随着物质文明和精神文明的不断提高，人们的消费观念、消费结构必将产生相应的变化。按照马斯洛需求理论，人的需求可分为生理需求、安全需求、社交需求、受尊重和自我实现的需求。当低一级的需求被满足后，人的需求便提高一级。在衣、食、住、行等基本需求被满足后，人们便自然而然地追求更高层次的需求，产生旅游的需求。旅游需求是社交需求、受尊重和自我实现的需求，属于较高层次的需求。因此，旅游实际上是一种人类以精神享受为主题的高级消费活动。

（二）休闲属性

如果把旅游置放在劳动与休闲的框架当中来衡量的话，那么，旅游是一种休闲，而不是工作和劳动。旅游所具备的休闲属性主要由以下几个部分构成。

第一，旅游的目的表现为借助各种可以娱情悦性的活动达到愉悦体验，这显然区别于为谋生而进行的劳动，也不同于为维持生存而进行的活动，如睡眠、吃饭、做家务等，与出于社交目的而进行的应景往来也有区别。

第二，旅游是发生于自由时间或余暇当中的行为。虽然在自由时间中人可以从事任何乐于从事的事情，如劳动、睡大觉、沉迷于苦思冥想，但通常人们都利用自由时间从事一些积极的休闲活动，如文化学习、体育锻炼、消遣娱乐、社会交往、旅游等，这些休闲行为从功能上看，显然与劳动有所不同。但旅游是积极的休闲活动，在功能上与劳动互为前提，有利于人格的完善，改善生活质量，开阔视野；旅行带来新的知识、认识和理解，能打破人类思维的局限性，并可能会重新发现自我。所以，两者在个人或集体生活中实际上具有同样性质的意义，发挥着互为前提的功能，是人类生活不可缺少的相互对应的两个方面。“休闲这个词绝对不反映一种不应提倡的惰性，而是一种付出劳动的巨大努力，一种发挥个人主动性、想象力和创造性的劳动，一种既不能出售也不能赢利的忘我劳动。休闲是走出机器化这座地狱的大门，它能为每个家庭带来幸福，从而挣脱陋室的羁绊”①。旅游与其他休闲方式相比，在使用自由时间方面有一个明显的特点，即要求用于旅游的自由时间的相对完整性。

（三）社会属性

旅游是经济发展到一定阶段的历史产物，是一种综合性的社会活动。在原始社会，生产力水平低下，人类既没有旅行的物质基础，也没有外出旅行的欲望。到了封建社会，随着生产力水平的提高，经济的发展和交通的改进为旅游提供了必要的物质基础和经济基础，但也仅仅局限于少数上层阶级。工业革命的产生，推动了生产力的发展，分工进一步细化，阶级关系变化，工作内容和社会环境的变化，使近代旅游随之兴起。所以，我们可以说，人类的旅游欲望不是本能的和天生的，也不是与生俱来的，旅游

---

① 若译・塞依杜. 旅游接待的今天与明天［M］. 北京：旅游教育出版社，1990：28.

的前提是具有审美意识，它是社会性的存在。旅游需要，是社会发展的产物，并随社会发展和时代影响而演变，从20世纪60年代的追求3s（阳光sum、海滩sand和海水sea）到今天的回归自然、生态旅游等，旅游者的审美意识和追求随时代的变化而演变①。

（四）审美属性

旅游最初是作为一个专门用来满足人们审美需要的非功利性的审美活动而出现的，根本上是一种以追求愉快和美好为目的的审美过程。因此，旅游活动中的审美既是旅游出现的契机，也是旅游能够从人类生产实践中独立出来并不断发展的根本原因。审美关系既是旅游活动最本质、最内在的关系，也是旅游活动存在的基础。没有这种审美关系，就没有旅游存在。所以，旅游活动中的本质关系就是一种非功利性的审美关系，旅游者出于非功利目的，在旅游活动中体验到一种审美愉悦，从而满足自己的审美需求。旅游活动的审美需求多种多样，可以是秀丽的自然风光，也可以独具特色的人文景观，可以是对美的追求，也可以是对奇的探索。

三、旅游的内涵

在学术界旅游有“大旅游”和“小旅游”之分，“大旅游”指的是人的一切休憩活动，不仅包括了传统的观光旅游、度假旅游等形式，还包括人们日常的与旅游相关的相关的休闲活动。“小旅游”指的是传统的旅游。本章讨论的旅游的内涵主要是从“小旅游”的角度进行的，这也是学术研究的出发点。

根据上述对旅游的分析，我们尝试给旅游下一个较为合理的定义。

旅游是个人利用自由时间，以寻求愉悦为目的而在异地获得的一种短暂的休闲体验。

这个定义强调了以下几个方面的内容：

（1）旅游的根本目的在于寻求愉悦体验，这个是旅游最本质的规定性，是所有旅游都应具备的统一内核。旅游体验不仅仅是一种时间流程，更主要的是一种精神追求、价值实现和情感洗礼。

（2）旅游是一种个人行为，至少在某个环节上表现为个人有目的、有计划、能决策的主动行为。“因为按通常的情况，旅游属于个人自由、自主范围，作为非固定性安排而进行”②。

（3）旅游是一种休闲行为。

（4）旅游的两个突出的外部特征是异地性和暂时性。旅游的异地性使旅游区别于

① 谢彦君. 基础旅游学［M］. 北京：中国旅游出版社，2011：57-59.

② 罗伯特·朗卡尔. 旅游及旅行社会学［M］. 北京：旅游教育出版社，1989：38.

一般的日常休闲，而旅游的暂时性则使旅游与某些毕生性以及职业性的幸福追求有所区别。

（5）定义旅游的关键词是愉悦、闲暇、异地、暂时、休闲和体验。愉悦属于目的性范畴；休闲与体验有时就是目的本身，有时则表现为工具或途径；而闲暇和异地是旅游的两个外部特征①。

旅游本质的框架如图 1-1 所示。

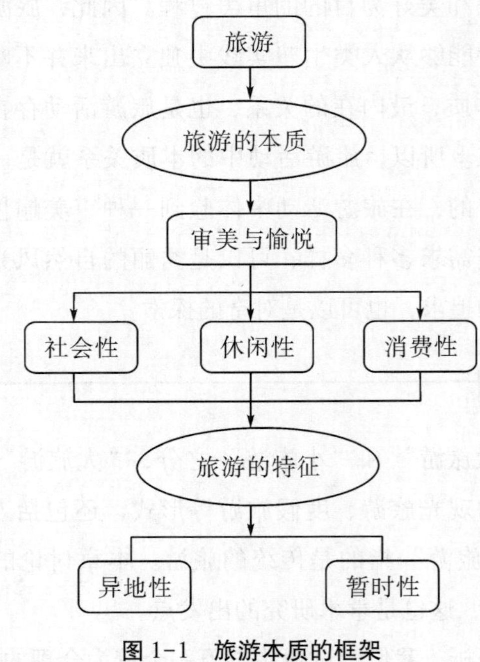

图 1-1　旅游本质的框架

第三节　旅游活动的构成

一、旅游活动构成要素

旅游活动就是指旅游者离开自己的常住地到异地所发生的一系列消遣休闲活动。由于旅游本身是一项复杂的、综合性的社会现象，具有经济、文化、社会、审美等属性特征，旅游过程包含食宿、游览、观光，还有购物、娱乐，这样才是完整的旅游活动。所以，旅游活动包括食、住、行、游、购、娱六大要素。

旅游活动的六大要素，可归纳为三大基本要素，即旅游者、旅游资源和旅游业。

---

①　谢彦君. 基础旅游学［M］. 北京：中国旅游出版社，2011：70-71.

旅游者是旅游活动的主体；旅游资源是旅游活动的客体；旅游业是旅游活动的媒介，也是旅游活动实现的手段。三大基本要素相互依存、相互制约、相互作用，缺一不可，共同构成完整的旅游活动。旅游活动的三大基本要素关系如图 1-2 所示。

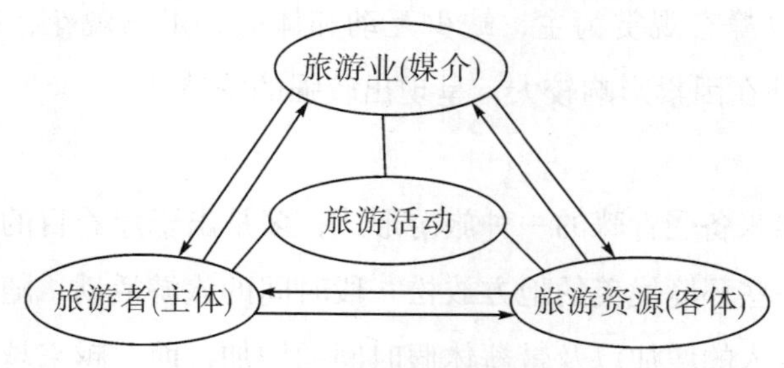

图 1-2　旅游活动基本要素关系

二、旅游活动类型

旅游具有综合性的特点，不同类型的旅游活动之间存在较大的差异，因此，对于旅游活动的类型划分，国内外尚无统一的标准。随着社会的发展，旅游消费特色化增强，旅游活动的类型不断增多，我们可以根据旅游活动的某些特点，选用不同的划分标准，将旅游活动划分为不同类型。

（一）按照地域范围划分

按照地域范围的不同，旅游可以分为国内旅游和国际旅游。

国内旅游，指人们在本国境内开展的旅游活动，通常是指本国居民离开自己的常住地到境内其他地方进行的旅游活动。国内旅游又可以划分为地方性旅游、区域性旅游和全国性旅游。

国际旅游，指人们跨越国境开展的旅游活动，即一个国家的居民跨越国境到其他国家或地区开展的旅游活动。国际旅游包括出境旅游和入境旅游两个部分，主要是根据旅游地区的国界和旅游者的国籍来划分。在我国大陆旅游统计资料中，将港澳台地区的旅游者到大陆旅游这种现象视为入境旅游，同样，将大陆旅游者到港澳台地区的旅游视为出境旅游。

（二）按照活动目的划分

人们外出旅游的目的各有不同。根据旅游活动目的的不同，旅游可分为观光旅游、度假旅游、商务旅游、个人家庭事务旅游宗教旅游、休闲旅游和特种旅游。

1．观光旅游

观光旅游是自古以来最普遍、最常见的旅游形式，也就是我们传统意义上的“游山玩水”的旅游，是到异地游览自然风光、观赏名胜古迹、体验风俗民情等，从而获得愉悦的一种旅游形式。观光旅游给旅游者最深刻、最直接、最容易的旅游感官，被社会各层次的人广泛接受，也是开展其他旅游项目的基础。目前，大多数国内旅游和大多数国际旅游者都属于这一类。澳大利亚大堡礁、美国黄石国家公园、东非大裂谷、埃及金字塔，我国的故宫、长城、苏州园林、九寨沟、黄山，都是旅游者向往的观光之地。观光旅游多以静态观赏为主，缺少互动和体验；走马观花，缺少深度了解，重游率低；受气候等外在因素影响较大，呈现出较强的季节性。

2. 度假旅游

度假旅游是近年来备受青睐的一种旅游形式，多是出于疗养目的或为了摆脱日常工作和生活环境而去一些环境优美的地方放松一段时间的旅游活动。随着生活水平的不断提升，可自由支配收入的增加以及带薪休假时间的增加，面对越来越紧张的工作和生活节奏，更多的人开始选择通过度假旅游的方式来调整身心状态。人们为了疗养、避暑、避寒、消遣等目的，利用较长的假期到一些环境优美、远离喧嚣之地，追求闲情逸致，享受愉悦，促进身心健康。度假旅游具有停留时间长，重游率高，对环境要求高的特点。

3. 商务旅游

商务旅游主要是指出于工作的原因而外出旅游的活动。商务旅游活动内容丰富多样，例如会议、展览、科技文化交流等，包括一般商务旅游、会展旅游、奖励旅游。商务旅游者多为社会的白领阶层，具有文化水平高、收入高、消费水平高，活动范围广，旅游经验丰富等特点。因此，商务旅游的发展，对酒店类型、功能、设施和服务等有了更高的要求。酒店不仅要满足基本的食、宿、娱、购功能，还需具备会议、展示等商务功能，这就使得酒店的功能和结构不断变革和创新。近年来，商务旅游是发展最快的旅游项目之一，从规模来看，已成为世界旅游市场的重要组成部分，而且潜力巨大。商务旅游与普通的观光、休闲度假等旅游方式相比，具有消费水平较高，受旅游淡季与气候影响较小，活动地点较固定、活动方式重复等诸多优势。发展商务旅游已经成为一个城市经济增长的重要支撑点。

4. 个人家庭事务旅游

个人家庭事务旅游是指以探亲访友、蜜月度假、寻根问祖、参加聚会等因个人或家庭事务而进行的特殊旅游。旅居世界各地的华侨众多，加之中国人受追根溯源和落叶归根的传统文化观念的影响，改革开放以来，大量旅居国外以及港澳台地区的华人因眷恋故土，选择故地重游、寻根问祖、联络亲友。中国是人情社会，人们历来重视各种情义，在特殊的节日或者闲暇的时间，就会选择走亲访友。这种旅游形式在国内尤其是节假日时非常普遍。

5. 宗教旅游

这种旅游形式由来已久，并一直延续至今，其是以宗教活动为主要动机的旅游形式。自宗教产生以来，信徒们出于朝觐、求法、布道、取经、拜佛和宗教考察等目的，到世界各地旅游。伴随着宗教的产生，形成了一系列与之有关的旅游资源，比如宗教创始者的诞生地、墓葬地及其遗迹遗物甚至传说中的“显圣”地和各教派的中心，都成为信徒们的朝圣之地。比如印度的那烂陀寺、法国的巴黎圣母院、伊斯兰教圣地麦加、我国的佛教四大名山及道教四大名山等。宗教旅游具有客源稳定，生命周期长，重游率高的特点。

6. 休闲旅游

休闲旅游，是指以旅游资源为依托，以休闲为主要目的，以旅游设施为条件，以特定的文化景观和服务项目为内容，为离开定居地而到异地逗留一定时期的游览、娱乐、观光和休息。根据休闲活动内容差别，我们又可将其分为消遣旅游类休闲、文化娱乐类休闲、体育健身类休闲、怡情养性类休闲、社会交往类休闲和其他休闲六大类，以前三者为主。与一般的外出旅游相比，休闲旅游具有修身养性、重游率高、消费等级高、停留时间长、带动性强等特点。

7. 特种旅游

特种旅游是一种新兴的旅游形式，是在观光旅游和度假旅游等常规旅游基础上的提高，是对传统常规旅游形式的一种发展和升华，是一种更高形式的特色旅游活动产品。特种旅游也被称为专题旅游、专项旅游和特色旅游等。我们所说的特种旅游，是指为满足旅游者某方面的特殊兴趣与需要，定向开发组织的一种特色专题旅游活动。其主要形式有非赛事体育活动、探险类旅游、考察观察类旅游、修学旅游、医疗旅游、自驾车旅游等。特种旅游区别于观光旅游、度假旅游等常规旅游项目的主要特征，在于它的旅游生态环境和文化环境的原始自然性，旅游项目和线路的新奇探险性，旅游形式的自主参与性。

（三）按照组织形式划分

按组织形式划分，旅游活动可划分为团体旅游和散客旅游。

1. 团队旅游

团队旅游，也称为集体综合旅游，是将一定数量的人（国际标准是 15 人，中国标准是 10 人）组织起来，以团队形式进行的旅游活动。团队组织者一般为旅行社、政府部门、企事业单位和社团组织。旅游者按照组织单位制定的行程、路线、交通工具、收费标准等做出选择，按照规定的线路完成食、住、行、游、购、娱等旅游过程。

2. 散客旅游

散客旅游，又称自助或半自助旅游，在国外称为自主旅游。它是由旅游者根据个人兴趣自行安排旅游行程，零星现付各项旅游费用的旅游形式。散客并不意味着完全不依靠旅行社而全部旅游事务都由游客自己办理，实际上不少散客旅游活动都借助旅行社的帮助。散客旅游也并不意味着只是单个游客，它可以是单个游客，也可以是一个家庭或几个亲朋好友，还可以是临时组织起来的散客旅游团，人数通常少于旅游团队（我国为9人含9人以下）。

表1-1为团队旅游和散客旅游的差别。

表1-1 团队旅游和散客旅游的差别

维度	组织形式	
	团队旅游	散客旅游
行程安排	旅行社或其他中介机构	旅游者
支付方式	提前一次支付	零星现付
价格	相对便宜	相对昂贵
自由度	团队约束	自由灵活
旅游人数	10人含10人以上	9人含9人以下

除上述常见划分方式外，还有其他的划分方式。旅游按照游程长短可分为远程旅游、中程旅游和短程旅游；按照旅游者的年龄特征分为老年旅游、中青年旅游、儿童旅游；按照享受程度可分为豪华型旅游、标准型旅游和经济型旅游；按照费用来源分为自费旅游、公费旅游和奖励旅游；按照交通工具分为飞机旅游、邮轮旅游、铁路旅游、汽车旅游、徒步旅游等。总之，随着旅游的发展和人们需求的变化，旅游的种类也在逐渐增多。

三、旅游活动的特征

旅游活动随着时代发展而更加多样化，但其本质特征不会因时间的变化而变化，并始终贯穿于旅游活动中。

（一）综合性

旅游活动过程中涉及食、宿、行、游、购、娱六大要素，旅游者活动形式多样，活动目的各有不同，对旅游活动客体的要求更是千差万别。旅游活动涉及社会、经济、文化、环境等诸多方面。多方面的复杂关系反映了旅游活动的综合性特点。

（二）审美性

追求身心愉悦，获取最大的审美享受是每一个旅游者的愿望。在旅游活动中，自然美、艺术美、生活美、服务美融为一体，审美需求、情趣、感受始终贯穿其中。旅游活动中的一切，有静态之美，有动态之美，旅游者可以感受大自然的生态之美，可以感受文化的独特之美，可以感受异域体验的生活之美，物我融合、景情融合，达到愉悦的目的。所以，审美性是旅游活动重要特点之一。

（三）异地性

追求新异、求知猎奇，是人的本能之一，也是人的天性。长期生活在一个地方，人们对熟悉的地方和环境感到平淡乏味，就有了探索求奇的想法，对陌生的环境和事物就会产生好奇和联想。而旅行活动可以满足人们对异地的自然风光、人文风情的好奇感，因此，异地性是旅游活动的又一特点。

（四）暂时性

旅游是旅游者按照既定的行程和时间安排的外出活动，是暂时的离开自己的常住地到异地做短暂停留的活动。为了便于统计，我们对暂时性的时间进行了界定，即一般为 1 年的时间。所以，暂时性是旅游活动的特点之一。

（五）流动性

旅游的异地性决定了旅游的流动性。因为旅游者要实现旅游活动，必须借助交通方式实现自身的转移，从客源地到目的地，从一个旅游景点到另一个旅游景点，从目的地到常住地，这种不间断的转移就产生了流动性。

阅读材料 1–7　世界旅游日

阅读材料 1–8　中国旅游日

[核心知识小结]

旅游现象是当今社会普遍存在的经济、文化、社会现象之一。然而，旅游现象的产生起源于原始社会最原始的人类迁徙活动，伴随着原始社会大分工的进程，商人的旅行开辟了旅游史上的新纪元。奴隶制社会和封建社会的旅行活动局限于贵族阶级，是少数特权人群才能够享受的一种奢侈行为。托马斯·库克是近代旅游业的开创者。到了现代旅游阶段，旅游现象更加普遍，成为人们生活必不可少的一个组成部分。

旅游是一种休闲行为，是在自由时间里面完成的。旅游者的出行目的是获取愉悦性的休闲体验。审美是获取愉悦的重要手段，由此得出旅游的本质是愉悦，特征是异地性和暂时性，属性是消费性、休闲性、审美性、社会性。

旅游活动的基本构成要素包括旅游者、旅游业和旅游资源，三者相互依存，相互制约，紧密结合，共同构成旅游活动这一复杂的综合性整体。旅游活动形式多样，呈现出综合性、异地性、暂时性、审美性和流动性的特点。旅游活动可以从不同角度分为不同类型，根据地域范围，分为国内旅游和国际旅游；根据活动的目的不同，可以分为观光旅游、度假旅游、休闲旅游、商务旅游、家庭个人事务旅游和特种旅游；根据组织形式不同，可以分为团队旅游和散客旅游。

［案例解析］

一带一路，千年的时空穿越

［复习思考］

1. 如何理解旅游的内涵？

2. 结合旅游的本质和内涵，请从“小旅游”的角度分析古代旅游与现在旅游的区别。

3. 毕业之后，你想从事旅游领域中的什么职业？为什么？

4. 从不同专业或不同行业的角度，谈谈各行业与旅游业的关系。

参考文献

［1］JAFARI J，RICHIE B. Toward a framework for tourism education：problems and prospect［J］. Annals of tourism research，1981，8（1）：13-34.

［2］罗伯特·朗卡尔，蔡若明. 旅游及旅行社会学［M］. 北京：旅游教育出版社，1989.

［3］若译·塞依杜，冯百才，刘振卿. 旅游接待的今天和明天［M］. 北京：旅游教育出版社，1990.

［4］刘住. 旅游学教程［M］. 大连：东北财经大学出版社，2007.

［5］李天元. 旅游学概论［M］. 天津：南开大学出版社，2015.

［6］吴必虎. 旅游学概论［M］. 北京：中国人民大学出版社，2013.

［7］谢彦君. 基础旅游学［M］. 北京：中国旅游出版社，2015.

［8］洪帅. 旅游学概论［M］. 上海：上海交大出版社，2010.

［9］彭顺生. 世界旅游发展史［M］. 北京：中国旅游出版社，2017.

［10］文化和旅游部. “十四五”文化和旅游发展规划［R/OL］.（2021-06-04）［2022-01-30］. http：//zwgk. mct. gov. cn/zfxxgkml/zcfd/202106/t20210604. 925006. html.

第二章 认识旅游者和旅游市场

［学习目标］

1. 了解国内旅游者和国际旅游者的定义。
2. 理解旅游需求的概念和特点。
3. 理解影响旅游需求的主客观因素。
4. 熟悉旅游市场的概念、市场细分标准及中国旅游市场现状。

［引导案例］

希尔顿亚太市场调查报告：88%旅客将旅游作为定义自我的要素

【环球旅讯】根据希尔顿荣誉客会（Hilton Honors）的一项最新调查，在亚太地区，88%的旅客认为对旅游的热爱构成了定义自我的一大要素。四分之三的旅客希望成为“社交圈子中的旅游专家”。希尔顿此次的调查对象覆盖了亚太地区 11 个国家的 2 300名 20~45 岁的旅游爱好者，总结了亚太地区游客的三大主题：旅游及其对个人身份定位的影响、科技和旅游业的未来、体验式旅游的重要性。

1. 旅游及个人身份定位

个人定位：89%的受访者认为“旅游是一件值得自豪的事情”。88%的人称“对旅游的热爱在很大程度上决定了其对自身的定位”，这种观点在 20~35 岁的年轻旅客群体中更为突出，在拥有孩子的夫妇中赞成上述观点的占比达 91%，单身人士中赞成上述观点的为 85%，情侣中赞成上述观点的为 83%。

消除无知：谈及旅游对个人的积极影响时，55%的受访者认为旅行让人感觉“更有见识”，51%的人认为旅游“令人更加开放”。一位受访者表示，“正如喜剧演员 Trevor Noah 所说的那样，旅行是无知的解药。真正激励我去旅行的是那种兴奋感，以及体验不同文化、美食，结识新朋友和为自己而活的冲动”。

社交资本和专业见解：四分之三的旅客渴望成为社交圈内的“旅行专家”，成为第一个发掘新地点的人。82%的年轻家庭都表示希望“成为首个探索新目的地的人”，而持此观点的单身人士占比为69%，情侣为59%。

2. 科技和旅游业的未来

当前旅客的旅游灵感来源包括口碑传播（55%）、在线旅游刊物（50%）、官方旅游网站（49%）和朋友家人的社交账号（49%）等传统渠道。亚太地区旅客也十分明晰科技对未来旅游发展的重要性，他们认为虚拟现实（VR）和增强现实技术（AR）能够带来更有趣和浸入式的旅行体验。五分之二的旅客认为VR和AR能够增添未来旅行的趣味性。每两个受访者中就有一位被目的地旅游中的“VR”或“AR”之旅所吸引，从而获取度假旅行的灵感来源。超过半数的亚太区旅客认为，科技的应用能够加快登记手续的办理流程，优化整个旅程的管理。年轻家庭更加认同科技所带来的益处，48%的旅客都使用了推送提醒以获取实时信息；49%的旅客借此获取目的地旅游灵感；40%的旅客认为能借此享受到定制化的入住体验。

3. 体验式旅游的重要性

在旅客的愿望清单中，呼声最高的是“环球世界”，而最常被提及的是尝试全新体验和文化交流。三分之二的旅客将“一生一次的经历”作为理想旅程的一个重要方面。年轻旅客是其中的中坚力量，持这一观点的年轻旅客（20~24岁）占比达到73%。

独特体验：旅游目的地的独特体验最能影响人们的旅游决策（占比达55%）。相比单身人士（48%）和情侣（48%），这一因素对年轻家庭（63%）的影响力更大。浸入式文化体验已经成了一种旅游趋势，但亚太地区旅客仍在寻求特定的旅游体验。

追溯当地美食：38%的亚太区旅客最期待的活动是“前往当地食品市场，自己挑选食材，烹饪出富含当地特色的美食。”一位受访者表示：“要品尝当地美食十分容易，相比之下我更想了解食材是在哪里培育、生长、获取的，以及使用原生态的材料进行烹饪。”

私人线路和真实体验：对于亚太地区旅客，“未公开旅游线路”（73%）和“当地文化真实体验”（71%）所带来的VIP旅游体验也是能吸引其前往不同目的地的重要因素。

日本受青睐：日本仍是亚太地区旅客的首选旅游目的地，澳大利亚紧随其后。日本除了自身的“绝妙景观”，其围绕文化和美食展开的“当地体验”对旅客也极具吸引力。

（资料来源：环球旅讯 http://wap.traweldaily.cn/article/130494.）

思考：

1. 科技的高速发展对旅游者的出游需求产生了哪些影响，试举例说明。

2. 如何理解“旅客将旅游作为定义自我的要素”这一表达？

第一节　旅游者的界定

"旅游者"一词最早见于1881年英国的《牛津词典》，英文是"tourists"，意思是"以观光为目的的外来旅客"。世界上不少国际组织以及许多国家的旅游组织在很早就开始界定旅游者的定义，随着其定义不断地修订与更新，各国对于国际旅游者基本有了一致认可的定义，但对于国内旅游者还存在界定标准上的差异，也不断有专家学者对国内旅游者的定义提出新的见解，但至今没有确切统一且普遍认可的概念。

一、国际旅游者的界定

国际旅游者的定义最早于1937年由国际联盟统计委员会提出，后经由世界旅游组织确定，目前大多数国家和地区引用了世界旅游组织的定义来确定本国和本地区旅游者的定义。

（一）国际联盟定义

最早的国际旅游者定义是由国际联盟统计专家委员会于1937年提出的，委员会将"国际旅游者"定义为："离开自己的定居国，到另一个国家访问旅行超过24小时的人"。

具体包括下列人员：

①为了消遣、家庭事务和身体健康方面的目的而出国旅行的人；

②为出席国际会议或作为各国公务代表而出国旅行的人；

③为工商业务而出国旅行的人；

④在海上巡游途中登岸访问的人员，即使其停留时间不超过24小时也视作旅游者。

同时，该委员会又规定下列人员不包括在国际旅游者之列：

①到某国就业任职者，不管是否签订合同，或者在该国从事经营活动者，均不能列为旅游者；

②到国外定居者；

③到国外学习，膳宿在学校的学生；

④边境居民中跨境工作的日常通勤者；

⑤在某国边境临时过境而不作停留的旅行者，即使在境内时间超过24小时也不算旅游者。

国际联盟统计专家委员会的这一定义针对的只是由外国来访的旅游者，目的是规范各国的旅游统计口径。

（二）罗马会议定义

1963 年，联合国在意大利罗马召开国际旅行与旅游会议（简称“罗马会议”），大会为了规范各国的旅游的统计口径，指出应采用“国际游客”（visitors）这个新的词汇。同时，大会承认国际联盟统计专家委员会在 1937 年规定的不属于国际旅游者的五类人。

罗马会议提出的“国际游客”指“除为了获得有报酬的职业外，基于任何原因到一个非自己惯常居住国去访问的人”。按照逗留时间国际游客又划分为两大类：

（1）国际旅游者（tourists），指到一个国家短期访问并逗留超过 24 小时的游客。

（2）国际短途游览者[①]（excursionists），指当天往返的游客，逗留时间不足 24 小时，包括居住在巡游船上只上岸游览的游客，但不包括在法律意义上未进入该国的过境游客。

罗马会议提出的这一概念有三个重要特征：

（1）明确区分了游客与到某国永久定居或就业的人，在对过夜旅游者进行解释时，具体规定了消遣和工作事务两种目的。

（2）确定了对游客的分类不是以游客的国籍，而是以其居住国而定。

（3）根据停留时间是否超过 24 小时，将游客划分为旅游者和游览者。

以后数年，联合国统计委员会、欧洲经济与发展组织旅游委员会、世界旅游组织都分别对罗马定义进行了修订并认可。1991 年，世界旅游组织在加拿大举行的“国际旅游统计大会”上，再次对国际游客、国际旅游者的基本概念进行修订，并以《国际旅游统计大会建议书》向联合国推荐，经联合国统计委员会 1995 年通过后在全球推广使用（见图 2-1）。

（注：＊指包括居住在巡游船上只上岸游览的游客，但不包括在法律意义上未进入该国的过境游客）

图 2-1　国际游客分类[②]

① 1991 年联合国统计委员会专家小组建议将“短途游览者”改为“一日游游客”（same-day visitors）。

② 张殿东，王毓梅. 旅游学基础［M］. 杭州：浙江大学出版社，2013.

目前，世界上大多数国家都接受1995年世界旅游组织和联合国统计委员会的定义，初步实现了有关国际游客、国际过夜游客和国际一日游游客的较统一的规范性定义。

（三）我国关于国际旅游者的界定

1979年，国家统计局为统计的需要将纳入我国旅游统计的来华旅游入境人员统称为（来华）海外游客。海外游客指到我国大陆探亲访友、观光、度假、就医疗养、购物，参加会议或从事经济、文化、体育、宗教活动的外国人、华侨以及港澳台同胞，这些人离开常住国（或地区）到我国大陆连续停留时间不超过12个月，且主要目的不是通过所从事的活动获取报酬。上述中的“常住国（或地区）”指一个人在近一年的大部分时间内所居住的国家（或地区），或者虽然在这个国家（或地区）只居住了较短的时间，但在12个月内仍将返回的国家（或地区）。按照海外游客在我国大陆访问期间停留时间的差别，我们将其划分为海外旅游者和海外一日游游客。

但国家统计局规定下列人员不属于海外游客：

①应邀来华访问的政府部长以上官员及随从人员；

②外国驻华使（领）馆官员、外交人员及随行的家庭服务人员和受赡养者；

③在我国驻期已达1年以上的外国专家、留学生、记者、商务机构人员等；

④乘坐国际航班过境，不需要通过护照检查进入我国口岸的中转旅客；

⑤边境地区因日常工作和生活而出入境往来的边民；

⑥回大陆定居的华侨、港澳台同胞；

⑦已经在我国大陆定居的外国人和原已出境又返回我国大陆定居的外国侨民；

⑧已经归国的我国出国人员。

二、国内旅游者的界定

国内旅游者与国际旅游者的本质区别在于是否跨越国境。因各国的具体情况不同，其定义目前仍未完全统一，有的国家侧重于按照出行距离来划分，有的国家侧重于按照出行的时间来划分。

（一）世界旅游组织1984年的定义

世界旅游组织关于国内旅游者的定义是在1984年参照国际旅游者的定义做出的，国内游客分为国内旅游者（domestic tourists）和国内短程游览者（domestic excursionists）。国内旅游者是指在其居住国国内旅行超过24小时但不足1年的人，目的可以为消遣、度假、体育、商务、公务、会议、疗养、学习和宗教活动等。国内短程游览者指基于以上任何目的的在其居住国国内访问逗留不足24小时的人。后补充规定：国内旅游者不包括那些外出就业的人。

尽管世界旅游组织和联合国统计委员会希望能在全球统一国内旅游者的界定，但是各国在对国内旅游者定义的标准和统计口径上仍没能达成共识。

（二）其他国家关于国内旅游者的定义

1. 美国关于国内旅游者的定义

美国普遍使用的国内旅游者的定义是1978年由美国国家旅游资源评审委员会提出的定义，该定义指出：旅游者指为了出差、消遣、个人事务或者出于工作上下班之外的其他任何原因而离家外出旅行至少50英里①（单程）的人，而不管其是否在外过夜。美国旅游数据资料中心和美国调查统计局所使用的标准也是50英里，并规定下列人员不能列为旅游者：

①火车、飞机、货运卡车、长途汽车和船舶的驾驶及乘务人员中的工作旅行；

②因上下班而往返于某地的旅行；

③学生上学或放学的日常旅行。

2. 法国关于国内旅游者的定义

法国旅游总署规定，国内旅游者是由于消遣、健康、商务或修学等原因离开自己的主要居所，外出旅行超过24小时但未超过4个月的人。

3. 英国关于国内旅游者的定义

英国在“全英旅游调查”中采用的定义是：由于上下班以外的任何原因，离开自己的居住地外出旅行至少过夜一次的人。但其未对外出旅行的距离做任何界定。

从上述三个国家关于国内旅游者的定义看来，美国在进行国内旅游统计与调查中倾向于以出行距离作为界定标准，不规定是否在外地过夜；而法国和英国在国内旅游统计中所使用的标准则其是否在外地过夜，而不对其出行的距离做规定。

（三）我国关于国内旅游者的定义

我国的国内旅游统计中，国内游客是指任何因休闲、娱乐、观光、度假、探亲访友、就医疗养、购物，参加会议或从事经济、文化、体育、宗教活动而离开常住地到我国境内其他地方访问，连续停留时间不超过6个月，并且访问的主要目的不是通过所从事的活动获取报酬的人。上述中的“常住地”指的是一个人近一年的大部分时间内所居住的城镇（乡村），或者虽然在这个城镇（乡村）只居住了较短时间，但在12个月内仍将返回的城镇（乡村）。

我国的国内旅游统计规定下列人员不属于国内游客：

①到各地巡视工作的部级以上领导；

②驻外地办事机构的临时工作人员；

---

① 1英里=1.609 344千米，50英里约为80千米。

③调遣的武装人员；

④到外地学习的学生；

⑤到基层锻炼的干部；

⑥到其他地区定居的人员；

⑦无固定居住地的无业游民。

第二节　旅游需求

一、旅游需求的概念

旅游需求是指人们为了满足外出旅游的欲望所发生的对旅游产品的需求量，又是指在一定时期内，旅游者愿意并能够以一定货币支付能力购买旅游产品的数量。简言之，就是旅游者对旅游产品的需求。旅游需求的含义可以从以下几个层次来理解和把握，即旅游需求表现为旅游者对旅游产品的购买欲望；旅游需求表现为旅游者对旅游产品的购买能力；只有既具备购买欲望同时又具备购买能力的旅游需求才能成为一种有效需求。

二、旅游需求的基本特征

（一）旅游需求的指向性

旅游需求的指向性包括旅游需求的时间指向性和旅游需求的地域指向性。旅游需求的时间指向性是指旅游需求在时间上具有较强的季节性。旅游需求的地域指向性是指旅游需求在空间上具有较强的冷热性。

（二）旅游需求的整体性

旅游需求的整体性是指人们对旅游活动的需求具有多面性或系列性，即吃、住、行、游、购、娱等多个方面的需要。因此，旅行社在安排旅游团出游的每个环节都应该考虑周全、注重细节，力求让游客对整个游程满意，以免因为个别环节没有达到游客需求而影响了其对整趟旅程的感受。

（三）旅游需求的敏感性

旅游需求的敏感性是指人们对出游环境发生变化所做出的敏感反应，这种环境变化既包括政治社会环境也包括自然经济环境。

（四）旅游需求的多样性

旅游需求的多样性是指人们在旅游目的地选择、旅游方式、旅游等级、旅游时间和旅游类型等方面存在差异。正因为旅游需求多样性的存在，人们才不会在同一时间采用同样的方式集中去同一个旅游目的地，而会有自己的目的地选择和出行形式选择。

三、旅游需求的影响因素

影响旅游者旅游需求的因素有很多，概括起来可以分为主观因素和客观因素。

（一）主观因素——旅游动机

旅游动机就是激发一个人外出旅游的主观条件和内在驱动力，即促使一个人愿意外出旅游、选择去向何处、进行何种旅游活动的心理动因。按照旅游者的出游目的，我们将旅游动机划分为八种类型：

1. 观光消遣型旅游动机

这类旅游动机在普通的旅游活动中所占的比例最大，持这类旅游动机外出的游客由于选择的自由度较大，对旅游目的地的重游率低，逗留时间较短，且出游的淡旺季明显，旅游者对旅游吸引物以静态观赏为主，容易受知名度高的旅游目的地吸引。

2. 文化教育型旅游动机

对于具有较高文化修养、求知欲强的旅游者来说，增长阅历、丰富知识是他们出游的主要动机。持这类旅游动机出游的旅游者多数具有某种专长或某方面的特殊兴趣，他们希望在旅游过程中能和同行或志同道合者进行交流，需要相对特殊的服务和接待方式，且对导游服务的水平要求较高。近年来也有不少家长出于教育和激励子女的目的，到文化内涵丰富的景区游览或是著名高校参观，让子女开阔视野。

阅读材料 2-1 “双减”政策下，研学旅行将迎来巨大发展机遇！

3. 度假保健型旅游动机

现代人大多生活节奏快，工作压力大，不少人都处于亚健康状态，尤其是处于事业打拼阶段或上升阶段的年轻人、中年人，他们需要借助到森林、海滩等地旅游度假以摆脱现代社会紧张、机械、单调的生活和充满噪声、空气混浊的大都市。随着生活条件的改善，也有越来越多的人注重养生保养，尤其是老年人，很多老年人观念改善，也愿意借助旅游活动来平衡身心，保持健康。

4. 公务商务型旅游动机

此类旅游动机主要是因公出差从事公务或商务活动。近年来，公务、商务旅游是发展最快的旅游项目之一，从其规模和发展看，已成为世界旅游市场的重要组成部分，据有关部门的统计，在国际旅游活动中，各种专业交流考察团占到了较高的比例。我国也有很多城市发展会展旅游经济，形成了很多会议型的旅游城市，比如冬天的广州、海口，夏天的青岛、哈尔滨和厦门等，借会展之机发展旅游。

5. 探亲访友型旅游动机

寻亲访友、寻根问祖的旅游动机自古就有。很多旅游者喜欢在探访亲友的过程中，到亲戚、朋友、同学所在的城市及周边的旅游景区游览，一举两得，这样能比单纯的观光、度假旅游节省一部分住宿费、餐饮费等。

6. 娱乐购物型旅游动机

随着经济的发展和人民生活水平的提高，单纯出行购物的旅游活动越来越多。生活在中小城市和大城市周边的人，通常会在周末带上家人或朋友到大都市去购物。近年来，中国大陆更有不少人专门飞赴我国香港地区甚至出国到欧美国家购物，这都说明了购物旅游动机的存在。

7. 运动探险型旅游动机

这类旅游动机可以细分为观赏型、参与型、观赏与参与相结合型。运动与探险并不只是身强体壮的人才感兴趣，足球、篮球、网球等体育爱好者，自己并不一定不擅长此项运动，但喜欢观赛。每年在各地举行的体育赛事都会有大批慕名前去观赛的人们，这些人中有很大一部分就是抱着观赏的态度去的。不少城市也都争着承办各类体育赛事，借着赛事活动推动本区域的旅游业发展，因为大型体育赛事不仅能吸引到真正的体育爱好者，也能吸引到更多陪同前往的非体育爱好者们，而这些游客一般会在观看赛事之余在当地旅游观光一番。

阅读材料 2-2　新西兰皇后镇极限运动大盘点

8. 宗教朝觐型旅游动机

基于宗教信仰而出游的游客往往会按照宗教教义教理的要求定期地（周期性地）到某宗教场所进行朝拜、进香、许愿等活动，自古以来世界上三大宗教（佛教、基督教和伊斯兰教）的信徒都有朝圣的历史传统。持这类旅游动机出游的游客同一般观光游客相比其重游率较高，具有明显的稳定性，且对季节、价格等不太敏感。宗教信仰不分国界，尤其是佛教、基督教、伊斯兰教等这些世界性宗教，因而其旅游活动具有明显的世界性或国际性。

（二）客观因素

1. 可自由支配收入

旅游活动涉及交通、住宿、餐饮、景点门票以及购物、文娱表演等，几乎每个环节都会产生消费，因此，一个人或一个家庭的经济水平是能否产生旅游需求的重要前提，并且决定着其在旅游活动中的消费水平。可自由支配收入是指居民在一定时期内的全部收入，在扣除社会花费（个人所得税、健康和人寿保险老年退休的预支、失业补贴的预支等），和日常生活必需消费（衣、食、住、行等）以及预防意外开支的储蓄（突发事故所需费用）之后，剩下的收入部分。

可自由支配收入不仅决定了一个人或者家庭是否能够外出旅游，还将影响外出旅游期间的消费水平和消费构成。一般收入较高的游客外出旅游时的消费水平会比收入较低的游客高，并且其在食、宿、购、娱方面的花费会比较多，交通费用在旅游总消费中所占的比例较小，而经济条件不那么宽裕的游客则会缩减食、宿、购、娱方面的开支，使得交通费用这项很难被缩减的费用在总消费中所占的比例比经济宽裕者更高。

2. 闲暇时间

经济因素并非是决定一个人能否外出旅游的唯一因素，尤其是在经济收入普遍增加的今天。在许多发达国家，仍有不少高收入人群出游次数偏少，除去主观上的偏好之外，很大一部分原因是他们还缺少实现旅游动机的另一重要客观因素——闲暇时间。闲暇时间可以划分为以下四种：

（1）每日闲暇时间。

每日闲暇时间是指每天除去工作、学习和生活所必须占用的时间是剩余的时间。每日闲暇时间呈零散分布的，无法利用其开展旅游活动。

（2）每周闲暇时间。

我国目前的法律规定，职工每周的工作时间为每周40小时，按照每周5天工作制，每天平均工作8小时（不同职业的实际工作时间有差别），每周休息两天，两天的周末闲暇时间可以为居民进行短途旅游提供可能。

（3）公共节假日。

公共节假日指一国全体人民共同享有的放假休息的节日，不因民族、宗教信仰而有所区别。世界各国的节假日数量不等，多与该国的历史、文化传统、宗教信仰等有关。目前，我国公民全体放假的节假日总计为每年11天：元旦节1天、春节3天、清明节1天、劳动节1天、端午节1天、中秋节1天、国庆节3天。放假1天的节日国家允许对这些节日前后的周末进行工作调整以连在一起形成3天的小长假。节假日的改变影响着居民的出游，尤其是黄金周期间，选择长途旅游的人数增加，国庆期间各知名景区更是出现大批游客拥堵现象（如图2-2）。

图 2-2　国庆黄金周期间游客拥堵的故宫①

（4）带薪休假。

带薪休假是除了国家法定假期以外，企业给予员工的一种福利假期，员工在享受假日的同时还享有正常的薪水待遇。带薪休假一般没有固定日期，只有固定天数，由员工根据自己的需要安排放假日，而带薪休假的天数一般与员工在该单位的工作年限有关。

小贴士：

带薪休假起源于西方。法国早在 1936 年就开始实行带薪休假制度，其带薪假期天数是根据员工一年内实际工作时间累积的，员工每工作一个月便可以存下两天半的带薪假期，由此算来，工作满一年其可享有的带薪假期为 30 个非假日。法国人平均 35 天的带薪假期使其成为世界上带薪假期最长的国家，优越的休假制度使法国成为旅游业最发达的国家之一。

在全球范围内进行对比不难发现，发达国家的居民一般比发展中国家拥有更多的闲暇时间。比如很多发达国家的工人每周平均工作时间缩短，如欧美的许多工人在 1960 年每周平均工作 70 小时，现在每周工作时间缩减到 40 小时甚至 35 小时。人们每年的连续假期由一个月增至一个半月到两个月，美国的学生及教师假期相对更多，每年 3 月份有春假、五六月份有暑假、11 月底至新年有寒假。大多数发达国家普遍实行带薪假期制度，企业也在切实执行；一些企业、公司还推行奖励旅游，奖给部分工作表现优良的员工，以激励全体员工的工作积极性。相较之下，发展中国家仍需要加大

① 图片来源于“360 图片”。

力度改革休假制度，真正给予广大人民更多的闲暇时间，以刺激旅游业的进一步发展。

3. 旅游客源地

除上面谈到的个人因素外，旅游客源地的社会风气、政治治安等社会因素也会影响旅游需求。如果一个国家有鼓励旅游的社会风气，完善的社会保障制度，那么这个国家的居民会把旅游看成是一种普通的生活方式和一种惯常的放松形式。人们通过各类媒体，了解到很多国家的名胜古迹、风土人情，产生了想亲眼看一看的迫切愿望。很多人逐渐形成了一种观念，认为假日里不外出旅游、待在家中是一种损失，旅游是生活中的一个重要内容。加拿大居民的家里长期备有各类旅游用品，准备随时举家出游。另外，由于发达国家通货膨胀厉害，不少人认为“存钱还不如外出旅游一趟”。我国以前也有过封闭落后的时期，只有较少具备条件的人去旅游，但现在政治安定，经济生活有了很大改善，人民生活水平普遍提高，加上政府大力支持旅游业的发展，许多人开始从忙忙碌碌的工作和家务中转变到重视精神生活的充实，在节假日里踊跃参加各种旅游活动。

4. 旅游目的地

各国政府认识到发展旅游业对本国经济发展的重要意义，因而制定了各种政策，如为旅游者提供出入境签证、购物免税等种种方便，不少旅游目的地国家的和平稳定也为人们平安地进行旅行提供了必要的条件。我国旅游业近年有很大的发展，可供国内外旅游者食宿的大小宾馆、旅店犹如雨后春笋般地在全国各地建立起来。不少省市还建立了旅游汽车公司，开辟了不少旅游专线班车。各地还重新修整、美化了各个可供游览的风景点、名胜古迹，使游客进行国内、省内、市郊的旅游更加方便、舒适，活动更加丰富多彩。事实证明，政府的态度越开明，人民的出游积极性也越高。

5. 气候气象

旅游业是与气候气象紧密相关的产业，人们普遍向往气候宜人的旅游胜地，夏季避暑、冬季避寒，对气候恶劣的地区避而不往。比如2004年的印尼海啸，对印尼及周边国家如斯里兰卡、印度、泰国、马来西亚、缅甸、马尔代夫等诸多国家都造成了人员伤亡，在一定时期内游客不敢前往，一定程度上影响到上述诸国的旅游业。也有反其道者，比如号称“龙卷风之乡”的美国，每年都会有1 000~2 000个龙卷风在密西西比州、俄克拉荷马州等龙卷风多发的地区发生，一些冒险旅游爱好者反而会不顾政府的预警前往寻求刺激。

6. 交通的便利程度

旅游活动依赖于交通，提升交通工具的速度和性能对于发展长线旅游具有重要意义。对许多人来说，乘坐飞机已像乘坐汽车那样方便和习惯，乘坐飞机可以极大地节省时间，这大大刺激了跨国旅游、跨洲旅游的出境旅游需求。对于中、短途旅游，大多数人们更愿意选择可进入性良好的景区景点。近年来我国一直在加速建设覆盖范围更广、更方便快捷的交通网，尤其是铁路网，动车和高铁已成为近些年多数游客的出行优选，人们减少了出游时在路上花费的时间，可以将更多的时间留在了旅游目的地。

7. 安全保障

旅游安全是旅游业的生命线，是旅游业发展的基础和保障。没有安全，便没有旅游。2020 年伊始爆发的新冠肺炎疫情，使旅游者更加注重旅游安全。微热点（wrd.cn）发布的《2019 年 2 月全国旅游行业数据报告》和《2020 年 2 月中国旅游行业网络关注度分析报告》显示，2020 年在线旅游平台用户关注点中“安全保障”热度指数达到 2.83，较 2019 年同期上涨 342.19%，由此可见，在新冠肺炎疫情影响下，旅游者对“安全保障”提出了更高的要求。

新冠肺炎疫情发生以来，旅游者更加在意旅游目的地的社会治安和卫生状况等因素，对旅游场所和旅游企业的应急措施、旅游保险等的关注程度显著提升，餐饮服务标杆企业、具备良好卫生条件的安心酒店和安心航班等更受旅游者青睐。在选择目的地和旅游产品时，旅游者对旅游保险、售后保障等能够降低风险的措施更加关注；对应急救援信息推送、客流预警和疏导信息以及数字身份识别服务等方面的公共服务需求更多；对景区自主导览、智能讲解、交互式小程序、人脸识别、客流检测、预警与疏导系统等的接受程度更高。

第三节　旅游市场

一、旅游市场概述

市场是社会分工和商品经济发展到一定程度的产物，随着社会生产力的发展，社会分工的细分，商品交换日益丰富，交换形式复杂化，人们对市场的认识日益深入。

市场可以指某种商品的销售场所，如销售食品的食品市场、销售家电的家电市场、销售宠物的宠物市场等；市场也可以是由那些具有特定需要或欲望，愿意并能够通过交换来满足这种需要或欲望的全部顾客所构成的，如国际市场、国内市场、城市市场、农村市场。本书中我们从经营者的角度来看，将卖方称之为行业，将买方称之为市场。

（一）旅游市场的概念

旅游市场有广义与狭义的区别。

广义的旅游市场指旅游产品交换过程中的各种经济行为和经济关系的总和，反映了旅游产品实现过程中的各种经济活动现象和经济活动的关系。在旅游市场存在着相互对立、相互依存的双方，一方是旅游产品供应者，即旅游企业；另一方是旅游产品的消费者，他们双方通过市场紧密联系在一起。旅游经营者通过市场销售自己的产品，旅游者通过市场购买自己需要的产品，这种市场交换关系，实质上是人与人之间的经济关系。

狭义的旅游市场是指旅游区内某一特定旅游产品的现实购买者与潜在购买者，即旅游客源市场。对旅游企业来说，客源市场是很重要的。著名管理学家彼得杜拉克曾说过，"顾客便是生意"。也就是说，只有首先满足客人的需要，才能够满足企业的需要。对于旅游企业，其必须要了解旅游市场的规模、旅游客源市场的分布，旅游客流规律等讯息，才有可能在竞争中保持竞争力。

（二）旅游市场的特点

旅游市场主要表现出以下几个特点：

1. 全球性

旅游市场的全球性表现在两个方面：全球化的旅游需求和全球化的旅游供给。旅游市场的全球性向所有旅游市场营销者提出了两个方面的要求：一是必须及时和比较全面地了解国际旅游市场发展的趋势、规律和特点，做比较准确的研判；二是立足自身实际条件，着眼国际旅游市场需求和要求，设计、打造和宣传国际化的产品和服务。

2. 移动性

通常旅游者与旅游产品的生产地（供应地）有一定的距离。旅游消费一般伴随着旅游者的地理位移，这是旅游市场非常重要的一个特征，也为旅游市场营销设定了几个重要的前置性原则：①地理位置和交通状况是开发旅游市场首先考虑的因素。对乌镇、横店等 10 个重点景区调研显示，地理位置和交通状况占影响景区客流量因素比重超过 50%。因此，不是所有旅游资源都可以做成旅游产品，更不是所有目的地和产品都能推向全国、国际市场。②在做市场营销时，要特别注重努力从散客和组团两个层面设计和打通从目标市场到旅游目的地的便捷通道。

3. 波动性

旅游市场的发展具有双重特性：一方面，旅游市场容易受法律政策、经济发展、政治局势、环境气候等因素的影响，是个相对敏感和脆弱的市场。另一方面，它有其内在坚定的小波浪形发展规律，平稳向上发展的趋势不会轻易改变。这里至少有三点启示：①应当加强对大环境的了解和分析，尤其是政治、经济和文化发展三个方面，及时发现其变化给旅游市场带来的影响，提前研判，及时应对。②应当想方设法实现客源市场在时间和阶段内的平衡，防止季节性的大起大落对整体旅游市场造成负面的影响。③应当保持营销战略和策略的持续性，一个旅游消费市场的培育至少需要 3 年才能基本成势，还要考虑各种外来因素的迟滞，因此，不要轻易改变策略，更不要轻易变换目标客源市场。

4. 竞争性

这点在当前环境体现得特别明显，主要原因是：①旅游投资和经营主体的多元化，在旅游业发展的宏观环境不断优化的大背景下，国有、民间和外商资本正在迅速涌入旅游业，带动了人才、智力、理念、模式、方法、科学技术等方面的全面提升和竞争。②旅游经营者对旅游资源的争夺，从自然资源、人文资源到社会资源，只要是可能吸引游客的资源，都在被经营者争夺。③旅游业态种类不断丰富、内容不断拓展，新业态层出不穷，旅游市场的竞争从主体到内容、方式都在不断聚变。

二、旅游市场细分

旅游市场细分是在旅游市场调研和预测的基础上，依据旅游者需求的差异性，把一个整体旅游市场划分成若干个旅游者群体的市场分割过程。市场细分后的每一个旅游者群体都具有相似的需求和购买行为特征，每一个旅游者群体就是一个细分市场。进行旅游市场细分，旅游经营者可以更清晰地认识市场，通过对旅游者的各种特性进行整理、观察和分析，进而发掘新的市场机会，开发出新的、富有吸收力的目标市场。通过市场细分，旅游企业能更加详细地、动态地掌握目标旅游者的需求，有的放矢，制定不同的旅游产品、价格、渠道、促销等营销组合，以更好地满足各类旅游者的需求。

市场细分的依据是旅游者需求的差异性。从旅游业的具体情况来看，旅游者需求的差异性可以表现在很多方面。根据市场营销学的一般原理，我们可按照旅游者的地理因素、人文因素、心理因素及行为因素四个方面对旅游市场进行细分。

1. 按照地理因素细分

按地理区域进行市场细分，是指旅游经营者按照旅游者所在的地理位置来细分旅游市场，以便企业从地域的角度研究各细分市场的特征。其主要理论根据是：处于不同地理位置的旅游者，对企业的产品各有不同的需要和偏好，对企业所采取的市场营销战略、市场营销策略也各有不同的反应。按地理区域进行市场细分主要有以下几种具体形式：

（1）按照主要地区细分。世界旅游组织（UNWTO）将国际旅游市场划分为六大区域：欧洲区、美洲区、东亚及太平洋区、南亚区、中东区、非洲区。据有关统计，欧洲和北美出国旅游者及所接待的国际旅游者人数最多，国际旅游收入也最高。而近 20 年来，旅游业发展和增长最快的地区则是东亚及太平洋地区。

（2）按照国家细分。这是旅游业最常用的一个细分标准。把旅游者按其国别进行划分的方式，有利于旅游目的地或旅游企业了解主要客源国市场情况，从而使旅游经营者能针对特定客源国市场的需求特性，制定相应的市场营销策略，从而提高市场营销效果。

（3）按照气候细分。各地气候的不同会影响旅游产品的消费，影响旅游者的流向。从国际旅游市场看，凡气候寒冷、缺少阳光的地区的旅游者一般更倾向于到阳光充足的温暖地区旅游，这也是地中海地区、加勒比海地区旅游业发达的主要原因。根据气候特点的不同，企业可以把旅游市场细分为热带旅游区、亚热带旅游区、温带旅游区、寒带旅游区等。

2. 按照人文因素细分

旅游者的人文因素特点可以表现在很多方面，如年龄、性别、家庭人数、家庭生命周期、收入、职业、受教育程度、社会阶层、种族、宗教、国籍等。这种细分方法较为常用，因为这些指标都与旅游者的欲望、偏好、出游频率等直接相关，而且旅游者的人文因素比其他因素更容易测量。因此，对旅游企业而言，这些指标是十分重要的细分依据。

（1）按照年龄细分。消费者在不同的年龄阶段，由于生理、性格、爱好的变化，对旅游产品的需求往往有很大的差别。因此，旅游企业可按年龄范围细分出许多各具特色的旅游者市场，比如可分为儿童市场、青年市场、中年市场、老年市场等。

（2）按照性别细分。在对产品的需求、购买行为、购买动机、购买角色方面，两性之间有很大差别。如参加探险旅游的多为男性，而女性外出旅游时则更注重人身财产安全。公务、商务旅游以男性为主，家庭旅游时间和旅游目的地的选择也一般由女性决定，在购物方面女性通常也有较大的发言权。在购买旅游产品时，男性通常对价格反应较迟钝，而女性则较敏感。

（3）按照收入细分。人们收入水平的不同，不仅决定其购买旅游产品的性质，还会影响其购买行为和购买习惯。如收入较高的人往往喜欢到高档饭店消费，愿意选择豪华型旅游产品和服务；而收入较低的人则通常在普通饭店消费，更愿意选择经济型旅游产品和服务。

（4）按照受教育程度细分。旅游者受教育程度的不同，其兴趣、生活方式、文化素养、价值观念、审美偏好等方面都会有所不同，会引起其对旅游产品的需求、购买行为及购买习惯的差异。受教育程度一般可分为小学或以下、中学、中专、大专和大学、硕士以上等。

3. 按照心理因素细分

按照心理因素细分，就是按照旅游者的生活方式、态度、个性等心理因素来细分旅游市场。旅游者的欲望、需要和购买行为，不仅受人文统计特征因素影响，而且也受心理因素影响。在同一人文统计特征群体中的人可能表现出差异极大的心理特性。企业可据此将旅游市场细分为不同的市场。其细分方法主要有：

（1）按照生活方式细分。生活方式是指人们如何打发时间（活动），他们认为什么比较重要（兴趣），他们对自己及其所处环境的看法（态度）。生活方式是人们生活和花费时间及金钱的模式，是影响旅游者的欲望和需要的一个重要因素。目前，越来越多的企业按照旅游者的不同生活方式来细分旅游市场，并且针对生活方式不同的旅游者群体来设计不同的产品和安排市场营销组合。例如，家庭观念强的旅游者，外出旅行时更多的是家庭旅游，事业心重的游客外出旅游则以公务旅游、修学旅游为主。对于生活方式不同的旅游者，公司不仅设计的产品不同，而且产品价格、经销方式、广告宣传等也有所不同。许多企业从生活方式细分中发现了更多、更有吸引力的市场机会。

（2）按照态度细分。它是指根据旅游者对企业及其产品和服务的态度进行分类并采取相应的营销措施。如对待“我曾听说过某品牌，但我并不真正了解它”之类持中间态度的旅游者，企业应通过提供详细资料，大力开展有说服力的促销活动；对待“某品牌是市场上最好的”之类持积极态度的旅游者，企业应利用持续的促销活动和与旅游者签订合同的办法加以巩固；对“某品牌比另外某品牌差”之类持消极态度的旅游者，要改变其态度是较困难的，企业应把促销工作做细，并改进产品质量，提高企业形象。一般说来，企业放弃“消极态度”的细分市场是合适的，因为企业进行市场细分，并不是要企业利用一种营销努力来满足所有旅游者群体的要求。

4. 按照行为因素细分

企业可以根据旅游者对旅游产品的了解程度、利益、消费情况或反应，将他们划分为不同的群体。行为变量（行为目的、时机、利益、使用者状况、使用率、忠诚状况等）是划分细分市场至关重要的出发点。

（1）按照购买目的细分市场。按一般旅游者外出旅游的目的来细分市场，大体上可划分为以下几种：观光度假旅游、公务商务旅游、会议旅游、探亲访友、外出购物旅游、宗教或精神探索旅游、探险旅游、体育保健旅游、研学旅游等。这些细分市场，由于旅游者购买目的不同，对旅游产品的需求特点也有差异。如度假旅游者需要较高的服务含量，在做决定时需要时间和指导意见，不断做价格比较，通常度假时间较长，并且受季节的影响。而商务旅游者则做决定较快，通知的提前时间较短，出行时间短、次数多，对价格的敏感性不高，不受季节影响，他们需要的是快捷、方便、灵活和单据齐全。

（2）按照购买时机细分市场。根据旅游者产生需要、购买或消费产品和服务的时机，旅游企业可进行市场细分。例如，某些产品和服务主要适用于某些特定的时机，诸如“五一”节、“国庆”节、“春节”、寒暑假等。旅游企业可以把购买时机作为细分指标，专门为某种特定时机的特定需求设计和提供旅游服务，如餐厅可在春节时提供诸如年夜饭服务，旅游企业专门为学生提供寒暑假夏令营、游学等教育旅行产品。

（3）按照使用率细分市场。使用率是指旅游者使用某种产品和服务的频率。根据使用率，其可被细分为少量使用者、中度使用者和大量使用者。例如，一份旅游业的研究报告表明，旅行社的经常性旅游者在假日旅游方面比不经常的旅游者更投入，更喜好变革，更具有知识，也更愿意成为意见带头人。这些旅游者经常旅游，常常从社交媒体、各类旅行 APP、书籍和旅游展示会上收集旅游信息。很显然，旅行社应该指导其营销人员主要通过、特定合伙和促销活动把重点放在经常性旅游者身上，做好精准的客户关系管理。

（4）按照旅游者的旅行方式，旅游市场可以划分为航空旅游市场、铁路旅游市场、自驾车旅游市场等。

（5）按照旅游者的活动形式，旅游市场可以划分为团体旅游市场和散客旅游市场。

阅读材料 2-3　跟团游真的没市场了吗？

三、中国旅游市场发展现状

（一）国内旅游向大众化转变，已拥有全世界最大的国内旅游消费市场

改革开放以来，随着中国经济与国民收入的增长，国民人均年出游次数从 1984 年的 0.2 次增长到 2018 年的 4 次，增长了 20 倍。国内旅游者数量从 1984 年约 2 亿人次增加到 2018 年 55.39 亿人次，增长了将近 28 倍；特别是自 2000 年以来，国内旅游者数量呈现持续高位增长，推动中国步入了大众旅游时代，并成为世界上拥有国内旅游者数量最多的国家。国内旅游收入也从 1985 年的约 80 亿元增加到 2019 年的 5.73 万亿元，增长了约 716 倍。2019 年，中国国内旅游者数量约 60.1 亿人次，全年旅游总收入约 6.63 万亿元，国内旅游收入占全国旅游总收入的比重达 86.4%，国内旅游成为中国最主要的旅游消费市场。

2020 年伊始爆发的新冠肺炎疫情，使全球旅游业遭遇重创，疫情不仅影响了人们的生活，也重塑了大众的旅行方式，表现出的值得关注的新趋势——“本地游”成为出行主旋律。业内专家认为，随着居民旅游消费需求日益多元化，在本地及周边地区“微度假”正在成为人们生活方式的一部分。

（二）国际旅游从单一入境游发展成为出入境旅游并重格局

改革开放之初，中国的国际旅游仅限于单一的入境游，出境游起步较晚。21 世纪以来，中国公民出境旅游呈现井喷式增长，已形成入境与出境两大旅游市场并重活跃

的发展格局。

从入境市场看，中国已是世界第四大旅游入境接待国。中国旅游业虽然比西方发达国家起步晚了几十年，但发展很快，在旅游业起步的最初几年，接待的外国过夜旅游者人数以每年翻番的速度增长。1978 年，中国旅游开放的第一年，全国共接待的入境过夜旅游者仅为 71 万人次，旅游外汇收入不到 3 亿美元，两项指标在世界的排名均居 40 位以后，分别位居第 41 位和 48 位。但是到 1994 年，中国接待的入境过夜旅游者人数和旅游外汇收入在全球的排名双双进入世界前 10 位，分别位居第 6 位和第 10 位。2007 年中国接待旅游者规模已超过 5 000 万人次，实现从 4 000 万人次到 5 000 万人次的跨越仅用了 3 年时间，旅游收入每增加 50 亿美元所花费的时间更短，到 2015 年旅游收入已在 1 000 亿美元以上。入境旅游人次数从 1978 年的 180.92 万人次增加到 2018 年的 1.45 亿人次，中国已成为全球国际游客到访量最大的国家之一。

从 2020 年开始，新冠肺炎疫情严重冲击了国际旅游市场，入境游基本被停顿。2020 年 1 月 30 日晚，世界卫生组织宣布，将新冠肺炎疫情列为国际关注的突发公共卫生事件，团队形式的入境旅游几乎停摆，散客形式的入境旅游大受冲击。总体而言，疫情对入境旅游冲击巨大，恢复周期也将更长。

（三）中国出境游市场已成为全球规模最大的客源市场

从出境市场看，中国是全球增长最快的客源输出国之一，已成为世界第一大出境旅游消费国。21 世纪以来，中国公民出境旅游需求十分强劲，2001—2019 年，出境旅游人数从 1 213 万人次迅速上升到 1.69 亿人次，跨入了“亿时代”。据世界旅游组织（UNWTO）统计，2012 年，中国旅游者在海外消费的金额上突破千亿美元，以 1 020 亿美元位居世界首位；至 2015 年，海外消费金额已增至 1 045 亿美元，连续位居世界第一位。2019 年中国旅游者的出境旅游消费金额依然为世界第一。因此可以说，自 2012 年起，中国就一直保持世界最大出境旅游市场的地位，是全球规模最大、最有消费吸引力的重要客源市场，对世界国际旅游市场的发展做出了贡献。中国出境游市场的发展增速喜人，这让全球一批旅游目的地，特别是亚太地区的旅游目的地获益匪浅。2018 年，中国旅游者的足迹遍布了 157 个国家和地区，除了传统热门目的地，更多小众的冷门国家正在被中国游客发现和喜欢。以最远的出境旅游目的地南极为例，2018—2019 年，南极旅游季有望突破 10 000 人次，全球每 5 个赴南极旅游的人中，就有一个是中国人，中国已经成为南极旅游的“超级大国”。

遗憾的是，突如其来的新冠肺炎疫情严重影响了我国出境旅游的在轨运行，“暂停”和“脱轨”成为关键词。2020 年 1 月 24 日，文化和旅游部办公厅下发了《文化和旅游部办公厅关于全力做好新型冠状病毒感染的肺炎疫情防控工作暂停旅游企业经营活动的紧急通知》，2020 年 1 月当月还有上千万人次的出境游客规模，此后几乎全部消失。2020 年上半年，出境旅游人数同比下降超过八成，月度出境旅游人数与上年同期相比均为负数，出境旅游市场完全处于停滞状态。

但是从长期来看，出境旅游发展环境趋于宽松的势头并没有变。从经济形势看，2010—2019 年，我国国内生产总值一直保持持续增长，经济发展平稳。尽管有新冠肺炎疫情的严重冲击，2020 年我国国民经济依然保持了强劲的韧性和坚定的增长态势。出境旅游不仅仅得益于强劲的经济发展，交通的持续改善、证件办理的便捷化、网络环境的优化和支付方式的完善都是有利因素。以交通为例，跨境交通网络进步明显。截至 2019 年年底，我国已经与 126 个国家或地区签署了航空运输协定，拥有 953 条国际航线、111 条港澳台航线。签证（注）是完成出境旅游活动的重要因素，也是境外旅游目的地积极推进的重点。截止到 2020 年 8 月，中国已与 147 个国家或地区缔结适用范围不等的互免签证协定，与超过 40 个国家或地区达成了简化签证手续协议。当然，未来一段时间，谨慎评估可能性和有序开放将是我国出境旅游发展的主基调，要把保护人民群众生命安全和身体健康放在第一位。

阅读材料 2-4　新冠肺炎疫情前中国游客境外旅游调查

[核心知识小结]

本章主要针对旅游者、旅游需求及旅游市场进行论述，主要包括各旅游组织、国家及我国对国际旅游者和国内旅游者的概念的界定，旅游需求的概念、类型和特点，重点探讨了影响旅游需求的主观因素和客观因素，旅游市场细分，最后对我国旅游市场的现状进行分析。

[案例解析]

后疫情时代，中国出境游的“蛋糕”，究竟有多香？

[复习思考]

1. 国际旅游者与国内旅游者分别该如何界定？

2. 影响旅游需求的主观因素和客观因素分别有哪些？

3. 对我国带薪休假制度的改革你有何建议？

4. 通过各种途径，找寻一些旅游者的照片，请同学们根据照片分析旅游者的个人特点，并判断他（她）们可能产生的旅游消费行为，请团队评议。

参考文献

［1］蔡健飞，陆林. 居民闲暇时间变化对我国旅游发展的影响研究［J］，安徽农学通报，2009，15（3）：191-195.

［2］李禾. 试析气候气象因素对旅游业的影响［J］，当代旅游，2010（5）：3.

［3］陈建萍，杨东，张美花. 气候气象因素对旅游业的影响［J］，时代农机，2011，38（9）：203-204.

［4］中华人民共和国国家旅游局. 中国旅游业“十二五”发展规划纲要［M］. 北京：中国旅游出版社，2011.

［5］张殿东，王毓梅. 旅游学基础［M］. 杭州：浙江大学出版社，2013.

［6］郑红. 现代酒店市场营销［M］. 广州：广东旅游出版社，2009.

［7］胡宇橙，王文君. 饭店市场营销管理［M］. 北京：中国旅游出版社，2005.

［8］PHILIP KOTLER，JOHN BOWEN，JAMES MAKENS. 旅游市场营销学［M］. 谢彦君，译. 北京：旅游教育出版社，2002.

［9］刘晓明. 旅游市场营销［M］. 2 版. 上海：上海交通大学出版社，2007.

［10］阮文奇，张舒宁，李勇泉，等. 中国赴泰旅游需求时空分异及其影响因素［J］. 旅游学刊，2019，34（5）：14.

第三章 认识旅游资源

［学习目标］

1. 掌握旅游资源的概念。
2. 熟悉旅游资源的特征和分类方法。
3. 了解旅游资源的调查与评价。
4. 掌握旅游资源开发内容与保护措施。

［引导案例］

到“中国彩虹之都”昭苏看彩虹

新疆的昭苏大草原广袤壮美，一直都是我国最著名的大草原之一，也是游客到伊犁游玩的重要景点，夏天的昭苏大草原堪称彩虹之都。

每到夏季，昭苏大草原的天气总是变幻莫测，冷暖气流交汇，一会阵雨来袭，一会艳阳高照，正因如此，大家才有机会邂逅久违的彩虹。

在新疆昭苏县草原上，游客经常还可看到双彩虹的奇特景象，当一阵疾风骤雨过后，两道彩虹跃然腾现在草原之上，从地平线上伸到天上的乌云里，像两条通往天堂的彩桥，挂在被雨水洗刷过的碧空中越发光彩夺目。

昭苏县位于新疆伊犁哈萨克自治州西南部的天山腹地，属高山半湿润性草原气候。昭苏三面环山，东面为狭长谷地，西面为开阔盆地，夏季气候多变，阵雨频繁，具有形成彩虹的独特自然条件。据统计，昭苏县每年 6~8 月期间，出现彩虹的景象多达 160 余次，而且经常出现双彩虹，三道彩虹也时有发生。

昭苏县作为国家全域旅游示范区之一，已成功打造了“中国天马之乡”“中国褐牛之乡”和“中国油菜之乡”三张名片。目前，昭苏县正在全力申报“中国彩虹之都”称号，并努力将其打造成为当地的第四张名片。

补充案例 3-1　伊利入选国家十大工业旅游示范基地

第一节　旅游资源的概念及特征

旅游资源是旅游活动的三大基本要素之一，是旅游活动客体，是旅游业赖以生存和发展的重要基础和前提。在一定程度上，旅游资源的品质、类型、规模及其所处的地理位置，是旅游业发展的关键。这往往决定着一个地方旅游发展的方向、规模和速度，特别是地理区位较差，远离目标市场的地区，其旅游业的发展更是严重受制于旅游资源的优劣程度。随着旅游业的不断发展和市场竞争的日趋激烈，世界各地都在想方设法开发、利用、管理和保护旅游资源，以达到吸引更多旅游者的目的。

一、旅游资源的概念及内涵

旅游资源是旅游开发的依据。为了更好地推进旅游业发展，了解和掌握旅游资源的概念、分类、开发和保护，就显得尤为必要。但是，由于研究的侧重点有所差异，人们对于旅游资源的概念尚存在分歧。那么，究竟什么是旅游资源？旅游资源有哪些特征？

由于学术背景不同、研究角度不同，国内外学者对旅游资源给出了具有差异化的定义。其中，有以下几种具有代表性的概念。

郭来喜认为：凡能为人们提供旅游观赏、知识乐趣、度假疗养、娱乐休息、探险猎奇、科研考察以及人们之间友好往来和消磨闲暇时间的客体和劳务，并具有开发价值的，均可称为旅游资源①。

陈传康、刘振礼认为：旅游资源是在现实条件下，能够吸引人们产生旅游动机并进行旅游活动的各种因素的总和。它是旅游业产生和发展的基础②。

保继刚认为：旅游资源是指对旅游者具有吸引力的自然存在和历史文化遗存，以及直接用于旅游目的地的人工创造物③。

① 郭来喜，罗伯特·霍夫帕尔，埃利奥特·麦金泰尔. 中美人文地理学研讨会文集［M］. 北京：科学出版社，1988.

② 陈传康，刘振礼. 旅游资源鉴赏［M］. 上海：同济大学出版社，1990.

③ 保继刚. 旅游地理学［M］. 北京：高等教育出版社，2012.

谢彦君认为：旅游资源是客观地存在于一定地域空间并因其所具有的愉悦价值而使旅游者向往的自然存在、历史文化遗存或社会现象[①]。

张凌云认为：旅游资源是指凡能激发旅游者旅游动机，能为旅游业所利用，并由此产生经济价值和社会效益的因素和条件[②]。

李天元认为：凡是能够造就对旅游者具有吸引力环境的自然事物、文化事物、社会事物或其他客观事物，都可以构成旅游资源[③]。

黄辉实认为：旅游资源就是吸引人们前来游览、娱乐的各种事物的原材料，这些原材料可以是物质的，也可以是非物质的，它们本身不是旅游目的地和吸引物，必须经过开发成为有吸引力的事物[④]。

罗贝尔·朗加尔认为：旅游资源即自然的、文化的、艺术的、历史的或工艺的等作用的旅游遗产，它吸引着旅游者，刺激着他去旅游[⑤]。

分析以上各种旅游资源的定义，我们可以看出，目前其尚无统一的定义。当然原因是多方面，从客观上来说，旅游资源类型丰富多样，难以定性；从主观上来说，人们尚不能很好地把握旅游资源的内涵外延。旅游资源开发与否是学界争论的焦点，有学者认为经过开发后的旅游资源不再属于旅游资源，而是旅游产品；而有一部分学者则认为旅游资源无论开发与否，都属于旅游资源的范畴，并且旅游资源的具有开发和再开发的潜力。

2003 年，中华人民共和国国家质量监督检验检疫总局 2003 年发布了（GT/B 18972-2003）《旅游资源分类、调查与评价》和国家标准（GT/B 17775-2003）《旅游景区（点）质量等级的划分》。2017 年，国家质量监督检验检疫总局和国家标准化管理委员会用 GT/B 18972-2017 标准取代了 GT/B 18972-2003 标准，新标准对旧标准做了继承性的修编，对分类层次和类型进行了简化。《旅游资源分类、调查与评价》（GT/B 18972-2017）认为旅游资源是：自然界和人类社会凡能对旅游者产生吸引力，可以被旅游业开发利用，并可产生经济效益、社会效益和环境效益的各种事物和现象。

上述学者和国家标准对旅游资源概念的界定，虽然各自的出发点和侧重点有所不同，但就资源的本质属性而言，大体是一致的，都强调旅游资源的吸引力和旅游资源的可利用性，把握这些是掌握旅游资源基本概念的关键所在。

首先，旅游资源一定是具有激发旅游者旅游动机的吸引力。这是旅游资源最本质的特点，也是旅游资源理论的核心。旅游资源因可以为旅游者提供愉悦而难忘的经历

---

① 谢彦君. 基础旅游学［M］. 北京：中国旅游出版社，2011.

② 张凌云. 旅游学概论［M］. 北京：旅游教育出版社，2013.

③ 李天元. 旅游学［M］. 北京：高等教育出版社，2011.

④ 黄辉实. 旅游经济学［M］. 上海：上海社会科学院出版社，1985.

⑤ 罗贝尔·朗加尔. 国际旅游［M］. 陈淑仁，译. 北京：商务印书馆，1995.

而具有吸引力，不具有这种吸引力的任何资源形式都不是也不会成为旅游资源。

其次，旅游资源和其他资源一样，是一种客观存在。旅游资源是自然界和人类社会中的各种事物和现象，可以是有形的，也可以是无形的；可以是物质的，也可以是非物质的。无论是青山绿水、珍禽异兽、万千气象、文物古迹、园林建筑等物质的、有形的，还是神话传说、文学艺术、社会风尚、民族风情等非物质的、无形的都是旅游资源。无形的资源通常产生并依附于物质基础，并且往往是有形景观资源的精神和灵魂。所以，无论是具体形态的旅游资源，还是依附于物质景观存在的无形旅游资源，其本质依然是客观实在的。比如正在申报“中国彩虹之都”的新疆昭苏，由于其客观存在的地理位置和自然环境，所形成的变幻不定但独具特色的彩虹，随着技术的不断发展，逐步被开发，成为激发人们旅游动机并吸引人们前往的旅游资源。

最后，旅游资源必须是能够为旅游业所利用的。对旅游者具有吸引力的东西非常多，但由于条件限制，尚未被旅游业开发利用，我们将其称之为潜在旅游资源。比如海边和沙漠里面的“海市蜃楼”，具有很强的吸引力，也是客观存在的形式，但是由于现在还没有被旅游业开发利用，还不能算旅游资源。不过，随着技术的进步其有可能被开发利用，从而由潜在旅游资源转变为旅游资源。

思考 3-1：

以下内容是否为旅游资源？

①海市蜃楼；②龙舟竞渡；③神话传说；④渔民出海捕鱼；⑤商贸会；⑥体育盛会；⑦风能发电；⑧奶粉制作过程。

二、旅游资源的特点

旅游资源作为一种特殊的资源类型，除了具有资源的共同特点外，还有其特殊之处，主要有以下几个特征。

1. 多样性

旅游资源是一个内涵非常广泛的集合概念，通常来说，只要是能够对旅游者产生吸引力的因素都可以成为旅游资源。旅游资源在表现形式上具有多样性的特点：它可以是自然事物，也可以是人文事物，还可以是社会事物；它可以是历史遗迹遗存，也可以是时代发展的新兴事物；它可以是有形的物质存在，也可以是无形的精神存在。凡此种种，均属于旅游资源的范畴。旅游资源正是由于其多样性的特点，才形成了多姿多彩、形态各异的旅游产品，从而满足各类旅游者的需要，推动旅游市场的不断发展。

阅读材料 3-1 郫都区唐昌战旗村

2. 吸引性

具有吸引力是旅游资源的本质特点。旅游资源通过给旅游者带来审美和愉悦的心理体验，实现其吸引力。旅游资源与其他资源的最大区别就是旅游的美学观赏性。而在这种体验过程中，不同旅游者得以分别或同时满足三个层次的心理需求，即通过美感陶醉获得精神愉悦，通过广博见闻获得精神满足，通过移情和寄情释放情感欲望。无论是哪种旅游资源，都应该具有这样的基本功能，旅游资源美感越突出，观赏性越强，对旅游者的吸引力越大。

阅读材料 3-2 赵雷《成都》里的玉林路小酒馆

3. 区域性

旅游资源具有吸引力，正是由于其独特的地域空间所形成的独特的自然环境和人文环境。旅游资源在区域上的差异分布，导致了一地的旅游资源对另一地旅游者形成吸引力，从而产生了旅游者的空间流动，产生了旅游现象。旅游资源的区域分布是由自然环境和人文环境所共同造就的，由此呈现出不同纬度和经度上的地带性分布，以及在同一纬度上也可能呈现出垂直地带性分布。如中国北方与南方地理环境差异所形成的自然景观、人文景观也是南北迥异：北方山岳景观多以险峻见长，南方山岳景观则多以秀丽著称；北方园林多宏伟壮观，南方园林多玲珑精巧；北方人性格豪放粗犷，南方人则细腻灵秀。

阅读材料 3-3 荷兰 De Wieden 自然保护区羊角村

4. 时代性

旅游资源的本源是满足人们对审美的需要。随着社会发展和变化，不同时代人们的审美能力和愉悦要求也有很大差异，并随着时代发展和社会实践的丰富而不断发展和丰富。因此，在不同时代，人们对自然和社会的现实存在能否构成旅游资源的价值判断就会表现出极大的差异。随着人们兴趣、需求和时尚潮流的变化，旅游资源的品种数量不断增加，过时的旅游资源不断被淘汰，人们对旅游资源的评价也在不断变化，旅游资源自身的功能也在悄然变化。古代人们通过寄情山水陶冶情操。在随着城市化不断的发展中，人们对高度发达的城市充满向往，但随着城市化问题不断出现，人们又希望回归大自然寄情山水，陶冶身心。

阅读材料 3-4　去南极旅行——一个美丽而真实的童话

5. 不可转移性

无论是自然旅游资源还是人文旅游资源，都具有地理上不可移动的特性。旅游资源的形成很大程度取决于自然环境和人文环境，具有极其浓郁的地方特色和区域特色。随着社会发展和技术进步，在非原生地仿造一些景观并非难事，但是“橘生淮南则为橘，橘生淮北则为枳”，脱离了既定的历史和环境，则失去了其独有的意义和魅力。比如万里长城只有将其放在中国漫长的历史长河中去品味和解读，才能体现出其独特的雄壮之美和人文之美；凯旋门只有将其放在法国特殊的历史事件中去欣赏，我们才能感受到旅游资源的魅力所在。

阅读材料 3-5　成都世界乐园消亡记

6. 永续性和不可再生性

永续性是指旅游资源具有可以重复利用的特点。与矿产资源、森林资源等随着人类的不断开发利用而逐渐减少不同，旅游产品是一种无形产品，旅游者付出一定的金钱所购买到的只是通过服务获得的一种体验和经历，而不是旅游资源本身。旅游资源是旅游产品的载体。因此，从理论上讲，旅游资源是可以永续利用的。但是，一些旅游资源或被过度开发，或使用不当，导致生态环境失衡或文化被弱化，从而致使部分旅游资源面临消失的可能。由于旅游资源多是在漫长的历史环境和自然环境中所形成，一旦形成很难再生。基于此，越来越多的人将旅游业视为“资源密集型产业”，主要用于唤醒人们保护旅游资源的意识，实现旅游资源的可持续利用。

阅读材料 3-6 国家公园

第二节 旅游资源的分类

一、根据旅游资源的基本属性分类

旅游资源的属性是指旅游资源的性质、特点、存在形式、状态等。根据旅游资源的属性进行划分是目前最为常见和流行的一种划分方式。根据旅游资源属性，我们可以将其分为自然旅游资源和人文旅游资源。

（一）自然旅游资源

自然旅游资源，是指大自然所赋予并具有观赏价值的，由地貌、水体、生物、气候等自然地理要素构成的，能够对人们产生吸引力并带来美感的各种自然环境构成要素的地域组合。自然旅游资源的形成，受地质学的影响，从宏观角度来看，它是地球表层所有自然要素之间相互联系、相互制约及有运动规律的结果。自然旅游资源依据其表现形式不同，可以分为以下几种：

1. 地文景观

地球表面地质构造复杂，地质地貌类型众多。地文景观旅游资源可分为：山岳景观、岩溶景观、风沙地貌、海岸地貌景观等。

阅读材料 3-7 诗圣杜甫笔下的西岭雪山

2. 水域景观

我们居住的地球水域广布，河流纵横交错，湖泊星罗棋布，海域面积广阔，形成了一幅天然的山水画卷。水域风光包括江河溪涧、湖泊水库、瀑布泉水、滨海景观、现代冰川等。

3. 生物景观

地球上动植物资源丰富多样，生物的存在使地球生机盎然，富有趣味，并具有宝贵的科学价值，同时给旅游者带来了赏心悦目的感受。生物景观包括森林、草原、古树名木、珍禽异兽、奇花异草等。

4. 气候气象景观

受所处地理位置的影响，地球上的气候类型复杂多样，有东西走向的干湿变化，有南北走向的温度差异，有从低到高的垂直变化，更有特定地域环境下所引起的特殊气象气候现象。常见的气候气象景观有奇特的天象景观、冰雪景观等。

（二）人文旅游资源

人文旅游资源，是指古今社会由人类活动所创造的，能够吸引人们产生旅游动机的，具有旅游价值的物质形态和精神形态的旅游资源。人文旅游资源是历史、现实与文化的结晶，其形成与分布受历史、民族和意识形态等因素的制约，同时也受自然因素的制约，从而形成独具特色的地域资源。人文旅游资源内容广泛，主要有以下几种：

1. 文物古迹

文物古迹是人文旅游资源中最博大精深的一种旅游资源。它们以丰富的文化内涵、深厚的历史积淀和独特的外在形态，吸引着每一位旅游者，使之为之倾倒。文物古迹包括古建筑、石窟、古寺、石刻、古墓葬、古遗迹、近现代重要史迹及代表性建筑。

2. 民族风情

民族风情是指由于各民族居住环境和历史文化的差异，形成的独特的风俗习惯和多姿多彩的民族风情。民族风情是人文旅游资源最为生动、活泼、富有特色的旅游资源。民族风情旅游资源主要包括节日庆典、民间歌舞、民居建筑、民族服饰、风俗习惯、民族艺术等。

3. 宗教文化

这是指一切与宗教文化直接相关的文化现象。宗教文化本身就是历史文化发展的结果，与旅游开发有着密切联系。宗教文化因其直击人的心灵，是一种充满魅力的重要人文旅游资源，能够激发旅游者的旅游动机，对旅游者有很强的吸引力。它主要包括宗教建筑、宗教活动、宗教艺术等。

4. 现代设施

这是指集中反映当代建筑与时代特征，关系国计民生的大型工程设施和满足现代人类文明生活需要的文化休闲设施与康体娱乐设施。

阅读材料 3-8　文创产业园的旅游吸引力

5. 文学艺术

文学艺术是人类精神文明的重要组成部分，内容丰富。旅游作为一项文化交流活动，自然与文学艺术有着密不可分的关系。为旅游业开发利用的文学艺术作品，如神话故事、楹联诗词、书法碑刻、戏曲影视、杂技武术等，均具有较高的艺术价值。

6. 饮食购物

饮食购物是旅游活动的六大基本要素的重要组成部分，同时，由于各地物产的差异和环境的不同，形成了千差万别的饮食文化和地方物产。随着人们生活水平的提升和精神追求的提升，别具特色的地方饮食成为吸引和激发旅游者旅游动机的一种旅游资源。饮食购物包括地方美食、土特产、旅游纪念品、现代商厦、特色市场和地方特色商圈等。

二、根据旅游资源的管理级别分类

为了更好地保护旅游资源，我国采取加快立法建设、设立保护机构等一系列措施，形成了一套较为完备的管理体系。按照管理级别的高低，我国将旅游资源分为世界级、国家级、省级和市（县）级四种类型。这也反映了旅游资源的品质的高低。

1. 世界级旅游资源

世界级旅游资源包括联合国教科文组织批准分别列入《世界遗产名录》的名胜古迹、列入《世界地质公园》的自然景观和列入联合国“人与生物圈”保护区网络的自然保护区。这类旅游资源具有全球性的艺术观赏、历史文化、科学研究价值，是世界上品质最优、知名度最高的旅游资源。

阅读材料 3-9　截至 2021 年，中国世界遗产数量位居世界第一

2. 国家级旅游资源

国家级旅游资源是指由国务院及中央、国家有关部门批准（同意、核定、命名）公布的自然界和人类社会中能够对旅游者产生吸引力，可以为旅游业开发利用，并可产生经济效益、环境效益和社会效益的各种事物。它包括由国务院核定公布的全国重

点文物保护单位、国家历史文化名城、全国重点烈士纪念碑、国家重点风景名胜区、全国重点寺观；由林业部和现国家环境保护总局及国家林业局批准建立的国家森林公园和国家级自然保护区；由文化和旅游部评定国家级旅游区、全国农业旅游示范点、全国工业旅游示范点、国家旅游度假区；由建设部和国家文物局审定的中国历史文化名镇和中国历史文化名村；由民政部、国家教委、文化部等确定的全国爱国主义教育基地。这类旅游资源是我国文化、自然旅游资源的典型代表，具有重要的艺术观赏、历史文化和科学研究价值，在国内外享有一定的知名度。

3. 省级旅游资源

省级旅游资源主要包括省级风景名胜区、省级历史文化名城、省级文物保护单位，以及省级森林公园、省级自然保护区、省级旅游度假区、省级地质公园等。它们具有较高的艺术观赏、历史文化和科学研究价值，在省内具有较高的知名度。

4. 市县级旅游资源

市县级旅游资源主要包括市县级风景名胜区、市县级文物保护单位、市县级旅游度假区。它们具有一定的艺术观赏、历史文化和科学研究价值，在市县内及周围地区具有一定的知名度。

三、根据旅游资源的是否再生分类

1. 可再生旅游资源

可再生旅游资源是指那些在旅游过程中被部分或完全消耗掉，但仍然能够通过一定的途径重新再造的旅游资源。比如动植物资源、土特产、地方美食均属于可再生旅游资源。

2. 不可再生旅游资源

不可再生旅游资源是指那些在漫长的历史发展过程中遗留下来的或自然生成的资源，这类旅游资源一旦遭到破坏，其后果不堪设想且极其难以恢复。比如因为战争消失的世界遗产，人类肆意捕猎面临灭绝的生物等。

四、根据旅游资源的国家标准分类

国家旅游局资源开发司和中国科学院地理研究所（1992）编写的《中国旅游资源普查规范（试行稿）》中将旅游资源分类分为两级——类与基本类型。类是若干属性相同或相近的基本类型的归并，不开展实际调查；旅游资源基本类型是普查的具体对象。全部类型共有 74 种，归为 6 类。在此基础上，2003 年 2 月 24 日中华人民共和国国家质量监督检验检疫总局发布了国家标准《旅游资源分类、调查与评价》（GB/T 18972-2003），该标准将旅游资源分为 8 个主类、31 个亚类、155 个基本类型。《旅游资源分类、调查与评价》（GB/T 18972-2017）在原来《旅游资源分类、调查与评价》（GB/T 18972-2003）的基础上，对旅游资源的类型进行了继承性修编，依据旅游资源的现存状况、形态、特性和特征等性状进行划分，分为稳定的、客观存在的具体旅游资源和不稳定的、客观存在的事物和现象，包括 8 大主类、23 个亚类和 110 个基本类型，如表 3-1 所示。

表 3-1　旅游资源分类

主类	亚类	基本类型
A 地文景观	AA 自然景观综合体	AAA 山丘型旅游地、AAB 台地型旅游地、AAC 沟谷型旅游地、AAD 滩地型旅游地
	AB 地质与构造形迹	ABA 断裂景观、ABB 褶曲景观、ABC 地层剖面、ABD 生物化石点
	AC 地表形态	ACA 台丘状地景、ACB 峰柱状地景、ACC 垄岗状地景、ACD 沟壑与洞穴、ACE 奇特与象形山石、ACE 岩土圈灾变遗迹
	AD 自然标记与自然现象	ADA 奇异自然现象、ADB 自然标志地、ADC 垂直自然带
B 水域风光	BA 河系	BAA 游憩河段、BAB 瀑布、BAC 古河道段落
	BB 湖沼	BBA 游憩湖区、BBB 潭池、BBC 湿地
	BC 地下水	BCA 泉、BCB 埋藏水体
	BD 冰雪地	BDA 积雪地、BDB 现代冰川
	BE 海面	BEA 游憩海域、BEB 涌潮与击浪现象、BEC 小型岛礁
C 生物景观	CA 植被景观	CAA 林地、CAB 独树与丛树、CAC 草地、CAD 花卉地
	CB 野生动物群栖息地	CBA 水生动物栖息地、CBB 陆地动物栖息地、CBC 鸟类栖息地、CBD 蝶类栖息地
D 天象与气候景观	DA 天象景观	DAA 太空景象观赏地、DAB 地表光现象
	DB 天气与气候现象	DBA 云雾多发区、DBB 极端与特殊气候显示地、DBC 物候景观
E 建筑与设施	EA 人文景观综合体	EAA 社会与商贸活动场所、EAB 军事遗址与古战场、EAC 教学科研试验场所、EAD 建筑工程与生产地、EAE 文化活动场所、EAF 康体游乐休闲度假地、EAG 宗教与祭祀活动场所、EAH 交通运输场站、EAI 纪念地与纪念活动场所
	EB 实用建筑与核心设施	EBA 特色街区、EBB 特性屋舍、EBC 独立厅/室/馆、EBD 独立场/所、EBE 桥梁、EBF 渠道/运河段落、EBG 堤坝段落、EBH 港口/渡口与码头、EBI 洞窟、EBJ 陵墓、EBK 景观农田、EBL 景观牧场、EBM 景观林场、EBN 景观养殖场、EBO 特色店铺、EBP 特色市场
	EC 景观与小品建筑	ECA 形象标志物、ECB 观景点、ECC 亭/台/楼/阁、ECD 书画作、ECE 雕塑、ECF 碑碣/碑林/经幢 ECG 牌坊牌楼/影壁 ECH 门廊/廊道、ECI 塔形建筑、ECJ 景观步道、甬路 ECK、花草坪、ECL 水井、ECM 喷泉、ECN 堆石

表3-1（续）

主类	亚类	基本类型
F 遗址遗迹	FA 物质类文化遗存	FAA 建筑遗迹、FAB 可移动文物
	FB 非物质类文化遗存	FBA 民间文学艺术、FBB 地方习俗、FBC 传统服饰装饰、FBD 传统演艺、FBE 传统医药、FBF 传统体育赛事
G 旅游购品	GA 农业产品	GAA 种植业产品及制品、GAB 林业产品与制品、GAC 畜牧业产品与制品、GAD 水产品与制品、GAE 养殖业产品与制品
	GB 工业产品	GBA 日用工业品、GBB 旅游装备产品
	GC 手工工艺品	GCA 文房用品、GCB 纺品/染品、GCC 家具、GCD 陶瓷、GCE 金石雕刻/雕塑制品、GCF 金石器、GCG 纸艺与灯艺、GCH 画作
H 人文活动	HA 人事活动记录	HAA 地方人物、HAB 地方事件
	HB 岁时节令	HBA 宗教活动与庙会、HBB 农时节日、HBC 现代节庆
数量统计		
8 主类	23 亚类	110 基本类型

（注：如果发现本分类没有包括的基本类型，使用者可自行增加。增加的基本类型可归入相应亚类，置于最后，最多可增加 2 个。编号方式为：增加第 1 个基本类型时，该亚类 2 位汉语拼音字母+Z、增加第 2 个基本类型时，该亚类 2 位汉语拼音字母+Y。）

旅游资源是旅游业发展的基础。《旅游资源分类、调查与评价》（GB/T 18972-2017）充分考虑《旅游资源分类、调查与评价》（GB/T 18972-2003）旅游界对旅游资源的含义、价值、应用等多方面的研究和实践成果，重点对旅游资源的类型划分进行了修订，简化了分类层次和类型，使标准更加突出实际操作、突出资源与市场的有效对接以及对旅游资源及其开发利用的综合评价，更加适用于旅游资源的开发与保护、旅游规划与项目建设、旅游行业管理与旅游法规建设、旅游资源信息管理和开发利用等工作。

五、其他分类方法

除了上述分类方法外，许多学者和有关部门提出了自己的分类方法。

（一）按照旅游资源的开发程度划分

1. 潜在旅游资源

潜在旅游资源是指在目前尚不具备开发条件或不被确认为旅游资源的事物，但将来很有可能被开发成为旅游资源。人类对客观世界的认识是随着社会经济的发展和社会意识的发展而不断加深的，一个景观能否成为有价值的旅游资源，取决于人们的认识水平、感观需求、发现时机、开发能力、宣传条件等众多因素。

2. 现实旅游资源

现实旅游资源是指已经被旅游业开发利用的旅游资源。有的已经开发得较为成熟，但随着时代变化和旅游者需求的变化，会在原有的基础上调整、充实；有的已经列入规划，也被视为现实旅游资源。这类旅游资源可以是自然的，也可以是人文的。

（二）根据旅游资源活动内容划分

1. 观光游览型

无论是自然的还是人文的，无论是原生的还是人造的，只要是能够给旅游者带来美感享受、陶冶性情的，都属于此类旅游资源。这类资源主要包括优美的自然风光、著名古建筑、历史遗迹、园林建筑、田园风光和宗教寺庙等。

2. 知识型

此类旅游资源的旅游者主要是为增长某方面的知识、拓宽视野、科学考察、研究学术，或由于从事某种专业而产生兴趣的专业人士。这类旅游资源包括文物古迹、博物展览、科学技术、自然奇观和精湛的文学艺术作品等。

3. 体验型

此类旅游资源的旅游者或深入当地家庭、或逛集市、或徒步大街小巷置身其中参与活动，与当地居民进行交流，体验当地人的生活和文化。这类资源以民俗风情、社会时尚、节庆活动、宗教仪式、风味美食等。

4. 康乐型

这类旅游资源的旅游者是为了远离喧嚣，休闲放松，从而达到增进身心健康，寻求愉悦的目的。这类旅游资源可以是以度假疗养、避暑避寒、康复保健、文娱活动等为主的资源。

第三节　旅游资源的调查与评价

旅游资源是一个国家或一个地区旅游业发展最基本的前提条件，决定着该地区旅游业发展的规模和前景。一个国家或地区为了使旅游资源得到充分合理的利用，将旅游资源优势转化为经济优势，首先就是对其进行科学的调查与评价。相关部门通过对旅游资源的调查与评价，可以为旅游资源的开发制定明确的目标，拟定恰当的开发时序，提出准确的开发重点和选择合理的开发方式，并提供科学的现实依据。

一、旅游资源调查的类型

我国旅游资源种类繁多，加之国土范围辽阔，区域间差异大，开展旅游资源调查需要多学科、多部门、多行业协调配合，循序渐进并有章可循。

（一）旅游资源调查的基本要求

（1）旅游资源调查应保证成果质量，强调整个运作过程的科学性、客观性、准确性，做到内容简洁和量化。

（2）旅游资源调查应充分利用与旅游资源有关的各种资料和研究成果，完成统计、填表和编写调查文件等工作，调查方式以收集、分析、转化、利用这些资料和研究成果为主，并逐个对旅游资源单体进行现场调查核实，包括访问、实地观察、测试、记录、绘图、摄影。

（二）旅游资源调查的类型

旅游资源调查分为旅游资源详查和旅游资源概查两个档次，其调查方式和精度要求不同。

（1）旅游资源详查。

旅游资源详查适用于了解和掌握整个区域旅游资源全面情况的旅游资源调查，要对全部旅游资源单体进行调查，完成全部旅游资源调查程序，提交全部旅游资源单体调查表。

（2）旅游资源概查。

旅游资源概查适用于了解和掌握特定区域和专门类型旅游资源的旅游资源调查，只对涉及的旅游资源单体进行调查。

二、旅游资源调查的内容

旅游资源调查内容复杂而繁多，涉及旅游活动的各个方面。旅游资源调查既要注重旅游资源自身的各种状况，也要关注资源地外围环境的状况。旅游资源调查主要包括调查区的概况、调查区旅游开发现状和前景以及各层次旅游资源数量的调查。调查区的概况包括面积、行政区划、人口、所处旅游区域；调查区旅游开发现状和前景主要包括总体情况、产业地位、旅游开发潜力和旅游开发；各层次旅游资源数量包括主类、亚类和基本类型的数量和情况。

旅游资源调查内容如表 3-2 所示。

表 3-2　旅游资源调查

调查区名称		调查时间	
行政位置			
A 调查区基本资料			
调查区概况（面积、行政区划、人口、所处的旅游区域）			
调查工作过程（工作程序和调查重点，提交主要文件、图件）			
调查区旅游开发现状和前景（总体情况、产业地位、旅游开发潜力、旅游开发）			
B 各层次旅游资源数量统计			

表3-2(续)

<table>
<tr><td rowspan="2">系列</td><td rowspan="2">标准数目</td><td colspan="2">调查区</td></tr>
<tr><td>数目</td><td>占全国比例/%</td></tr>
<tr><td>主类</td><td>8</td><td></td><td></td></tr>
<tr><td>亚类</td><td>23</td><td></td><td></td></tr>
<tr><td>基本类型</td><td>110</td><td></td><td></td></tr>
<tr><td colspan="4">C 各主类、亚类旅游资源基本类型数量统计</td></tr>
<tr><td>地文景观</td><td>17</td><td></td><td></td></tr>
<tr><td>地质与构造形迹</td><td>4</td><td></td><td></td></tr>
<tr><td>地表形态</td><td>6</td><td></td><td></td></tr>
<tr><td>自然标记与自然现象</td><td>3</td><td></td><td></td></tr>
<tr><td>水域景观</td><td>13</td><td></td><td></td></tr>
<tr><td>河系</td><td>3</td><td></td><td></td></tr>
<tr><td>湖沼</td><td>3</td><td></td><td></td></tr>
<tr><td>地下水</td><td>2</td><td></td><td></td></tr>
<tr><td>冰雪地</td><td>2</td><td></td><td></td></tr>
<tr><td>海面</td><td>3</td><td></td><td></td></tr>
<tr><td>生物景观</td><td>8</td><td></td><td></td></tr>
<tr><td>植被景观</td><td>4</td><td></td><td></td></tr>
<tr><td>野生动物</td><td>4</td><td></td><td></td></tr>
<tr><td>天象与气候景观</td><td>5</td><td></td><td></td></tr>
<tr><td>天象景观</td><td>2</td><td></td><td></td></tr>
<tr><td>天气与气候现象</td><td>3</td><td></td><td></td></tr>
<tr><td>建筑与设施</td><td>39</td><td></td><td></td></tr>
<tr><td>人文景观综合体</td><td>9</td><td></td><td></td></tr>
<tr><td>实用建筑与核心设施</td><td>16</td><td></td><td></td></tr>
<tr><td>景观与小品建筑</td><td>14</td><td></td><td></td></tr>
<tr><td>历史遗迹</td><td>8</td><td></td><td></td></tr>
<tr><td>物质类文化遗存</td><td>2</td><td></td><td></td></tr>
<tr><td>非物质类文化遗存</td><td>6</td><td></td><td></td></tr>
<tr><td>旅游购品</td><td>15</td><td></td><td></td></tr>
<tr><td>农业产品</td><td>5</td><td></td><td></td></tr>
<tr><td>工业产品</td><td>2</td><td></td><td></td></tr>
<tr><td>手工工艺品</td><td>8</td><td></td><td></td></tr>
<tr><td>人文活动</td><td>5</td><td></td><td></td></tr>
<tr><td>人事活动记录</td><td>2</td><td></td><td></td></tr>
<tr><td>岁时节令</td><td>3</td><td></td><td></td></tr>
</table>

<table>
<tr><td colspan="7">D 各级旅游资源单体数量统计</td></tr>
<tr><td rowspan="2">等级</td><td colspan="3">优良级旅游资源</td><td colspan="2">普通级旅游资源</td><td rowspan="2">未获等级</td></tr>
<tr><td>五级</td><td>四级</td><td>三级</td><td>二级</td><td>一级</td></tr>
<tr><td>数量</td><td></td><td></td><td></td><td></td><td></td><td></td></tr>
</table>

阅读材料 3-10　旅游资源调查的方法与程序

第四节　旅游资源的开发与保护

一、旅游资源开发的原则

开发是指人们对资源及其相关方面进行综合利用的过程。旅游资源是旅游业发展的基础，没有旅游资源，旅游业无法开展，潜在旅游资源未经开发也无法为旅游业发展所利用，旅游资源只有经过开发，才能成为旅游吸引物。旅游资源开发正是将旅游资源加工改造成具有旅游功能的旅游吸引物的过程。在旅游业迅速发展的市场条件下，旅游企业只有对现有旅游资源不断开发，赋予其新的吸引点，才能满足旅游者多样化、个性化的消费需求，确保旅游业的发展。旅游资源开发应遵循以下原则。

（一）特色化原则

旅游资源的开发，应充分挖掘当地旅游资源特色，把各项旅游资源有机结合起来，形成特色鲜明的主题，尽可能突出旅游资源的特色，树立具有地域特色的旅游形象。“人无我有，人有我优，人优我特”，突出的特色，鲜明的个性，更容易对旅游者或者潜在旅游者形成吸引力，进而形成竞争力。要想突出个性，旅游企业在开发中，既要保护好旅游资源的本原性，更要尽可能突出其特色。特色化是指在旅游资源开发过程中要突出地方性、彰显民族性。所谓突出地方性就是要保持本土特色，满足旅游者体验异域风情的需求。所谓彰显民族性，主要是针对特定区域内取之不尽用之不竭的民族风情、民族习俗、民族文化等旅游资源，在开发过程中，突出民族的风俗习惯、建筑风貌、文化艺术等要素的特色，从而形成鲜明的个性和突出的特色。实践证明，只有民族的，才是世界的；越是民族的，越是世界的。成功的旅游资源开发案例无一例外都是以独特的魅力吸引旅游者。一旦失去了地方性、民族性的特色，旅游资源也就失去了魅力，旅游资源将会千篇一律，旅游资源的开发注定将走向失败。

（二）保护性原则

旅游资源的开发与保护是对立统一的关系。合理化开发有利于资源的保护，保护性的开发有利于资源开发的永续利用。因此，保护和开发是有机统一的。但是，需要注意的是，旅游资源是地方旅游业发展的基础和前提，许多旅游资源属于不可再生资源，一旦遭到破坏，将很难恢复或根本无法恢复。因此，在开发过程中，资源的开发者要将旅游资源的保护放在首位。生态环境是旅游资源赖以存在的物质空间，旅游资源开发过程中必须重视资源与环境的保护，以便拥有更好的旅游资源和生态环境，吸引更多的旅游者。从这个角度来说，保护性原则既考虑到旅游资源的长远利益，也兼顾了当前旅游资源开发。旅游资源保护性开发原则主要体现在两方面：一是在旅游资源开发过程中，保护旅游资源和当地生态环境，处理好保护和开发的关系；二是在旅游资源开发后，对旅游资源的管理控制上，应当在旅游资源承载范围内控制游客量，维持生态平衡，保证旅游者的旅游质量，使旅游资源得到永续利用，实现旅游业的可持续发展。

（三）市场化原则

市场化原则是指旅游资源开发应以市场需求为导向。资源的开发者在进行旅游资源开发之前要进行市场调查和市场分析，准确掌握市场需求和变化规律，结合旅游资源自身的特色，确定开发的主题、规模和层次。随着时代发展和市场变化，旅游者的旅游动机和旅游需求也不断变化，在日新月异的市场竞争中，旅游资源可能过时，其资源吸引力下降进而导致游客减少。这就要求在旅游资源开发过程中，既要考虑游客的现实需要，还需要依据市场现状，掌握未来发展趋势，预测游客潜在需求的变化，用一种动态、连续、长期的发展战略开发旅游资源，保证旅游资源开发具有前瞻性和应变性。

（四）参与性原则

随着旅游活动的深入开展，旅游者已经不满足于走马观花式的游览方式，而更倾向于参与性、体验式的旅游方式。而旅游资源开发的游客参与性原则要求在资源开发过程中创造更多的空间和机会，让游客自由活动。各种旅游服务设施，可以采用渗入、延伸或扩大视野等方法，将其设置于旅游资源所处的大环境，使游客在整个游览娱乐活动中有广阔的自主活动空间，主动接触大自然的机会及充分展示自我意识的环境，真正体验到人与环境协调统一、和谐相处、融为一体的感觉。

（五）效益性原则

旅游资源之所以称为旅游资源，是因为其被旅游业开发利用，能够带来经济效益、环境效益、社会效益，三大效益相互统一，不可偏颇。

首先，旅游资源开发的目的是发展旅游业，达到增加就业、拉动经济、回笼货币、赚取外汇等目的，实现一定的经济效益。这就需要在旅游资源开发过程中对开发项目的投资规模、周期、收益等方面，进行必要的投入—产出分析。

其次，旅游资源开发必须以生态环境为前提。如果企业旅游资源开发过程中对当地生态环境进行了破坏，那么旅游资源的吸引力将大大降低。因为生态环境一经破坏很难修复或无法修复，将得不偿失。

最后，旅游资源开发要注意社会效益。企业通过旅游资源的开发，对社会产生积极的推进作用，包括文化传承与弘扬、社会道德风尚的提升、人类智力的开发等。凡是对社会进步产生积极作用的旅游资源应优先开发，凡是对社会进步产生消极作用的旅游资源坚决不开发。比如红色旅游资源开发，能够弘扬和传承共产党和老一辈革命者的优良传统，激发广大人民群众的爱国热情，国家就积极提倡和鼓励红色旅游资源开发；而争夺西门庆故乡的一些地方，起哄一阵子，热闹一阵子，终将消失在时代的长河中，这是因为其不符合主流社会价值观，更不利于形成积极向上的社会风气。

二、旅游资源开发的内容

旅游资源开发的目的就是将潜在旅游资源转化为现实旅游资源，为旅游业所利用。因此，旅游资源开发不仅包括旅游资源本身的开发与利用，还包括旅游配套设施的建设与开发。

（一）景区景点的建设与管理

旅游资源只有经过有意识地开发和建设，才能融入大规模的旅游接待活动中。景区景点的建设与管理是旅游资源开发的核心，也是旅游开发工作的出发点。景区景点的建设与管理包括初次建设的景区景点、升级换代再建设的景区景点以及运营状态下进行保护性利用景区景点旅游资源等，既包括景区景点的硬件建设，也包括景区景点的软件建设。

（二）提高旅游资源所在地的可进入性

可进入性是指交通方便、通信条件能满足游客的需求，其包括交通线路、交通设施、交通方式以及现代化的通信设施等。旅游活动具有异地性的特征，旅游者实现旅游活动首先要实现地域上的空间移动。没有一定的交通设施和交通条件，旅游活动就无法实现，旅游资源开发的价值就无法实现。旅游出游范围越来越大，远距离出游渐成规模。这对可进入性条件的具体指标，如交通线路的通达性、交通方式的舒适性和便捷性，提出了更高的要求。比如某些地方拥有非常优质的旅游资源，但是由于交通条件差，可进入性差，则会影响游客选择该地的概率。景区内部交通便利与否，直接影响旅游者的旅游体验，因此对景区内部交通要求做到“进得来、出得去、散得开”。此外，为更好满足现代旅游者的需求，旅游资源开发者需要建设良好的通信设施，保障信息的畅通，提升旅游体验。解决好旅游资源所在地的可进入性，可以保障旅游资源目标的更好实现，为旅游者带来更好的旅游体验。

（三）建设和完善旅游配套设施

必要的配套设施是旅游活动得以开展的必要条件，也是旅游开发的必要环节。旅游配套设施包括旅游服务设施和旅游基础设施两种。旅游服务设施主要是供外来旅游者使用的，一般包括住宿、餐饮、交通和其他服务设施，也可以满足当地居民的部分需求。旅游基础设施是为了满足旅游地居民生产生活需要而提供给大家使用的设施，比如水、电、气的供应系统，给排水设施，邮电通信系统，安全保卫系统等，它们并不直接为旅游者服务，但却是在旅游经营过程中当地旅游企业和部门必不可少的设施。旅游配套设施的建设和完善，既要配合旅游资源开发，也要满足旅游者多方面的需要，又要使旅游资源的开发与区域经济密切联系。但由于旅游配套设施建设成本高、周期长，因此在对其建设时需对其规模、布局、数量进行充分论证和严格审批，做到适度超前发展，避免设施的不足和浪费，从而为旅游地创造良好的投资环境和开发条件。

（四）完善旅游服务体系

旅游服务是旅游产品的核心。从供给的角度来看，旅游服务包括商业性的旅游服务和非商业性的旅游服务。商业性的旅游服务主要是当地旅行社的导游和翻译服务、交通部门的客运服务、饭店业的食宿服务、商业部门的购物服务以及其他部门向旅游部门提供的营业性接待服务。非商业性的旅游服务一般包括当地为旅游者提供的问询服务、出入境服务以及当地居民为旅游者提供的其他义务服务。旅游服务是由多个单项服务组合而成，提供服务的人是来自当地旅游业各部门的从业者及当地居民。从业人员的素质和当地居民的服务意识直接影响了旅游服务的质量，从而影响对旅游者的吸引力和当地的旅游形象。因此，旅游企业和部门要提高旅游服务从业人员的素质和专业水平，进而达到完善旅游服务的目的。

（五）加强宣传营销，拓展客源市场

发展旅游业就是要开发旅游地本身所具有的旅游资源，利用一切有利条件，满足市场旅游需求，发展完善产业结构，获得预期的经济效益和社会效益。因此，旅游资源的开发不仅要开发建设旅游资源本身和完善配套设施，还需要加强宣传营销，拓展市场，二者相辅相成，缺一不可。只开发建设，不拓展市场，无法达到建设的目的，劳民伤财，浪费资源；只宣传营销，不进行建设，无法满足旅游者的需求，最终将走向失败。市场开拓一方面需要根据消费者特征，进行旅游资源开发，另一方面需要运用多渠道多媒体进行宣传营销，将旅游产品介绍给旅游者，不断开拓市场、扩大客源，实现旅游资源开发的目的。

（六）营造良好的旅游环境

旅游地的旅游环境，可以充分展示旅游资源的地域背景，包括一个国家或地区的旅游政策、出入境管理措施、政治动态或社会安定状况、社会治安、风俗习惯，以及当地居民的文化修养、思想观念、好客程度等，从而直接或间接地对旅游者产生吸引或排斥作用，进而影响旅游资源开发的效果。因此，营造良好的旅游环境既可以突出本地旅游资源的特色，又可以提高旅游者对旅游资源的认可度和满意程度。

总之，旅游资源开发是一项综合的系统工程，它不仅是对旅游资源或景观开发，而且是以旅游景观建设为中心进行的各种相关旅游设施建设、旅游环境保护和培育的一系列综合社会经济活动。

三、旅游资源的保护

旅游资源是旅游业生存发展的基础和前提。旅游资源经过开发规划成为吸引旅游者的旅游产品，是最为直接的挖掘旅游者的出游动机的因素。保护是合理开发和规划的前提，是每一个参与旅游活动的个体必须遵循的基本原则。保护旅游资源就是保护旅游业，就是保护生态环境，保护旅游地文化。

（一）旅游资源遭受破坏的原因

旅游资源遭受破坏的原因很多，基本上可以分为两类，即自然因素和人为因素。

1. 自然因素

自然环境作用致使旅游资源遭受破坏的情况比较常见，主要有下面两类：

（1）突变性破坏。

突变的自然环境如地震、火山喷发、泥石流、海啸、龙卷风、洪水等，这些虽然不是时常发生，但其破坏力极强，造成旅游资源的破坏往往是毁灭性的。比如火山喷发造成了庞贝古城的消失；1997 年基拉韦火山喷出的熔岩将夏威夷岛上最古老的瓦吼拉神庙全部淹没，一座 700 年的名胜古迹毁于一旦。

（2）缓慢性破坏。

缓慢性破坏，一方面是由于自然风化或自然环境的缓慢变化引起旅游资源遭到缓慢性破坏，比如长期的风化，致使旅游资源尤其是历史文物古迹和建筑遭到物理侵蚀或化学侵蚀，洛阳龙门石窟和乐山大佛所受到的自然风化就是典型的代表；另一方面，受到一些动物的破坏，如白蚁或者某些鸟类等也会对旅游资源造成破坏。

2. 人为因素

人为因素对旅游资源的破坏，既有主观原因，也有客观原因。

（1）建设性破坏。

这种破坏主要是由工农业生产、市镇建设和旅游资源开发建设中规划不当导致旅游资源遭到破坏。如长城附近的居民挖长城的砖墙建造房屋；云南大理在旅游开发过程中，将石板路改为柏油路，与古城风貌格格不入。

（2）管理性破坏。

这种破坏主要是由于旅游资源有关管理部门或企业，对旅游资源管理不善所造成的破坏。常见的管理性破坏：超过旅游资源的承载力接待游客，导致旅游资源遭受破坏；对旅游资源管理保护措施不健全，加之部分旅游者在旅游过程中的一些不文明行为，如乱刻乱画、攀爬、乱丢垃圾等都会造成旅游资源的破坏。2019 年 4 月，法国巴黎圣母院因人为过失引发火灾，整座建筑损毁严重，巴黎圣母院标志性的尖顶被烧断，坍塌倒下。

（3）战争性破坏。

战争对旅游资源的破坏是毁灭性的。比如 1860 年，八国联军火烧圆明园；叙利亚的巴尔夏明神庙有着 2 000 年的历史，对人类历史的探索有着重大意义，在 2015 年战争中被摧毁。

阅读材料 3-11　那些被战争毁掉的世界遗产

（二）*旅游资源保护的措施*

为更好保护旅游资源，我们要以“防”为主，以“治”为辅，综合采取法律、行政、教育和技术等措施来，防止各种自然因素和人为因素带来的破坏。

1. 健全相关法律制度和管理制度

鉴于旅游对旅游资源的特殊影响和破坏，为了加强对旅游资源的保护，必须要加强立法和管理。目前，国家相继出台了《中华人民共和国文物保护法》《中华人民共和国环境保护法》《中华人民共和国森林法》《风景名胜区条例》《中华人民共和国自然保护区条例》《中华人民共和国水法》《中华人民共和国野生动物保护法》《中华人民共和国旅游法》等。此外，各级政府及有关主管部门根据国家的旅游资源保护的方针政策、法律、法规，依靠行政组织，运用行政力量，按照行政方式来管理和保护旅游资源。

2. 加强全社会的旅游宣传与教育

旅游资源的保护，需要政府、企业、当地居民和旅游者等全社会的参与其中，才能真正达到保护旅游资源的目的。因此，相关部门要通过加强宣传与教育，加强科普工作，提高旅游者、旅游管理者、当地居民等利益相关者的旅游资源保护意识，形成文明旅游、科学旅游、和谐旅游的社会氛围，进而实现旅游业的可持续发展。

3. 针对自然因素引起的破坏，及时采取技术性措施加以保护

针对易受自然或人为损害的旅游资源，运用现代科技手段，对旅游资源的及其环境进行检测和分析，实施保护。比如，对一些不宜拍照的文物设置警示牌；为易受鸟类危害的古建筑架设隔离网罩等。

总之，旅游资源的保护应采取以防为主，以治为辅，防治结合的方针。旅游资源保护既需要旅游资源管理部门和单位肩负责任，更需要每位社会公民的配合。

[核心知识小结]

旅游资源是旅游活动三大基本要素之一，是旅游活动客体，是旅游业赖以生存和发展的重要基础和前提。一定程度上，旅游资源的品质、类型、规模及其所处的地理位置，往往决定着一个地方旅游发展的方向、规模和速度，特别是地理区位较差，远离目标市场，其旅游业的发展更是严重受制于旅游资源的优劣程度。

旅游资源的调查与评价是旅游资源开发的基础和前提。通过对旅游资源的调查与评价，旅游企业资源的开发者可以为旅游资源的开发制定明确的目标，拟定恰当的开发时序，提出准确的开发重点和选择合理的开发方式，并提供科学的现实依据。

旅游资源的开发是实现旅游业发展的必由之路。因此，为更好适应时代和市场变化，旅游资源开发应遵循特色化、市场化、保护性、参与性和效益性原则。旅游资源开发的目的是将潜在旅游资源转化为现实旅游资源，为旅游业所利用。因此，旅游资源开发不仅包括旅游资源本身的开发与利用，还包括旅游配套设施的建设与开发。

开展旅游活动过程中，自然因素和人为因素都可能对旅游资源造成破坏。为实现旅游业的可持续发展，旅游相关部门可以从法律、行政、教育和技术等方面采取措施加强保护。保护旅游资源就是保护旅游业，就是保护生态环境、保护旅游地文化。

[案例解析]

消逝的旅游胜地：过度的旅游开发，不堪重负

[复习思考]

1. 什么是旅游资源？旅游资源有哪些特征？
2. 旅游资源的类型有哪些？
3. 旅游资源调查有哪些类型？旅游资源调查的内容主要有哪些？
4. 旅游资源开发的意义及其原则是什么？
5. 结合身边的旅游资源，谈谈你对其开发或保护的建议与举措。

参考文献

［1］毕毕，游长江. 旅游资源学［M］. 北京：旅游教育出版社，2013.

［2］杨阿莉，旅游资源学［M］. 北京：北京大学出版社，2016.

［3］骆高远. 旅游资源学［M］. 杭州：浙江大学出版社，2013.

［4］国家质量监督检验检疫总局，中国标准化委员会. GB/T 18972-2017 旅游资源分类、调查与评价［M］. 北京：中国标准出版社，2018.

［5］中国标准化委员会. GB/T 18972-2017 旅游资源分类、调查与评价［M］. 北京：中国质检出版社，2014.

第四章 走进旅游业之旅行社行业

[学习目标]

1. 了解传统旅行社和在线旅行社的概念。
2. 了解传统旅行社和在线旅行社的分类。
3. 掌握传统旅行社的行业特点、作用和行业地位。
4. 掌握在线旅行社的产业链运转。
5. 理解在线旅行社的营销模式。

[引导案例]

上航假期的经营创新

四川上航假期国际旅行社有限公司（简称“四川上航假期”）是上海航空假期旅行社有限公司的全资子公司，于2005年落户成都。2019年3月，上航旅游集团实现国企股份改革，由绿地集团与中国东方航空股份有限公司共同持股。绿地集团系企业运营的控股方。

四川上航假期自落地成都以来，积极开拓，坚持创新的经营理念，逐步成长为国内组团、省内地接、出境组团、单项服务、航旅运营等多元化的综合性旅游企业，不仅在省内获得同业的赞誉，也得到了政府部门给予的高度肯定。四川上航假期于2009—2019年获得了如下荣誉：

2009年起，连续三年获得成都市“新锐旅游企业”的称号；

2012年，成为四川旅游界首家通过ISO 9001：2008国际质量体系认证的旅游公司，并于2017年通过ISO 9001：2015质量体系认证；

2016年，获得全市出境旅行社旅游综合排名和游客满意度评比双项第一；

2018年，荣获四川省优秀旅行社TOP20、四川省旅行社出境游TOP10称号；

2019 年，荣获四川省优秀旅行社 TOP20、四川省旅行社服务品质 TOP10 称号。

公司旗下“同行天下”同业批发品牌，服务于全川 2 050 家旅游门市，是四川省旅游十大供应商之一；出境旅游线路有泰国、柬埔寨、菲律宾、越南、马来西亚、新加坡、美国、澳大利亚和新西兰、东欧、南欧等；四川上航假期旅游服务网点有 167 家，遍布成都各商业街区及省内各二线城市；四川上航假期目前在册员工 165 人，其中在编导游 17 人、领队 81 人，注册资本为 1 000 万元。2019 年公司营收总额为 7. 07 亿元，连续两年超过 40%的增长率，其中自营线路营业收入为 5. 15 亿元。

展望新程，四川上航假期将在绿地集团和中国东方航空有限公司的战略规划指引下，以“航旅+”的创新运营模式为方向，依托传统旅游业务，继续保持强劲的发展势头，抓住机遇，深化品牌，在广阔的中国旅游市场上不忘初心、尽显芳华、绽放风采！

思考：

1. 面对在线旅行社的异军突起，传统旅行社应该如何保持自身优势？

2. 在疫情常态化的背景下，旅行社应该如何进行经营调整？

第一节　传统旅行社

一、旅行社的概念

《旅行社条例》（2009 年）（以下简称《条例》）对旅行社做了界定：旅行社是指从事招徕、组织、接待旅游者等活动，为旅游者提供相关旅游服务，开展国内旅游业务、入境旅游业务或者出境旅游业务的企业法人。《条例》还对外商投资旅行社做了界定，外商投资旅行社包括中外合资经营旅行社、中外合作经营旅行社和外资旅行社。

旅行社可以设立分社和旅游服务网点。旅行社分社和旅游服务网点均不具有法人资格，是以设立分社的旅行社的名义从事《条例》规定的经营活动，其经营活动的责任和后果，由设立社承担。

旅行社分社的设立不受地域限制，即分社可以在设立社所在行政区域内设立，也可以在全国范围内设立。旅行社设立分社的数量不受限制，由旅行社根据经营服务的需要决定，但其经营范围不得超出设立社的经营范围。也就是说，经营出境旅游业务的旅行社可以根据市场发展需要来设立分社，既可设立是指经营国内旅游业务和入境旅游业务的分社，也可以设立只经营出境旅游业务的分社，还可以设立同时经营国内、入境和出境旅游业务的分社。

服务网点是旅行社设立的，为旅行社招徕旅游者，并以旅行社的名义与旅游者签订旅游合同的门市部等机构。服务网点应当在设立社的经营范围内，招徕旅游者，提供旅游咨询服务，不得从事招徕旅游者和旅游咨询以外的其他业务。旅行社设立服务网点的区域范围，只能在设立社所在地区市的行政区划内。服务网点应当设立在方便旅游者认识和出入的公众场所，其名称、标牌等应当包括设立社名称、服务网点所在地地名等，不得含有使消费者误解为是旅行社或旅行社分社的内容，也不得使用易使消费者误解的简称。

二、旅行社的特点、地位和作用

（一）旅行社的行业特点

1. 劳动密集性

旅行社行业具有劳动密集性的特点。首先，除了少数大型旅行社之外，绝大多数的旅行社所拥有的固定资产数量和价值均很小。旅行社经营所依赖的主要资源是员工，工资性支出占其全部经营成本支出的比重很大。其次，旅行社行业属于第三产业，是以提供劳务产品为主的服务性企业。旅行社的生产活动主要通过其员工的人工劳动完成，很少使用机器等设备。因而，旅行社对资金的需求量较小，而对劳动力的需求量相对较大。最后，旅行社的主要收入来源是通过其员工提供的劳务，如导游服务、单项旅游服务项目的代办等。因此，劳动密集性是旅行社行业的一个显著特点。

2. 智力密集性

旅行社的主要业务之一是为旅游者提供旅行生活服务和旅游景点的导游讲解服务。这是一项复杂的脑力劳动，要求工作人员有广博的知识和较高的文化素质。旅行社的经营成功与否，在很大程度上取决于它所拥有的员工的知识水平和工作能力。因此，无论是旅行社的管理人员、导游人员，还是产品设计人员和旅游服务采购人员，都要求必须接受过比较系统的专业教育，具有较强的学习能力和知识运用能力，必须具有较高的旅游专业知识、管理专业知识和文化知识。从事入境旅游和出境旅游业务的旅行社员工，还必须能够熟练地运用至少一门外语。我国的有关法规也对旅行社的管理人员和导游人员的学历提出了明确要求。由此可以得出结论，旅行社行业具有明显的智力密集性特点。

3. 季节性

季节性是指旅行社行业在经营中具有比较明显的淡季和旺季。旅行社行业的季节性特点是由旅游市场上的旅游需求的季节性所形成的。造成旅游需求的季节性变化的原因主要有两点。

（1）旅游目的地的自然气候条件。旅游活动受自然气候条件的影响较大。一般来说，气候适宜的季节有利于吸引大量的休闲旅游者前来观光、度假，而严寒、酷暑等恶劣气候则不利于旅游者的旅游活动。

（2）旅游客源地的休假制度。充足的闲暇时间是旅游活动的前提条件之一。在节假日期间，人们外出旅游的时间成本较小；而在平时，人们外出旅游的时间成本则较大。

旅游需求的旺季和淡季就是在以上两个因素的共同作用下产生的。旅游需求的季节性使旅行社行业的经营活动呈现出明显的淡季和旺季。由于旅行社行业的供给在短期内为刚性，而旅游市场上的旅游需求的弹性却很大，从而导致在旅游旺季时，旅行社无法接待更多的旅游者，从而失去了赢得更多收入的机会。相反，到了旅游淡季，随着前来的旅游者人数锐减，又造成旅行社接待能力的闲置和各种旅游资源的浪费。

4. 关联性

旅行社行业是旅游产业链中的下游行业，它与位于同一产业链中的交通行业、住宿行业、餐饮行业等上游行业及其他行业之间存在相互依存、互利互惠的合作关系。这种合作关系导致了旅行社行业的关联性。旅行社行业的经营和发展，与其他旅游行业及相关行业的经营和发展是均衡和同步的。无论旅行社行业的发展超越或落后于其他行业，都会使其蒙受损失。因此，旅行社必须在确保自身利益的前提下，与其他旅游行业及相关行业保持密切的合作关系，以保障旅游者的旅游活动在各个环节能够得以顺利衔接与落实。事实上，旅行社行业与其他旅游行业及相关行业之间的关系是一种互补性关系，而非竞争性关系。

5. 脆弱性

旅行社行业受旅游需求和旅游供给两个方面的影响和制约，具有比较明显的脆弱性特点。其主要表现在以下几个方面：

（1）旅行社的产品具有较大的替代性和需求弹性，因此多数旅行社产品价格的涨落或质量的升降都有可能造成旅游客源和经营效果的大起大落。

（2）外部环境对旅游者的消费行为具有显著的影响。例如，据联合国世界旅游组织的统计分析：受到新冠肺炎疫情的影响，2020 年，全世界国际旅游业营业收入下降了70%，收入水平相当于倒退 30 年。2021 年 1 月至 7 月的全球国际旅游者人数较 2019 年同期下降 80%。此外，国际政治气候与国家关系的变化，经济的繁荣与萧条，物价与汇率的升降，战争、灾害、恐怖活动等各种外部因素，都有可能导致旅游客源市场的需求产生迅速而明显的变化，或者造成大量旅游者从某个旅游目的地转移到其他旅游目的地，或者造成局部甚者更广范围旅游消费的停滞，从而给旅行社的经营带来意想不到的影响。

（3）旅行社产品的生产和销售较大程度地受其上游企业的供给状况的影响。一旦上游企业对旅行社的供给发生变化，就可能导致旅行社产品的成本和价格产生剧烈的变动，从而造成旅行社经营上的不确定性，并影响旅行社的经营效果及在旅游市场上的形象与信誉。

6. 服务性

在旅行社行业中，服务劳动起着主体的作用。旅行社通过导游员、门市接待员、旅游服务采购员等的服务劳动向旅游者提供旅游过程中所需的各种旅游服务。旅行社提供的旅游者的服务既包括直接服务，也包括间接服务。直接服务是指旅行社的导游人员面对面地向旅游者提供旅行生活服务和导游讲解服务。间接服务则包括旅行社的采购人员提供的各种单项旅游服务代办、旅行社行李员提供的行李运送服务等。

旅行社行业的服务性特点，要求旅行社必须坚持服务的规范和标准，制定和实施规范化的服务规程，以保证其服务内容和程序的确定性、一致性，并符合国家及行业的相关质量标准。同时，旅行社还应该在规范化服务的基础上，提供个性化的服务，以便更好地满足不同旅游者的个性化需求。因此，旅行社应该培训并鼓励员工做好适合旅游者需要的超规范服务。

（二）旅行社在现代旅游业中的地位

旅游主体、旅游客体和旅游媒介是构成现代旅游经济活动的三个基本要素。旅行社作为连接旅游主体和旅游客体的中介，在旅游媒介中扮演着十分重要的角色。旅行社的存在虽然远远晚于人类旅游活动的出现，但是旅行社一经诞生，便对人类的旅游活动和旅游业的发展产生重大影响，因此旅行社在旅游业中的地位是无可取代的。

1. 旅行社在旅游产业链中的龙头地位

（1）旅行社在旅游产品销售中的特殊地位。旅行社所销售的产品的实质是“服务”，是一种无形的产品。旅行社产品的这一特点决定了旅游产品是不能被运送到消费者所在地去进行消费的，而是必须把消费者吸引到“生产和组合”这是旅游服务的地方性。在旅游产品的转换进程中，旅行社既是“无形的”旅游产品的出口者，又是“有形的”旅游客源的引进者。这是相辅相成的一个问题的两个方面。

（2）旅行社在旅游产业链中的特殊地位。无论团队游客还是散客，他们的旅游活动中涉及的食、宿、行、游、购、娱六大要素，也要通过旅行社的穿针引线的市场中介行为才能顺利完成。从旅游产业链的运转角度讲，旅行社的市场中介行为构成了旅游业循环发展的主要动力。

2. 旅行社在旅游者消费活动中的地位

现代旅游活动是一种人们在有限的时间内从事的离开自己常驻地的文化娱乐活动。这一性质决定了旅游服务供应者与消费者存在空间上的间隔，尤其是在跨国界的旅游活动中，遥远的空间距离所带来的交易费用往往会使旅游活动难以成行，而旅行社的出现则为供应者与消费者搭建起信息沟通的桥梁和市场交易的平台。首先，人们通过旅行社的市场行为可以简化交易活动的次数，从而减少交易费用。旅行社对旅游服务的批量集中采购，往往可以获得各旅游服务产品生产者给予的价格优惠，所以通过旅行社转售的旅游服务的价格往往低于旅游消费者自己直接向旅游服务供应者购买的价格。其次，旅行社扮演中间商的角色，有助于旅游交易双方信息的沟通。一方面，旅行社可以引导旅游服务供应者按市场需求提供旅游产品；另一方面，它又可以引导旅游消费者对自己的购买行为做出正确的选择，并为旅游消费者设计最为理想的旅游线路，安排最为恰当的旅游活动。再次，以旅行社作为旅游产品的销售中介，有助于提高旅游产品的质量。最后，旅行社是组织安排旅游活动的行家，在旅行社专业性的选购指导下，旅游者可以在省时、省钱的同时得到更好的服务和更满意的享受。

（三）旅行社的作用

现代旅游企业的蓬勃发展使旅游产业的经济、社会、环境效益日益凸现。在经济领域，旅游产业成为增加外汇收入、平衡国际收支、回笼货币、积累建设资金的有效措施，是提供就业机会、缓解就业压力、带动其他产业发展、优化产业结构的重要途径，也是扩大国际合作、繁荣地区经济的得力助手。在社会文化领域，旅游产业的迅速发展在帮助本国人民开阔视野、增长知识、提高生活质量的同时，也加强了国家与地区之间的相互了解与友好往来，并且对优秀民族文化的发展与保护也起到了一定的推动作用。在环境保护领域，旅游产业经过初期阶段的数量扩张后正在步入较为成熟的发展阶段，“回归自然”“生态旅游”等新型旅游形式的出现体现了未来旅游产业对环境问题的关注，环境效应必将成为旅游产业重要的价值体现之一。旅行社在促进现代旅游业发展中的作用是毋庸置疑的。这主要表现在以下几个方面：

1. 在旅游业中起核心纽带作用

旅行社作为旅游产品供应者与消费者的中介，决定了其具有连接性的纽带作用。首先，旅行社加强了旅游服务供应者之间的联系，构筑起旅游服务供应者的网络。旅行社通过与航空、铁道、车船公司、饭店、餐馆、景点、剧场、商店等旅游服务供应者的合作，将这些原本分散的要素组合加工成为相对完整的旅游产品，同时以旅行社为中心密切了原本相对松散、繁杂的供应者之间的关系。其次，旅行社促进了旅游客源网络的建设。旅行社业务的异域性要求旅行社产品的销售必须依靠各客源市场的旅游商或者作为协作单位的旅行社，所以为保证在市场中的客源优势，旅行社往往力图构筑国内外地区分布合理、数量充足、关系稳定的客户引进网络。这一举动也同时促进了旅游客源网络的形成与发展。最后，旅行社加强了旅游服务供应者与旅游产品消费者之间的联系。以旅行社作为沟通平台，供应者可以获得相对稳定的旅游客源的保障，消费者也有机会取得更为便捷、更为舒适、也更为物美价廉的旅游服务。

2. 在旅游市场中起调节作用

旅行社在旅游供需中的特殊位置，使其扮演着重要的调节人的作用。一方面。旅行社通过减少信息不对称，调节市场供需变化。由于连接着旅游交易的双方，旅行社可以及时了解和掌握整个旅游市场供求情况的变化。在将旅游服务供应者的产品变化情况及时告知旅游者的同时，旅行社也可以把旅游者的需求反馈给供应者，信息传递的通畅有利于供需双方资源的合理配置。另一方面，旅行社通过设计新型旅游产品，倡导成熟旅游理念，从而调节市场取向。旅行社产品的生产并不是将旅游服务供应者各要素进行简单相加，而是必须在整合的基础上添加富有吸引力的文化内涵、产品理念。所以，旅行社在向市场推出一种新型的旅游产品的同时，往往也是对某种旅游理念的倡导。旅行社的这一行为无论是对供应者还是旅游者，都具有积极的引导作用。

3. 对相关行业起关联带动作用

旅游业的综合性的特点决定了旅游业的发展必须依赖于工业、商业、服务业、交通运输业的发展，而旅游业的发展又同时带动了这些产业的不断优化，从而促进了产业结构的调整。同样，旅行社在组合旅游服务供应者的产品的同时，也会拉动这些行业的发展。

4. 旅行社的创汇作用

旅游活动作为服务贸易的一部分，具有一般实物贸易所无法比拟的优越的创汇能力，而旅行社是旅游业创汇的驱动力。首先，旅行社的活动是引进国外客源、实现创汇的前提保证。旅游活动的异域性使得旅游服务供应者单靠一己之力难以获得稳定的游客来源，只有依靠旅行社的客源引进网络，将旅游者“进口”到旅游目的地，旅游产品的创汇能力才能真正得以实现。其次，旅行社的活动促进了旅游业整体创汇能力的提高，旅行社的产品生产和销售是基于对各相关行业产品的整合，所以旅行社在为国外旅游者提供全程、全方位的服务的同时，也将更多的服务生产者推介给旅游者，从而扩大了旅游消费的覆盖面，提高了整体创汇能力。

三、旅行社的分类

（一）欧美国家旅行社的分类

欧美国家往往根据其业务特点，将以旅行社为代表的旅游中介分为旅游批发商、旅游经营商和旅游零售商三大类。

旅游批发商（tour wholesaler）是指从事旅游产品批发业务的旅行社。它将航空公司或其他交通运输业的产品与旅游目的地旅游企业的地面服务和产品组合成整体旅游产品，然后通过一定的销售渠道推向广大旅游者。也就是说，旅游批发商通过大量采购旅游交通、旅游景点、饭店、餐饮、娱乐等单项产品，将这些产品编排成不同时间、不同价格、不同类型的包价旅游线路产品，然后再批发给旅游零售商，通过零售商出售给最终旅游消费者。

旅游经营商（tour operator）与旅游批发商在性质和经营业务方面基本相同，其差别在于旅游批发商一般不直接销售旅游线路产品，也不服务于最终旅游消费者；而旅游经营商则拥有自己的零售网络，在组合整体旅游产品的同时，不但通过旅游零售商出售其旅游产品，还通过自己的零售网点直接向广大旅游者出售旅游产品，直接服务于最终旅游消费者。

旅游零售商（travel agent）是直接与旅游者打交道的旅行社，向旅游者宣传和推广旅游产品，担任旅游消费者决策顾问与旅游产品推销员的双重角色。旅游零售商的典型代表是旅游代理商。旅游代理商在其所在地区代理旅游批发商和旅游经营商提供的旅游产品，其零售业务包括为旅游者提供旅游咨询、代客预订和代办旅行票据、证件，向提供产品的旅游企业反馈顾客意见，代为散发旅游企业的宣传品，为游客购买旅游保险和进行外汇兑换等。旅游代理商不向旅游者收费，其收入主要来自被代理旅游企业支付的佣金。旅游零售商多为小企业，大都坐落在繁华地段，便于旅游者的咨询与购买。

（二）中国旅行社的分类

中国旅行社的分类方法与欧美国家不同，《条例》取消了旅行社的类别划分，只保留旅行社的业务划分。申请人在申请设立旅行社时，应当向省、自治区、直辖市旅游行政管理部门提交申请及相关文件。旅行社申请出境旅游业务的，应当向国务院旅游行政主管部门提交原许可的旅游行政管理部门出具的，证明其经营旅行社业务满两年、且连续两年未因侵害旅游者合法权益受到行政机关罚款以上处罚的文件。

经营国内旅游业务的旅行社，其业务范围包括向国内旅游者宣传促销、招徕国内旅游者、安排国内旅游者行程、提供导游服务和行李服务、代订和代办交通票据和其他事宜等。

经营国际旅游业务的旅行社的经营业务范围又可分为两种：一种是既可经营出境旅游业务，又可经营入境旅游业务，还可以经营国内旅游业务；另一种是只能经营入境旅游业务和国内旅游业务。

旅行社申请经营边境旅游业务的，适用《边境旅游暂行管理办法》的规定；申请经营赴台湾地区旅游业务的，适用《大陆居民赴台湾地区旅游管理办法》。

> 小贴士：
>
> 旅行社的部门设置有直线职能式和事业部式，目前旅行社企业主要是采用事业部式。
>
> 事业部式是一种分权式的组织结构，即在总公司之下按产品类型、细分市场、地域等标准划分多个事业部或分公司，这些事业部或分公司相对独立。

第二节　在线旅行社

一、基本概念界定

（一）在线旅游

互联网的不断发展使各种信息资源传输更加快捷、高效、广泛、省时，其被广泛应用到生产和生活中，电子商务也应运而生。电子商务业务扩展到旅游业，出现了旅游电子商务，也就是运用互联网和信息通信技术使与旅游相关的商务活动实现信息化和网络化。在线旅游可以看作是电子商务在旅游业中的独特应用，它的两个主要功能是向用户提供旅游产品、服务的信息查询和在线预订服务。在线旅游依托先进的互联网和信息通信技术向世界各个角落的用户提供丰富、全面、个性的旅游产品及服务。

我们可以从两个角度对在线旅游的内涵进行理解。从旅游供给角度看，在线旅游就是在线旅游企业运用互联网和信息通信技术通过移动终端、电脑终端等网络媒介以及快捷支付工具发布旅游产品相关信息，进行网络营销，向旅游者提供旅游信息查询和在线预订旅游产品的服务。从旅游需求视角看，在线旅游就是潜在用户通过网络或移动工具，在线完成查询旅游产品的相关信息、预订旅游产品、发布旅游体验等活动。

（二）在线旅行社（OTA）

OTA（online travel agency）一词的译法有多种，在学术界还没有统一，如在线旅游代理商、在线旅游运营商、网络代理商、旅游网站、旅游信息中介、在线旅游服务提供商等，根据我国旅游业发展历程和国情，大多将其翻译成“在线旅行社”。

（1）在线旅游出现之前，travel agency 一词用来表示传统的旅行社，而 OTA（online travel agency）与 TA（travel agency）仅仅是线上与线下的区别。

（2）世界旅游组织将旅行社定义为：“零售代理机构向公众提供关于可能的旅行、居住和相关服务，包括服务酬金和条件的信息。旅游组织者或制作商或批发商在旅游需求提出前，以组织交通运输，预订不同的住宿和提出所有其他服务为旅行和旅居做准备的行业机构。”我国《条例》规定：“旅行社，是指从事招徕、组织、接待旅游者活动，为旅游者提供相关旅游服务，开展国内旅游业务、入境旅游业务或者出境旅游业务的企业法人。”从世界旅游组织和我国《条例》对旅行社定义可以看出，旅行社的本质是旅游供应商和旅游消费者之间的纽带，其盈利模式主要是佣金制和成本加利润制，在线旅行社（OTA）也应如此。

综合以上分析：在线旅行社就是依托互联网，从事招徕、组织、接待旅游者等服务活动，向旅游者提供旅游产品在线查询、在线预订、在线支付以及其他相关旅游服务的企业法人，其主要依靠上游旅游要素产品提供商的佣金和提供其他附加旅游服务获得收益。在线旅行社主要包括三类：以携程为代表的综合性在线旅行社、传统线下旅行社建立的网络平台和专门做休闲度假业务的在线旅行社。

二、在线旅游业发展现状

（一）我国在线旅游市场发展进程

20 世纪 90 年代是我国旅游信息化的起步阶段。1994 年 4 月我国正式与国际互联网对接，开启了我国网络发展的新时代。同年，国家旅游局组织建立信息中心，专门为前国家旅游局（现为中华人民共和国文化和旅游部）和我国旅游业智慧化管理给予专业化服务和技术支持。从 1997 年至今，中国在线旅游不断发展，大致经历了三个时期：传统 OTA（在线旅行社）主导时期（1997—2005 年）、细分化发展时期（2006—2010 年）与多元化发展时期（2011 年至今）。

1. 传统 OTA 主导时期

1997 年，广州新泰集团和中国国际旅行社总社联合出资创办了华夏旅游网，开创了我国旅游网站创建的先河。1999 年世界兴起了投资互联网产业的浪潮，同年 5 月，携程网和艺龙网两家公司相继在中国成立，标志着中国在线旅游业的真正开端。1997—2002 年这段时期，我国主要的在线旅游企业实施“互联网+呼叫中心”的营销模式、“酒店前台支付+纸质机票”为主的产品系列，以及用自行车送票当面收取现金的传统支付方式。2003 年以后，伴随着互联网技术的发展和包括在线支付工具、网上银行、信用卡等在内的在线交易配套环境的改善，我国开启了在线旅游发展新纪元，以携程网等传统（OTA）为主导，出现了以去哪儿网和酷讯网为典型代表的在线旅游垂直搜索网站，和以同程网为主要代表的“由 B2B 开拓 B2C”类综合性在线旅游服务商。

2. 细分化发展时期

这一时期受益于休闲度假旅游市场的发展和在线预订渗透率的提高，在线旅游市场表现出强劲的发展势头。中国在线旅游市场呈现出了局部领域出现垄断竞争，总体向细分化方向发展的趋势。一方面，传统的大型 OTA 面临渠道分流、市场竞争激烈的多种压力，开始开发新的产品和新的业务，以扩大市场份额和增加盈利；另一方面，诸多新兴市场也吸引了更为细化的在线旅游企业，在线旅游业迎来全面发展时期。

3. 多元化发展时期

国家宏观政策的支持、收入水平和旅游预算的提升、社会化媒体营销的推广、移动新技术在旅游业中的应用，都成为推动在线旅游快速、多元发展的动力。这一时期在线旅游市场参与主体越来越多，且发展模式也越来越多样化、差异化，进入持续变革期，在线旅游市场进入百家争鸣的时代。

阅读材料 4-1　目前在线旅行社发展存在的主要问题

三、在线旅游企业分类

通过对目前我国在线旅游市场中存在的在线旅游企业进行梳理，本书根据它们的商业模式、盈利方式等的不同将其进行分类，如表 4-1 所示。

表 4-1　我国在线旅游企业分类

<table>
<tr><th colspan="2">企业类型</th><th>代表企业</th><th>主要业务</th><th>盈利方式</th></tr>
<tr><td rowspan="3">在线旅行社（OTA）</td><td>综合性在线旅游服务商</td><td>携程网、艺龙网、同程网、欣欣网等</td><td>提供吃住行游购娱等多方面在线旅游代理服务</td><td>佣金
产品销售差额
广告费</td></tr>
<tr><td>新兴在线旅游交易服务商</td><td>途牛网、驴妈妈旅游网、悠哉旅游网</td><td>提供在线度假旅游产品代理服务</td><td>佣金</td></tr>
<tr><td>传统旅行社建立的网络平台</td><td>芒果网、遨游网</td><td>旅行社度假产品在线交易服务</td><td>产品销售差额</td></tr>
<tr><td colspan="2">传统旅游产品供应商在线直销平台</td><td>各酒店、航空公司、景区的直销网站</td><td>酒店、航空公司、景区产品网上直销</td><td>产品销售差额</td></tr>
<tr><td colspan="2">在线旅游垂直搜索引擎类平台</td><td>去哪儿网、酷讯网</td><td>为旅游者提供旅游信息搜索业务</td><td>点击费
广告收入
其他类型收入</td></tr>
<tr><td colspan="2">社区点评攻略类在线旅游服务平台</td><td>到到网、马蜂窝网、穷游网</td><td>为旅游者提供点评、攻略服务</td><td>广告费</td></tr>
<tr><td colspan="2">第三方交易平台</td><td>淘宝旅行、京东商城</td><td>为酒店、旅行社、航空公司等搭建交易平台</td><td>保证金
技术服务费</td></tr>
</table>

（一）在线旅行社（OTA）

在线旅行社（OTA）自身缺乏旅游产品和资源，通过收购上游供应商的产品或与之合作，运用互联网技术对旅游产品进行筛选、整合，为用户提供食宿产品、交通产品、休闲度假产品、商旅管理产品等的在线预订服务，获取代理费、佣金以及广告收入等，携程网和艺龙网是在线旅行社的典型代表。

（二）传统旅游产品供应商在线直销平台

长期以来，我国酒店、景区、航空公司等旅游产品供应商在线营销的方式和营销渠道比较少，主要依赖携程、艺龙等在线旅行社分销，依赖程度过高，因代理佣金形成的销售成本不断上涨。目前，越来越多的在线旅游产品供应商开始建立自己的官网，开展在线直销，以降低对单一在线旅行社的依赖，降低营销成本，扩大客源，增加营业收入。

（三）在线旅游垂直搜索引擎类平台

互联网的快速发展带来了信息的大爆炸，搜索引擎应运而生，为人们从大量的信息中查找有用信息提供了便利。随着在线旅游的发展，互联网上关于旅游的信息也越来越多，在线旅游垂直搜索引擎的出现解决了筛选信息的难题，给在线旅游价值链带来了新的生机和活力。以去哪儿、酷讯为代表的旅游垂直搜索引擎，依托“比价”的模式为消费者提供性价比较高且选择较为多样的旅游产品，吸引大量用户。这类在线旅游服务平台主要以点击费、广告费为盈利点。随着客户量的增多，去哪儿网也开始涉足在线预订业务。

（四）社区点评攻略类在线旅游服务平台

2006—2010年这段时期，中国市场旅游人数呈现爆发式增长，旅游需求不断提高并多元化，社区点评攻略类在线旅游服务平台应运而生。这类服务平台为消费者提供旅游出行攻略下载，旅游目的地交通、天气、餐饮、住宿、娱乐等信息的查询，旅游体验分享和点评等服务，极大地增强了旅游者与旅游服务供应商的沟通与互动，降低了信息不对称性。这类旅游服务平台以到到网、马蜂窝、穷游网为代表，主要的盈利来源是广告费和点击费。

（五）第三方交易平台

随着旅游业的发展、互联网覆盖率不断上升，在线旅游市场不断扩大，发展成熟的电商依托自己庞大的客户资源和完善的商业模式开始涉足在线旅游业，如淘宝旅行、QQ旅游、京东旅行等。第三方交易平台主要是为旅游产品提供商和消费者搭建交易平台，向企业收取保证金和广告费。

小贴士：

江苏省镇江市于2010年在全国率先创造性提出“智慧旅游”概念，开展“智慧旅游”项目建设，开辟“感知镇江、智慧旅游”新时空。智慧旅游的核心技术之一“感动芯”技术在镇江市研发成功，并在北京奥运会、上海世博会上得到应用。中国标准化委员会批准“无线传感自组网技术规范标准”由镇江市拟定，使得镇江市此类技术的研发、生产、应用和标准制定在全国处于领先地位，为智慧旅游项目建设提供了专业技术支撑。

四、在线旅游业产业链解构

在线旅游产业链构成主要是依托旅游产品和服务实现链接的，它以在线旅游业中的优势企业为核心，其他相关行业为补充结合而成。随着旅游消费大众化、需求的个性化、多元化以及互联网和移动互联网技术的日益更新，在线旅游产业链目前已经逐渐形成了一条依托高新技术，以旅游者需求为导向，包括交通、住宿、餐饮、娱乐、观光、购物等旅游要素，涉及广告传媒、金融支付、保险、电信和其他行业的集成供应链。由于旅游产品的无形性、差异性、多变性等特征，在线旅游产业链上各组成模块之间必须相互协调、相互合作，紧密关联，共同保证产业链的良好运转。

（一）在线旅游业产业链构成主体

一般来说，在线旅游行业产业链包括：上游旅游产品供应商、中间代理商、网络营销媒介和终端用户共四部分组成，当然在线旅游产业链在运营中还涉及物流、金融支付、保险、通信等辅助环节，它们与产业链主体一起共同保障产业链的正常运转，缺少其中任一个节点企业，整个旅游活动都会受到影响，甚至无法进行。在线旅游产业构成如图 4-1 所示。

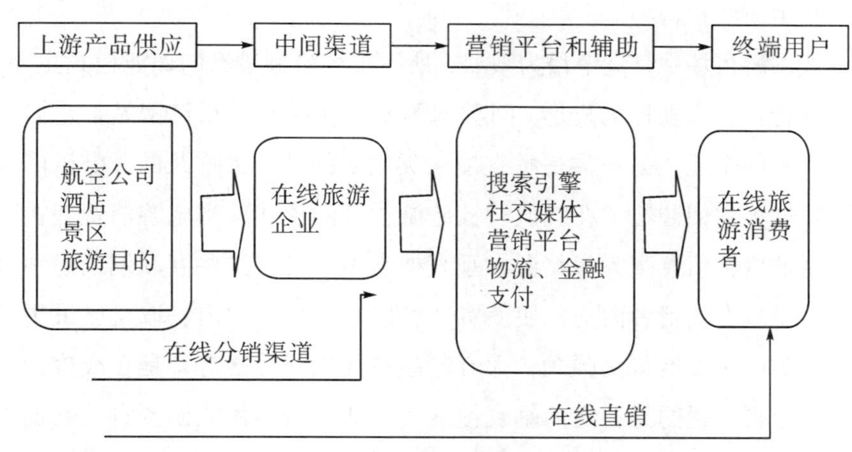

图 4-1　在线旅游产业链构成

（图片来源：据《2008—2009 中国网上旅行预订行业发展报告》的中国网上旅行预订市场产业链修改。）

1. 旅游产品供应商

旅游产品供应商是指在旅游活动中提供各种旅游资源的企业，包括提供景区景点等观光资源的旅游目的地，提供旅游纪念品的旅游企业，提供餐饮住宿的酒店，提供交通工具的运输公司以及提供购物、休闲、娱乐的购物场所，娱乐场所（酒吧、KTV 等）等，涵盖食、宿、行、游、购、娱六大旅游要素，共同保证消费者旅游活动的正常需要，旅游产品供应商位于在线旅游产业链上游，大多是线下实体企业，作为旅游产业的源头，供应商提供的旅游资源所具有的旅游吸引力是影响游客决策的关键要素。

各旅游产品供应商之间是合作关系，它们共同作用，服务于旅游产业链，符合管理学中的“木桶定律”，因此旅游供应商在保证自身产品质量的前提下还要与其他供应商加强沟通交流，信息共享，相互促进。

2. 在线旅游代理商

在线旅游代理商主要是指依托移动互联网等高新技术，以提升用户体验为目的，更好地满足游客信息获取、产品预订及服务评价的第三方在线平台。产品供应商位于产业链前端，是整个产业链的源头，但在线旅游产业链的主体却是在线旅游代理商，它是整个产业链的关键节点，旅游代理商将供应商与消费者连接起来，形成产业链。没有在线旅游代理商，在线旅游产业链的存在也就失去了意义。

大数据时代的来临，使得海量数据的挖掘、存储、处理成为可能，这更有利于数据共享和分析。在线旅游代理商正是利用了大数据营销从而掌握了大量的用户数据和旅游信息数据，实时调整产品体系，实现针对性营销。而这些是线下供应商和传统旅行社在短时间内无法实现的，面对以“亿万”计数的游客，仅仅靠对旅游市场细分，简单的统计和定性分析是远远不够的，因而它们不得不依托在线旅游代理商进行营销。目前在线旅游代理商承担着80%以上的机票预订以及50%以上的酒店预订量，是酒店和航空公司最主要的预订渠道。

目前在线旅游市场中，竞争最为激烈、所占市场份额最高的商业模式主要有两类：一类是在线旅行社，像携程、艺龙、同程网等专业在线旅游预订网站，它们是最先开启在线旅游服务的企业；另一类是垂直搜索类旅游网站，去哪儿网、酷讯网采用的就是这种商业模式，它们颠覆了在线旅行社旅游预订的模式。当旅游消费者在互联网上面对无穷无尽的旅游信息毫无头绪时，垂直搜索引擎可将这些互联网信息整合，按一定的排列顺序呈现在消费者面前，使消费者可以在最短时间内获取自己最想要的旅游信息，目前这类网站发展势头强劲，大有赶超在线旅行社之势，是在线旅行社最大的市场竞争者。值得一提的是，之前垂直搜索类企业本身不做旅游预订，数据来源于携程、艺龙等旅游B2C网站，当用户在去哪儿、酷讯网等搜索到商品信息时，点击就会跳转到相应的在线旅行社网站上，最终在旅行社网站上完成预定交易。但随着经济、科技的不断发展，现在垂直搜索类网站已经在自己的平台上进行交易，比如去哪儿网推行的TTS合作模式，用户在去哪儿网上搜索到旅游信息后不再跳转到在线旅行社网站，而是直接在去哪儿网完成下单和支付。这对于在线旅行社来说是一个不小的威胁。

3. 网络媒介

在线旅游产业链中网络媒介主要指第三方在线旅游服务商，社交媒体、点评攻略类门户网站及在线直销平台。

（1）第三方在线旅游服务商。

第三方在线旅游服务商为旅游供应商搭建了一个在线直销平台，实现了旅游供应商与消费者的线上直接沟通，省去了中间代理商，供应商只需要缴纳一定的会员费就可在第三方平台上入驻，自主经营。第三方平台凭借本身巨大的流量吸引店家入驻，以广告和会员费为主要盈利模式，淘宝旅行频道就是依托淘宝网强大的品牌知名度以及巨大的流量建立的，为旅游企业打造的第三方交易平台。第三方平台的建立使在线旅游团购成为可能，团购的本质在于将对产品和服务有共同需求的消费者聚合起来，以大订单的方式直接向商家购买，从而降低购买成本，而商家本着薄利多销的原则也实现了利益最大化，是一种双赢的营销方式。不仅如此，团购给供应商带来了巨大的流量，提高了产品知名度，从长远来看，这是一种很好的营销手段。

（2）旅游点评+攻略类网络平台。

旅游业作为信息密集型产业，其发展自然离不开信息的收集与传播，并且作为体验式服务，用户的点评及经验分享对潜在消费者有着很大的影响，而点评、攻略类网站应运而生，以其自有的中立性、灵活性、互动性、亲切感博得消费者好评，对在线旅游产业链运作起着很好的辅助强化作用。

（3）其他。

其他的网络媒介还有政府网站、供应商自营官网、社交媒体等。

4. 终端用户

在线旅游产业链最根本、最重要的功能就是满足旅游消费者的需求，终端用户位于产业链尾端，是整个在线旅游产业链的服务对象，用户体验及满意度、忠诚度是产业链每个节点企业共同追求的目标。

（二）在线旅游产业链运转现状

与传统行业产业链从原材料提供商到生产制造商再到中间分销商最后到消费者的纵向链接不同，在线旅游产业链一般是横向联系的产业链，各个环节都可以直接面向消费市场。这种横向联系的特点使各旅游企业之间缺乏有效的约束机制，产业链上各企业既相互合作又相互竞争，甚至竞争大于合作。对于旅游产品供应商来说，因为在线旅行社流量大，掌握着大量的用户数据，是主要的产品销售渠道，单单依靠直销是远不能及的，因此它们不得不依赖在线旅行社进行产品分销。因此，在线旅行社与供应商之间存在直销和分销的矛盾关系，供应商应不应该采取直销、多大程度依靠直销、采取什么手段进行直销等诸多问题也导致了目前在线旅游市场运转较为混杂的局面，主要表现在供应商与在线旅行社之间的博弈。一方面，在线预订是未来旅游趋势，事实上，目前酒店、机票等产品有一半是通过在线预订的，因此，供应商需要依托在线企业进行产品营销，不得不与在线旅行社合作。另一方面，双方又要考虑各自利益，争夺利润，供应商希望通过减少佣金或者降低成本来争夺在线旅行社的利润空间。

1. 在线旅行社与航空公司产业链运营分析

航空公司作为产品提供商，实质上提供的是消费者和货物的空间位移服务。产品和服务具有不可储存性，使得航空公司之间的竞争相比传统企业更为激烈，航空公司必须在有效期内将产品销售出去，否则将面临亏损的局面，因此对航空公司来说，销售渠道就显得尤为重要。航空公司产业链如图 4-2 所示。

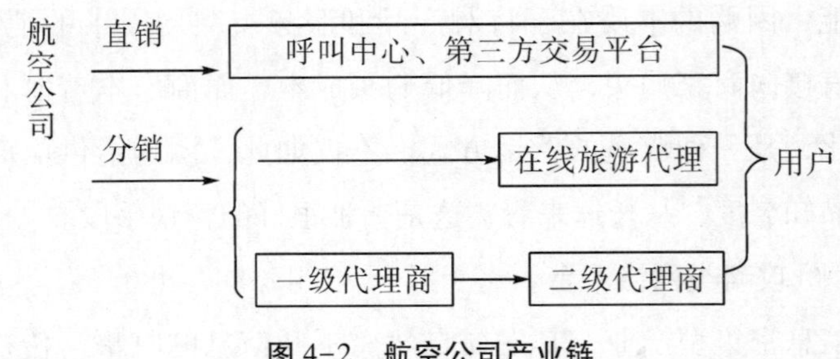

图 4-2　航空公司产业链

（图片来源：据《2008—2009 中国网上旅行预订行业发展报告》的中国网上旅行预订市场产业链修改。）

目前航空公司的机票销售方式主要有线下代理、线上代理和直销三种方式，其中直销包括呼叫中心、售票处等线下直销和网络直销。其中，线上和线下代理属于分销渠道，承担着航空公司 70%～80%的出票量，而直销渠道的机票销售额仅占 10%～20%，因此，直销渠道未来拥有很大的增长空间。对航空公司来说，直销的比例每提高 10 个百分点，就可以省下 6 亿元代理费。据统计，近年来国内航空公司每年的出票总额都在 2 500 亿元以上，按照机票总数 80%的代理份额以及最低 3%的佣金计算，一年下来，航空公司付给分销商的代理费高达 60 多亿元，数字可观到让航空公司认为自己是在为机票代理商打工。因而对航空公司来说，其要想打破这种局面，加大直销力度无疑是最好的选择，直销业也将成为未来航空公司最主要的销售渠道，原因主要有：首先是成本，航空公司销售一张机票的直销成本为代理佣金的 1/5～1/10，因而直销渠道帮助公司节约了大量的成本；其次，直销帮助航空公司缩短了资金流转链条，加速资金周转，更有助于航空公司运营；最后，直销使航空公司实现了与游客面对面的服务，这更有利于航空公司实现对消费者的“控制”，从而达到销售额外服务的目的。据环球旅讯 2013 年数据统计，2013 年全世界 59 家航空公司的额外服务的销售金额达到了 315 亿美元，平均每位乘客的额外服务收入达到了 16 美元。如此大的盈利空间使得航空公司不想再依赖代理商，它们试图采用直销渠道直接面对消费者。

因此，现阶段在线代理商和航空公司之间的矛盾究其原因不外乎机票是直销还是分销的问题。对航空公司来说，一方面，它们想要拓宽直销渠道，减少对代理商的依赖，然而事实上短时间内在现有销售模式下是不可能实现的：首先，消费者的购买习惯已经形成，短时间内想要改变并非易事，这需要经过不断地、长期地引导；其次，航空公司采用直销渠道只能吸引那些对其品牌有较高忠诚度的客人，事实上，目前的航空业想做到品牌忠诚度还比较困难，各大航空公司差异化服务并没有突出优势，大多数客人对此也没有太多关注，而在线旅游代理商却可以整合所有航空公司机票资源进行销售，航线资源更丰畜，甚至可以根据用户需求，实现个性化营销。例如对于价格敏感型用户，在线旅游代理商可以提供在线比价的功能，针对度假型游客，在线旅游代理商可以提供除了机票预订之外的酒店、预订租车等全方位的旅行服务。仅仅在线旅游代理商这一个分销商就占了整个航空公司机票销售额的50%左右，在线旅游代理商掌握着目前航空公司超过半数的客户资源。因而，对航空公司来说，完全用直销取代分销是不可行的，那可能会给航空公司带来灭顶之灾，换句话说，航空公司目前还没有能力摆脱代理商独立运营，否则将对自身运营产生巨大的影响。

航空公司面对短时间内无法摆脱在线代理商的局面，并不想接受现状，任由在线代理商压榨，因此其也在想尽办法改善为在线代理商打工的局面，想方设法保住自己的利润空间。2012 年美国边疆航空公司对与在线旅游代理商的合作首次做出调整，之前在线旅游代理商通过航空公司代理系统与航空公司官网销售的机票产品是一样的，包括最低票价、常旅客里程数、行程更改费用，甚至包括座位选择等。消费者选择航空公司官网和在旅游代理商预订没有任何差别，而现在一些优惠价格或是优先权只能在边疆航空公司官网预订才可以享受到，这就使一部分消费者不得不将预订渠道转向航空公司官网。虽然这一举措目前还没有其他航空公司效仿，但航空公司仍然在寻找应对措施，降低佣金率是各大航空公司纷纷采取的首要对策。国内机票代理佣金率从过去的9%、7%、5%一度由民航局统一降至3%，2008 年 10 月由民航局颁布的《关于改变国内航空运输销售代理手续费管理方式的通知》甚至取消了这一规定，航空公司与代理商的佣金率不再由政府统一规定，而改为航空公司与机票代理商之间协商确定佣金率，这意味着航空公司将拥有更多的主动权和更大的讨价还价能力。2014 年 7 月，国内三大航空公司中国国际航空公司、中国南方航空公司及海南航空公司，迫于连续三年利润率下降的局面，在旅游旺季来临之际先后将国内机票的基础代理费从 3%调低至 2%，仅仅只是 1%的佣金率的降低，却为航空公司省下了近 20 亿元的佣金代理费，从这一角度就可理解为什么各大航空公司都在想尽办法降低佣金了，甚至有些国外航空公司在中国陆续推出零佣金模式。

航空公司降低佣金率对于线上运营商去哪儿、酷讯旅游等垂直搜索类渠道来说影响不大，它们的机票产品的盈利方式主要是按点击收费和根据成交票价收费，因此它们对佣金下调并不敏感。淘宝旅行等第三方平台主要是根据成交票价收费来实现盈利的，收费比率大约为成交票价的 1.5%，减少代理费势必会增加这些直销渠道的成交量，因而佣金率的下降其实是有助于这类平台发展的。对在线渠道来说，影响最大的莫过于以携程为首的在线旅行社，它们与航空公司的机票合作主要是依靠佣金代理费，随着佣金率的不断下降，目前这些在线旅行社机票业务收入也一直在缩水，而机票是在线旅行社主营业务之一，且交易额呈现逐年增长的趋势。2011 年机票在线交易额为 817 亿元，占在线旅游市场总交易的60%；2012 年机票在线交易额达1 042 亿，较2011 年增长近三成；2013 年，这一数字增长为 1 544. 6 亿元；2014 年在线交易额达2 316. 6 亿元，较2013 年同比增长近 50%，在线渗透率为 59. 2%，较 2013 年的 42. 6%增长达 16. 6 个百分点；2015 年在线交易额达3 431. 5亿元，较 2014 年同比增长 48. 1%，在线渗透率为 76. 7%，较 2014 年的 59. 2%高出 17. 5 个百分点。而机票佣金收入也成为在线旅游企业收入的重要组成部分。佣金的下降以及航空公司直销力度的加强，致使在线旅行社机票销售竞争更加激烈。因此，寻求更大范围的合作成为未来在线旅行社机票业务的发展趋势。

2. 在线旅行社与酒店产业链运营分析

作为服务型商户，用户体验与满意度无疑是酒店最为关注的领域，也是酒店的生存之本。然而事实上，除非用户对酒店有特别不满意的地方，或在酒店有非常不愉快的经历，用户很少有意识和时间对酒店提出建设性意见。过去，酒店想要获得用户真实反馈不得不采用回访和暗访的方式，这甚至催生出旅游体验师这个职业。但这明显不是最好的选择，酒店通过旅游体验师暗访不仅成本高，而且由于人数有限酒店所得到的信息的覆盖程度和客观性都难以满足其获取用户反馈的需求。随着 Web2. 0 的发展，大数据营销成为获取用户数据最主要的方式，酒店通过收集和挖掘互联网上所有顾客对酒店的网络点评，来获取用户行为、消费者偏好以及对酒店未来发展趋势的预测等市场信息。由于网络平台的隐私性较好，因而获取的信息比传统渠道更真实。获取的这些用户信息，是商家挖掘用户需求从而设计更符合市场需要的产品的一种主要渠道。在线旅游代理商作为酒店产品最大的分销渠道，借助信息科技手段，通过大数据挖掘，掌握着最准确的用户信息，而这些信息作为商业机密，酒店和在线代理商作为独立的经济体，在线旅游代理商是不可能完全与酒店分享这些商业信息的，因而酒店与在线代理商就需要寻求更大范围的合作，找到一种新的合作机制来实现利益统一化。

在线旅行社强大的客户流量，能帮助酒店提升曝光度，使酒店不需要任何营销手段也可以获得良好的销售业绩。据统计，目前酒店的预订很大程度上是依赖在线旅行社完成的，按常理说，酒店在旅行社交易成功的情况下支付一定的佣金是合理的，但事实上，酒店与在线旅行社的关系并没有这么融洽，原因主要在佣金上。以全球最大的在线旅游企业 Expedia 为例，其每预订一间价格为 550 美元的房间，佣金比例高达 30%，约 165 美元，而酒店如果通过直销来预订的话，费用仅为 2~4 美元，两种渠道差距非常之大。同样在国内，一般酒店的佣金比例为15%~20%，这让很多酒店苦不堪言，因此他们也在积极拓宽其他销售渠道。

目前，各大酒店正在积极建立自己的直销平台，未来酒店官网、垂直搜索平台将与在线旅行社一并成为酒店三大预订渠道。通过直销，酒店可省去支付给在线旅行社的佣金费用，并且可以为消费者提供个性化的服务。以发展会员制为主的7天连锁酒店就是直销模式的一个成功案例，在直销模式下，7天连锁酒店的会员人数增长迅猛，而且自上市以来一直保持稳定的增长态势。

然而酒店直销模式和垂直搜索平台的冲击再加上"今夜酒店特价"等移动客户端应用的兴起，使得在线旅行社酒店预订市场竞争加剧。近年来，各大在线旅行社为了在酒店预订业务上站稳脚跟，纷纷加入价格战，企图通过让利的方式来获得用户，然而长期的单一的价格竞争不符合市场发展规律，会严重影响渠道平衡以及服务质量，进而影响产业链的良好运行。价格战不是在线旅行社长期的竞争模式，在线旅行社要想突破发展瓶颈，需要寻找更符合市场规律的运营方式。

3. 在线旅行社与传统旅行社运营现状分析

在线旅行社与传统旅行社各有自己的优势和不足（见表4-2），在线旅行社在客户群体和信息技术上有自己的优势，而传统旅行社更重视用户体验。面对在线旅行社的强大冲击，近些年，传统旅行社也纷纷涉足线上，或自建网站，或与第三方平台合作，并且取得了理想的效果。在这一处境下，在线旅行社只有寻求与线下旅行社更大范围的合作，才能占据更大的市场来面对更激烈的竞争。

表4-2 在线旅行社与传统旅行社优劣势分析

	优势	劣势
在线旅行社	1. 信息丰富透明，短时间内可以查询到所有供应商的产品信息，并且可以进行价格比较 2. 对于长线旅游，在线旅行社也有自己的优势，例如可以帮助消费者选择最佳的机票组合 3. 将酒店、机票、门票等产品实行打包捆绑销售，组合产品一般具有较大的价格优势，为消费者带来优惠 4. 依托互联网信息技术发展而来，具有较高的信息整合能力和创新能力 5. 主要提供酒店、机票、门票等旅游产品预订服务，旅游者自己决定怎么玩，比较适合自助游、散客等游客群体	1. 自身无法提供旅游产品，依托供应商 2. 旅游是体验消费，而在线旅行社仅提供在线预订服务，消费者需要线下体验

表4-2(续)

	优势	劣势
传统旅行社	1. 传统旅行社除了开发具有特色的旅游线路和个性化旅游产品外，还能将旅游目的地的酒店、机票、门票等旅游产品进行了最优化组合 2. 传统旅行社提供面对面服务，对不熟悉互联网的老年人以及不熟悉目的地的游客群体具有较大的优势，并且可以帮助游客及时解决旅途中的种种麻烦，例如如何应对飞机晚点、如何应对旅途中可能发生的冲突、如何让交通与游览环节衔接顺畅等，服务更具有针对性与灵活性 3. 传统旅行社以团队游为主，因此具有价格优势 4. 传统旅行社具有丰富的实践经验，可以给游客提供最佳的行程安排，对游客进行有效的指导和引导	1. 传统旅行社运营成本较高，要支付门店高昂的房租费用和人工成本，而这些开支到最后还是由消费者买单 2. 互联网以及移动互联网正在改变着人们的生活方式，这也是未来的发展趋势，这对传统旅行社的运营模式造成了比较大的冲击

阅读材料 4-2　携程的成功路程

4. 在线旅行社与景区运营现状分析

景区和酒店、机票一样旅游行业的基本旅游要素，但其在线预订市场却远不如后两者。目前，中国还有大量的景区没有实现在线预订，原因是多方面的：首先，这与景区自身性质、运营机制有关。目前，很多景区属于事业单位，由政府统一管理，尤其是世界遗产类、古建筑文化类景区，分销机制比较单一，导致门票在线渗透率低。其次，部分景区门票价格较低，在线旅行社门票佣金自然也比较小，很多在线旅行社都把精力放在利润比较丰厚的酒店和机票上。最后，门票预订市场发展缓慢与预订渠道有关系，相比航空公司和酒店来说，景区的数量庞大，规模不一，因此在线旅行社与其合作成本较高，过程较为复杂。但近年来，随着移动互联网时代的到来，在休闲度假、散客市场、自由行兴起的大背景下，这种情况也将得到改善，特别是在以“酒店+机票”为主营业务的在线旅行社利润空间急剧下降，竞争越来越激烈的情况下，他们只能积极寻找新的利润空间，矛头自然指向景区门票。

当前，在线门票预订远不如酒店、机票成熟，竞争自然也小很多，不过在线旅行社还是使出了各自的杀手锏。

景区门票具有消费频次高，扩展性强等特点，易于与其他旅游产品组合营销，在线旅行社可以以此作为抢夺休闲旅游市场的入口。当然，在这之前，在线旅行社应该处理好与景区的关系，合作共赢才是长久发展之计。

五、在线旅行社营销模式

当前在线旅行社的形成一般有两种渠道：一种是线下传统旅行社 E 化而成（如春秋旅游网），另一种是直接诞生于互联网平台（如 TC 旅游网）。无论是哪种渠道形成的在线旅行社，其在经营过程中都离不开互联网电商 B2B（business to business）、B2C（business to customer）和 O2O（online to offline）营销模式的影响。

（一）B2B 营销模式

确切来说，旅游业中电商 B2B 营销模式体现在同业交易平台上，例如 TC 旅游旗下的“旅交汇”网站。其买卖双方主要为旅游产品供应商和中小旅行社，是旅游包价产品、单项产品在批发商和零售经营商之间的交易。旅游电商 B2B 营销模式的初衷是通过网络技术，减少或消除旅游供应商和分销商之间的信息不对称。一些旅游电商 B2B 平台或按交易笔数收费，或者本身不涉及交易，也不拿佣金，只收取相应的技术服务中介费用，这种营销模式也成了很多在线旅行社雏形期的业务尝试。

（二）B2C 营销模式

电子商务最早开始于欧美，在起步阶段，由于缺乏资源和相关技术知识，旅行社电子商务也步履维艰。从根本上来说，这一时期大多数旅行社对电子商务的理解只是停留在其只是传统旅行社营销的一条新渠道上，线上营销作为传统旅行社营销的附属而存在，旅游电商 B2C 模式处于零散化和积累期，尚未形成规模效应。

在这一阶段，旅行社电子商务的营销主要体现在初级的网页信息发布、针对客户的电子邮件营销、Usenet（电子布告栏系统）和聊天室营销等方面。虽然全球分销系统（global distribution system，GDS）已经开始在旅行社中得到应用，但普及率和所占销售份额并不高。也有一些大型旅行社尝试与 IT 公司合作，寻求建立自己的网上预订和分销系统，逐渐开始由传统旅行社到 E 化旅行社的转变。1996 年 7 月，美国运通与微软合作，领先开发了名为 AEI Travel——美国运通互动旅行（American Express Interactive Travel）的网上预订系统。从此，运通公司致力于电子商务营销，并通过客户群体的需求进行市场细分，为吸引更多的旅游者而设计出迎合他们喜好的旅游产品。

从 20 世纪 90 年代开始，世界范围的旅游业都迎来了蓬勃发展的时期，互联网电子商务与旅游业的联系也越发紧密，我国的旅行社电子商务虽然起步较晚，但发展迅速，成效显著。在这一阶段，传统旅行社已充分意识到了电子商务营销的不可替代性，旅游电子商务的演变和发展甚至在某种程度上构成了对传统旅行社的市场威胁。一方面，全球分销系统大范围普及并不断更新，另一方面传统旅行社依托线下既有资源积极向线上拓展业务。大型传统旅行社也纷纷建立自己的官方网上营销系统和分销渠道，例如官方网站、官方 App 等。

另一类直接诞生于互联网平台的在线旅行社（OTA），早期它们更像是旅游产品的线上集散平台，代理销售各种旅游产品，并为旅游者提供各类旅游信息、比价，凭借强大流量数据资源成为传统旅行社的新兴竞争对手。随着旅游电商平台的进一步发展完善，不少在线旅行社也开始自行设计旅游线路，逐渐扩大营销范围。

此外，随着移动互联网技术的发展，手机和平板电脑上的各类旅游 App 营销也如火如荼地展开。4G 网络的迅速普及，给在线旅行社（OTA）的快速成长提供了新的技术条件如图 4-3 所示。

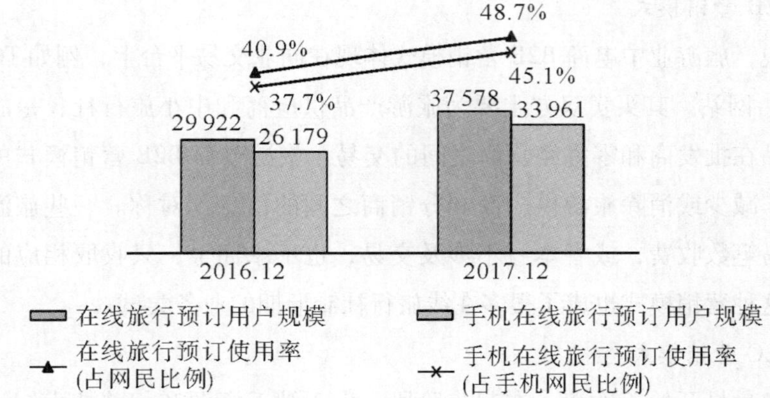

图 4-3　2016. 12—2017. 12 在线旅行预订/手机在线旅行预订用户规模及使用率

（图片来源：中国互联网信息中心. 第 41 次《中国互联网络发展状况统计报告》［EB/OL］.（2018-3-5）［2021-12-31］. http：//www. cnnic. net. cn/hlmfzjy/hlwxzbg/。）

（三）O2O 营销模式

具体来说，O2O 营销模式其实是一种线上消费、线下体验的 B2C 营销，它相比于通常意义上我们理解的 B2C 营销模式更侧重于服务性的消费，并且希望通过线上营销带动线下经营和消费。O2O 消费者要到线下体验服务，就会涉及客流，因此 O2O 比 B2C 更适合去界定在线旅行社的营销模式，也更加符合旅游服务行业的特性。我们可以说在线旅行社是 B2C 营销模式，更是 O2O 营销模式。很多小微型传统旅行社和一些非包价单项旅游服务供应商伴随着 OTA 的出现和崛起，借助专业化的旅游电商平台，获得了更多的生存发展空间和产品销售渠道。在 O2O 营销模式下，在线旅行社连接起线下供应商和旅游消费者，不断刷新着人们对旅行社传统意义上的认知。

在线旅行社（OTA）应该说是传统旅行社行业发展到一定时期，在互联网科技的不断渗透和驱动下诞生的新业态。在线旅行社有它的先天不足之处。在线旅行社的运营和发展始终离不开传统旅行社以及非包价单项旅游产品供应商的线下资源，在旅游电子商务迅猛发展的今天，在线旅行社需要努力“补不足”。

阅读材料 4-3 TC 旅游营销模式

【核心知识小结】

本章主要针对传统旅行社和在线旅行社进行了论述。论述主要包括旅行社的概念、特点和分类，以及传统旅行社在旅游行业中的作用，阐述了在互联网不断发展的背景下，在线旅行社的发展状况，诠释了何为在线旅行社。目前的在线旅行社主要包括三类：以携程为代表的综合性在线旅行社、传统线下旅行社建立的网络平台和专门做休闲度假业务的在线旅行社。当前在线旅行社的形成一般有两种渠道：一种是线下传统旅行社 E 化而成（如春秋旅游网），另一种是直接诞生于互联网平台（如 TC 旅游网）。无论是哪种渠道形成的在线旅行社，其经营都离不开互联网电商 B2B（business to business）、B2C（business to customer）和 O2O（online to offline）营销模式的影响。

【复习思考】

1. 什么是 OTA？
2. 对比分析传统旅行社和在线旅行社各自的优劣势。
3. 线上和线下旅行社应该如何进行整合？

【案例分析】

途牛旅游的线上线下整合营销

参考文献

［1］艾瑞咨询. 2013 年中国电子商务市场规模 9.9 万亿元［EB/OL］.（2014-05-05）［2021-12-31］. http://www.iresearch.com.cn/View225005.html.

［2］中国电子商务研究中心. 分析：去哪儿网的价值在哪儿？［EB/OL］.（2014-06-05）［2021-12-31］. http://b2b.toocle.com/detail-6176625.html2014. 10.

[3] 中研网. 在线旅游价格战升级局势分析 [EB/OL]. (2013-02-18) [2021-12-31]. http://www.chinairn.com/news/20130218/084826847.html.

[4] 乐透区旅游网. 旅游产业线上线下的整合之路 [EB/OL]. (2014-10-30) [2021-12-31]. http://www. 17u.net/news/newsinfo_ 248947.html. 2014-10. html.

[5] 中国旅游研究院. 2012 年中国旅行化产业发展报告：线上线下融合是趋势 [EB/OL]. (2013-10-31) [2021-12-31]. http://www. 199it.com/archives/89773.html.

[6] 戴斌，杜江. 旅行社管理 [M]. 北京：高等教育出版社，2005.

[7] 王健民. 旅行社产品理论与操作实务 [M]. 北京：中国旅游出版社，2004.

[8] 韩勇. 旅行社经营管理 [M]. 北京：北京大学出版社，2006.

第五章 走进旅游业之旅游交通

［学习目标］

1. 了解旅游交通的发展变迁史。
2. 熟悉旅游交通的作用。
3. 掌握各种旅游交通类型的优缺点。

［引导案例］

《长安十二时辰》、李白、蜀道、四川交通，四者有这层联系！

2019 年暑假，《长安十二时辰》热播。该剧成为微博热搜，还是和咱们川籍诗人李白有关的。说到李白，作为四川交通人，首先想到的肯定是其经典之作——《蜀道难》。《蜀道难》这首诗作于唐玄宗天宝初年（742 年），袭用乐府旧题，意在送友人入蜀。诗人李白以浪漫主义的手法，展开丰富的想象，艺术地再现了蜀道峥嵘、突兀、崎岖等奇丽惊险和不可凌越的磅礴气势，借以歌咏蜀地山川的壮秀，显示出祖国山河的雄伟壮丽。

“蜀道之难，难于上青天！”

一千多年后，四川已从历史上的“蜀道难”发展到现在的“蜀道通”“蜀道畅”。如今的四川，“铁、公、机、水”四大交通体系建设齐头并进，出川大通道逐年增加。

铁

2018 年 12 月 6 日，我国首条连接西南、西北地区的高速铁路——西安至成都高速铁路正式开通运营，大幅缩减了川渝地区通往北京、上海等方向的时空距离。该线路的开通运营，对助力乡村振兴战略和区域协调发展战略的实施，促进沿线经济社会发展和民生改善，有极其重要的作用。

2019 年 6 月 15 日，成贵铁路乐山至宜宾段开通运营。该项目是国家中长期铁路网规划中国家快速铁路网骨干项目，是我省基础设施领域“补短板”三年行动的重点任务，也是构建南向立体交通出川大通道，西南至珠三角地区快速客运通道的重要组成部分，对整合区域旅游资源、加快沿线资源开发和促进社会经济发展具有重要意义。

公

2018 年 11 月 22 日，巴陕高速实现全线正式通车。大行米仓添新道，穿越秦巴变坦途！巴陕高速的全线通车，彻底改变以往翻越米仓山交通极为不畅的历史，特别是每年冬季大雪封山中断交通的情况将一去不复返。同时，巴陕高速的全线通车使四川新增一条北向出川大通道，形成了北上出川“三箭齐发”（广陕高速、巴陕高速、达陕高速）的通道格局，进一步增强川陕两省交流合作，扩大北向开放，有效服务四川“四向拓展，全域开放”的战略实施；同时进一步完善了川东北高速路网，降低区域物流成本，深化地区分工协作，为加快秦巴山区脱贫奔康和实现川陕革命老区振兴发展提供重要支撑，促进川东北经济区的发展，助力四川“一干多支、五区协同”区域经济新格局。

2018 年 12 月 28 日，作为全国首批的川渝高速公路 10 处省界收费站正式取消。2019 年 5 月 28 日，省政府在省交通运输厅召开深化收费公路制度改革取消高速公路省界收费站专项工作动员会，会议明确指示 2019 年年底前取消全省 9 处高速公路省界收费站，实现不停车快捷收费；全省高速公路通行车辆 ETC 使用率达 90%以上。2019 年 6 月 18 日，西部六省市取消高速公路省界收费站第一次省际会商会议在遂宁召开，四川、甘肃、陕西、重庆、贵州、云南六省市“挽起手”来！

机

2021 年 6 月 27 日，国家“十三五”期间规划建设的最大民用运输机场项目——成都天府国际机场正式通航投运。成都成为继北京、上海之后，中国内地第三个拥有双国际枢纽机场的城市。天府国际机场的通航投运将构建起天府国际机场、双流国际机场“两场一体”协同运行的新门户，极大地提升成都国际门户枢纽城市的辐射带动、集散集聚和资源配置能力，推动“通道经济”向“枢纽经济”跃迁，形成更高水平的开放型经济体系，从而更好地服务和融入构建新发展格局。

另外，四川阆中机场也正在如火如荼地建设中，机场跑道已基本成形，接下来就是浇筑混凝土以及建设航站楼等的工程。阆中机场建成后将进一步完善我省民用机场网络，有力提升阆中及川东北地区的交通运输能力，对改善对外开放合作条件、进一步推动阆中古城旅游业发展、促进川东北地区经济社会发展都具有重要意义。

水

2019 年 6 月 26 日上午，宜宾—上海“五定”集装箱班轮航线首航仪式在宜宾港志城作业区多用途 3 号泊位举行。被业界称为“水上高铁”的班轮航线正式启航！该班轮开行后，宜宾至上海船舶正常运行时间可从原来的20天缩短到12天以内！该班轮采取定港口、定航线、定班期、定运时、定船舶“五定”模式，是西部地区连接东部和国际市场高效便捷的“水上快速通道”，有利于宜宾港进一步提升东西向辐射功能，以集装箱航运促进腹地开放型经济发展，助推宜宾市发展港口经济、流域经济、临港经济，加快建成四川省经济副中心，促进临港新区建设。

2019年6月29日，嘉陵江全江通航启航仪式在广元港红岩作业区举行后，首批船队正式开启通江达海新航程。嘉陵江全江通航，被业内视作一条真正的“黄金水道”形成：常年可供500吨级船队从广元直达重庆，驶入宽阔长江进而出海。对四川而言，这相当于新增一条出川的“水上高速公路”。

铁、公、机、水，展现的是四川积极参与长江经济带建设，打造综合立体交通走廊的壮志与憧憬。昨天，蜀道难；今天，蜀道通；明天，四川将形成陆海互济、东西畅达、南北贯通的“四向八廊五枢纽”战略性综合交通走廊和对外经济走廊，蜀道的不断“蜕变”将开启四川发展的新时代。

（资料来源：四川省交通运输厅公众号．《长安十二时辰》、李白、蜀道、四川交通，四者有这层联系！[EB/OL]．(2021-12-31) [2022-01-30]．https://mp.weixin.qq.com/s?_ _ biz=MzA4ODg2MTgyMQ==&mid=2650664413&idx=2&sn=4c8497a3b3ccf9172be151956d-850aa7&chksm=882af0cfbf5d79d9e11f227094eaf896b8ddb870e1b51165b867f73c56017c3db-50fe0bbf50f&mpshare=1&scene=23&srcid=0813bWAP1MlP3GDpXkjX6zFv&sharer_ sharetime=1565681700297&sharer_ shareid=90ef97210c372ccb5ea54bf47bc3dbbc#rd)

思考：

1. 四川打造的综合立体交通网络对四川旅游业的发展产生了哪些影响？

2. 现代旅游交通的发达对于区域旅游的整体可持续发展有何意义？

第一节　旅游交通概述

一、旅游交通的概念与内涵

（一）交通的概念

交通是指从事旅客、货物运输及语言和图文传递的行业，包括运输和邮电两个方面，在国民经济中属于第三产业。运输有铁路、公路、水路、航空、管道五种方式，邮电包括邮政和电信两方面内容。交通是商品交换的先决条件。随着交通的改善，人类的物质生产逐步从自给自足的方式，过渡到分工交换的方式。物质产品的分工交换，是现代工业社会的基础之一。运输大致可以分为陆运、海运和空运。陆运是指以行走在地上交通工具的运输，如汽车、火车等。由于陆运成本较低，所以大部分地区的主要短距离运输均为陆运；海运是指以行走在海上的交通工具的运输，如轮船、双体船等。由于海运可作远洋航行，而且成本较空运低，通常用于运送货物至另一个国家；空运是指以在空中的交通工具的运输，如飞机、直升机等。由于空运速度较快，所以其通常用于洲际航行。

（二）旅游交通的概念

旅游交通是指旅游者利用某种手段和途径，实现从一个地点到达另一个地点的空间转移过程。它既是“抵达目的地的手段，同时也是在目的地内活动往来的手段”。对于旅游交通的概念目前在理论界尚未有统一的说法，许多学者对此进行了颇有意义的探索和界定。主要有以下几种观点：

（1）杜学（1996）认为，旅游交通是指为旅游者在旅行游览过程中提供所需交通运输服务而产生的一系列社会经济活动与现象的总称。

（2）保继刚（1999）认为旅游交通是指为旅游者从客源地到目的地的往返，以及在旅游目的地各处进行各种旅游活动所提供的交通设施服务。

（3）李天元（2000）认为旅游交通是指旅游者利用某种手段和途径，实现从一个地点到达另外一个地点的空间转移过程。

（4）关宏志等（2001）则将旅游交通分为广义和狭义来界定。广义的旅游交通是指以旅游、观光为目的的人、物、思想及信息的空间移动，他探讨的对象包括人、物、思想及信息；狭义的旅游交通概念则将讨论的对象限定在人或物。

（5）林森（2002）则认为，旅游交通是指为旅游者由定居地到目的地往返以及在各地区往返而提供的服务。

（6）张辉（2002）说，旅游交通是指利用一定的运载工具，通过一定的交通线路和港口、车站、机场等设施，在约定的时间内，将旅游者从其居住地或出发地向旅游目的地进行空间位置转移的一种特殊的经济活动。

（7）卞显红、王苏洁（2003）对旅游交通做了较为严格的定义：旅游交通是指支撑旅游目的地旅客流和货物流流进、流出的交通方式，路径与始终点站的运行及其之间的相互影响，包括在旅游目的地的交通服务设施的供给及其与旅游客源地区域交通连接方式的供给。

综上所述，旅游交通的核心内涵是：因旅游需求而伴随着旅游全过程的交通线路、工具、设施以及服务的总和。

二、旅游交通的作用

现代旅游业之所以有今天这样的规模，其活动范围之所以会扩展到世界各地，一个重要的原因便是交通运输业的发展。旅游交通在旅游业中的作用突出表现在以下几个方面。

（一）旅游交通是旅游业产生和发展的先决条件

人们外出旅游必须完成从常住地到旅游目的地的空间转移，除步行之外，交通工具是帮助人们实现旅游活动的必要手段和前提，尤其是大众化的旅游，旅游交通是必不可缺的，旅游交通贯穿旅游活动的始终，是旅游活动和旅游业产生、发展的先决条件。

（二）旅游交通是旅游地社会经济发展的重要推动力

旅游功能结构系统包括三个部分：旅游客源地，主要是现有及潜在的旅游者；旅游目的地，主要是旅游直接服务商；旅游交通，主要是交通设施及服务等（熊继红，代义军，2006）。三者之间是相互联系、相互影响的功能系统，其中旅游交通作为旅游通道的物质主体，是连接旅游目的地和旅游客源地的重要纽带，是旅客往返旅游目的地的途径，是完成旅游的必不可少的重要环节。只有解决了可进入性的问题，才能使旅游者“进得来、散得开、出得去”，发达的现代交通会把越来越多的旅游者运送到旅游目的地，从而扩大旅游地的知名度和影响力，同时又促进了旅游业的发展。

旅游交通的便利与否也直接影响旅游者对旅游目的地的选择和旅游日程的安排，道路质量更关系到游客的旅游经历和心情，极大地影响旅游者整个旅行的质量和满意度。同时，旅游交通对旅游资源开发也存在影响。由于旅游资源依赖旅游者光顾而产生效益，没有安全便捷的交通，就不可能有规模化和长期发展的旅游经济，所以旅游交通在很大程度上控制着旅游资源吸引力的大小，决定着旅游资源开发效果的好坏。旅游资源潜力的开发，必须以快捷便利的旅游交通做后盾。

阅读材料 5-1　好消息！成都市内这 7 个点位可乘坐旅行巴士直达周边景区

（三）旅游交通是旅游业稳定而重要的收入来源

远程旅游中旅游交通支出占旅游消费总支出的比例最大，据《中国旅游统计年鉴》资料显示，欧美游客来我国旅游，其交通费用的支出（包括国际往返交通费、在我国旅游期间的城市间交通费和市内交通费）往往要占其旅游费用的一半。另据国家旅游局的统计资料显示，长途旅游交通外汇收入所占的比重一直保持在25%以上，占据旅游总收入的第一位。以张家界为例，旅游外汇总收入中，交通收入的比例一直在27%以上，最高年份甚至达到了40%以上。

（四）旅游交通是旅游活动的重要内容

“旅”与“游”紧密相关，快捷、舒适、安全的交通可以为旅游活动增添许多乐趣，也是旅游活动的重要内容。乘舟泛游鄱阳湖、乘飞机越过皑皑雪山、索道缆车上观赏华山最险峻之处、骑马驰骋草原等，乘坐不同的交通工具可以领略到不同的风光，获得不同的享受和经历。有些旅游项目本身就是对新鲜交通工具的一种体验与参与，如漂流、骑马、坐花轿、乘坐热气球等。如果缺少这些旅游交通工具，旅游项目本身也失去了其存在的基础，旅游交通已成为旅游目的地总体旅游产品中的重要组成部分。

总之，旅游业已成为增强区域经济发展和创造就业岗位的最活跃力量，而交通业作为经济发展的基础性先导产业，是旅游业必不可少的先决条件，对旅游资源的开发、旅游服务质量的提高等都具有重要意义。

第二节　现代旅游交通方式

随着世界旅游人数的增长，交通需求也越来越多。人们外出旅游采用的主要旅游交通类型有：公路交通、铁路交通、航空交通、水运交通以及景区景点内的特种旅游交通（如缆车、索道、人力车等）。这些旅游交通方式相互配合、相互补充，为旅游活动的顺利开展提供了必要的保障。

一、公路交通

公路交通是最普遍的中短途运输方式，主要凭借汽车作为承载工具为旅客提供交通服务，是多数国内旅游者最喜爱的旅行方式。人们之所以倾向于汽车旅行，是因为它具有以下明显的优势：机动灵活、行驶自由、应急性强，能深入到其他运输工具到达不了的景区里面，而且汽车投资少、收效快，随着公路的现代化、车辆的大型化，公路运输是“点到点”运输的最好的交通方式。

乘坐汽车外出旅游包括乘坐私人汽车和搭乘公共客运汽车两种。

（一）私人汽车

20世纪50年代以来，随着社会经济的不断发展，私人汽车在欧美发达国家的家庭逐渐普及，在节假日，人们自行驾车外出休闲度假已经成为一种时尚，尤其是短途旅行和周末度假。

私人汽车普及以后，自驾车旅游如火如荼地发展起来。自驾车旅游是指旅游者自己驾驶或乘坐的交通工具属于非营运性质的载客机动车，包括私人汽车、单位非营运汽车、房车、租赁的车辆等外出的一种旅游形式。从驾乘人员角度看，自驾车旅游活动的驾乘人员同时兼具旅游者的身份，其驾车外出的目的是为了参与旅游活动。在旅游行程的安排上，自驾车旅游者因为自己掌握着交通工具，因此在旅游目的地的选择、旅游时间的安排以及中途停靠等方面都具有明显的自主性和随机性。自驾游的这种自主性和随机性，给各个景区拓展这一客源市场提供了更大的空间和更好的契机。

随着自驾车旅游的发展，很多国家成立了汽车俱乐部和自驾游协会等组织，为自驾车旅游者提供信息服务和技术支持。如中国首家自驾车旅游协会——浙江省自驾车旅游协会，英文名“Zhejiang Drive Travel Association”，其前身是浙江省旅游协会自驾车旅游分会，于2003年10月在杭州成立。浙江省自驾车旅游协会以自我弘扬、自我保护、自我提高、自我约束和加强行业自律为宗旨，在政府和会员之间发挥桥梁、纽带、智囊、助手作用。其遵照国家宪法、法律、法规和相关政策，遵守社会道德风尚，代表和维护全省自驾游相关行业单位、从业人员、自驾游爱好者合法权益，为政府服务、为会员服务、为行业服务。

阅读材料5-2　巅行自驾，畅游天下

（二）公共客运汽车

乘坐公共客运汽车出行包括搭乘长途公共汽车、包乘旅行大客车等多种形式。公共客运汽车由于其运营成本较低，客运价格也较为经济，因此对中低档消费层次的旅游者颇有吸引力。更重要的是，在旅行社包乘旅行大客车进行包价旅游的情况下，旅行社安排全陪导游全程陪同，地陪导游接送，解决了行李携带和转车的很多问题。

但是，与其他交通方式相比，公路交通存在以下一些劣势：

其一，公路交通适合中短途旅行，不适合长途旅行，否则旅游者就会感觉非常疲倦和不适。其二，汽车载客量有限，即使一般大型客车也只能承载40~50人，乘客人均能源消耗量大。其三，公路交通安全性差。据统计，在常见的交通工具中，汽车的事故率是最高的。

二、铁路交通

在现代交通运输体系中，铁路交通是发展较早的一种交通运输方式，从1825年9

月27日，由“铁路之父”——英国人斯蒂芬孙负责建造的世界上第一条铁路诞生，至今已有190多年的历史，铁路交通对近现代旅游业的发展起到了非常重要的作用。

铁路交通包括旅客列车、适应旅游者旅行游览需求的旅游专列、城市轨道交通等。旅客列车是指运送旅客、行李、包裹、邮件的列车。旅游专列是专门为运送旅游者而开设的旅客列车，它运行于旅游客源集中地与著名旅游目的地之间。主题性旅游专列由于其主体鲜明、形式新颖、内容多样获得了旅游者的欢迎。如我国广州铁路青年旅行社开设的“南方快车”豪华旅游专列、瑞士的观赏性旅游专列、印度的朝圣型旅游专列等。城市轨道交通是指列车在钢轨或沿导向轨道运行的城市公共交通方式。最常见的城市轨道交通是地铁，地铁火车以电动快速列车运送大量乘客，不占街道面积，不干扰地面交通，是解决城市交通紧张状况的有效交通方式。

阅读材料5-3　“熊猫专列”打造“交旅融合”的慢旅行方式

铁路交通拥有很多其他交通客运方式所不具备的优点：

（1）铁路交通的运输能力远远高于航空运输和汽车运输。

（2）铁路运输成本较低。铁路运输费用仅为汽车运输费用的几分之一到十几分之一，运输耗油约是汽车运输的二十分之一。

（3）铁路运输安全可靠、风险小，运输速度快，途中可沿途观赏风景。

（4）铁路运输的准确性和连续性强。而且铁路运输几乎不受气候影响，一年四季可以不分昼夜地进行定期的、有规律的、准确的运转。

由于铁路交通的诸多优势，在世界旅游发展史上，火车曾经是人们外出旅游的主要交通工具，对旅游活动的发展有过重大的影响。但是到了20世纪50年代，火车在客运交通中的地位逐渐被飞机和汽车所取代。人们在外出旅游的过程中，一般来说，近程旅行多选择坐汽车，远程旅行则多选择乘飞机。造成铁路运输地位下降的原因很多，主要有以下几个方面：一是由于铁轨铺设的限制，铁路很难形成较细的线路网络；二是铁路运输业固定成本很高，购买机车和车辆、改进路基和轨道需要花费巨额资金；三是火车的运行速度和便利程度受到限制。

面对铁路运输市场的滑坡，从20世纪80年代开始，很多国家都开始重新重视铁路运输的发展。各国大都形成了国内铁路交通运输网络，并且随着世界经济体系的建立和发展，有越来越多的国家之间的铁路接轨，从而开始了国际间的铁路交通运输。如欧亚大陆桥建成后，游客可以从我国东海之滨的连云港直达欧洲北海之畔的荷兰的阿姆斯特丹。如今，高速铁路和高速列车成为铁路运输发展的重点。例如，西欧各国在20世纪90年代内投资1 000亿美元发展高速铁路和高速列车；日本也改进了其著名的“子弹列车”并扩大其运行线路网络；在我国，世界上第一条磁悬浮列车运输线于2002年在上海开始运营，等等。值得关注的是，随着人们环境意识的增强以及对可持续发展的关注，铁路运输对环境污染小的特点也越来越多地得到了人们的重视。所有这一切都表明，铁路运输将有可能扭转长期以来的颓势，进入新的复兴阶段。

三、航空交通

航空交通是以飞机为承载工具、以航空交通线为飞行线路运送旅客的交通运输方式。航空运输出现于20世纪初，是所有现代交通运输工具中出现最晚的。20世纪60年代以来，大中型宽体高速喷气客机的广泛使用，使飞机取代了火车在国际间的远程运输地位，并推动旅游业向现代化、国际化、大众化方向发展。一个国家或地区航空交通的发展状况，成为衡量那里国际旅游发展水平的标准之一。

与其他交通方式相比，航空旅行具备很多优点。第一，最主要的优点是快速高效。目前喷气式客机的时速在1 000千米左右，速度快、节省时间，因此其广泛使用于中长距离的国际旅游和洲际旅游中。第二，飞行灵活性大。航空飞行不受地面上的高山、河流、沙漠、海洋的阻隔，一般可在两点间直线飞行，航程比地面短得多，运程越远，快速的特点就越显著，而且可根据客源、货源数量随时增加班次。第三，安全舒适。据国际民航组织统计，民航平均每亿客公里的死亡人数为0.04人，是普通交通方式事故死亡人数的几十分之一到几百分之一，和铁路运输并列为最安全的交通运输方式。

航空客运业务主要分为定期航班服务和包机服务两种。

（一）定期航班服务

定期航班服务是指在既定的国内和国际航线上按既定的时间表提供客运服务。不论旅客多少，飞机必须按航班时刻表开航。对于不能维持全年业务的航线，航空公司可以根据季节变化的需求，规定季节性的航班时刻表。

阅读材料5-4　2019年成都新开15条国际航线

（二）包机服务

包机服务是一种不定期的航空包乘服务业务。随着20世纪60年代以来大众旅游的兴起，旅游包机业务有了很大的发展。很多国家的旅游经营商在组织包价旅游，特别是组织国际包价旅游时，都利用包机作为主要的旅游方式。同定期航班服务相比，包机业务具有两点优势：一是票价低；二是灵活性较大，不必按固定的时间和线路飞行。因此，对旅行团来说，包乘飞机是比较合适的。在我国“黄金周”旅游旺季，许多旅行社就开展包机旅游业务。

目前许多国家都十分重视航空业的发展，不断开展航空新技术的研究，研制新型的客机，增加和完善各种航空设施，开辟更多航线航班，加强航空业的管理，不断提高服务质量。但是航空旅行也存在一定的局限性：其一，它只能完成从机场到机场之间的旅行，地面旅行无法展开，必须和其他交通方式配合，才能完成一次完整的旅行过程。其二，噪音大，影响环境质量，尤其是一些起降大型超音速客机的机场，周围几十千米之内的人和动物都无法忍受噪音的干扰。其三，价格昂贵。无论是飞机本身还是飞行所消耗的油料相对其他交通运输方式都高昂得多。其四，受天气情况影响较大。虽然现在航空技术已经能适应绝大多数气象条件，但是比较严重的风、雨、雪、雾等气象条件仍然会影响飞机的起降安全。

四、水运交通

水运交通是利用各类船舶作为承载工具，在海洋、江河、湖泊等水域沿航线运送旅游者的交通运输方式。水运交通是一种传统而古老的运输方式，在1825年铁路交通出现之前和20世纪60年代的喷气飞机普遍飞行之前，水上交通一直是人们远程旅行的主要交通方式。1807年，美国人罗伯特·富尔顿把蒸汽机应用于内河船“克莱蒙特”号，标志着现代水上交通运输方式的开始。

水路客运业务主要可划分为四种，即远程定期班轮服务、海上短程渡轮服务、内河客运服务和游船服务。

（一）远程定期班轮服务

有固定航线的远程定期班轮服务是近代旅游中最主要的国际旅行交通方式，但在20世纪50年代以后，航空运输技术的发展和航空公司间的市场竞争加剧，使得大部分远程航线上的机票价格不断下降，乘飞机比乘轮船要便宜，远程定期班轮服务走向衰落。

（二）海上短程渡轮服务

同远程定期班轮客运业务相比，海上短程渡轮业务在第二次世界大战以后，特别是自20世纪60年代大众旅游兴起以后，曾有过相当长一段时期的快速发展。这主要是由于随着私人小汽车的增加，人们喜欢自行驾车外出旅游，从而扩大了对渡轮服务的需求。从世界范围来看，渡轮服务网主要集中在欧洲，特别是希腊海域、英吉利海峡、爱尔兰海等地区。新西兰、日本、美国和东南亚的一些国家也是世界上较多使用渡轮作为旅行交通工具的地区。

在我国，渤海海峡、台湾海峡、琼州海峡和舟山海域使用渡轮运送旅游者比较多。

（三）内河客运服务

从全世界范围来看，我国的长江、北美的密西西比河、南美的亚马逊河、爱尔兰的香农河、欧洲的多瑙河以及英国的泰晤士河等，都是重要的内河航运河道。只是，现在大多数内河航运业务实际上已向游船服务业务发展或者已形成旅游项目，单纯交通方面的意义已经不大。

（四）游船服务

20世纪50年代以后，远洋定期班轮业务因航空技术的飞速发展走向衰落，但是船舶的运输和旅游功能不会被航空运输所代替，作为一种度假形式的海上巡游开始发展起来。因此，游船服务从远洋定期班轮和海上短程渡轮以及内河客运服务中分离出来，人们建造了游船，接着又建造了大型邮轮和豪华邮轮，航行在世界著名的海滨城市之间和大江大湖之中，专门为旅游者提供水上巡游服务。现代水路旅游交通中，邮轮是一种非常受欢迎的交通工具。旅游客轮有“流动的旅馆”之美誉，游客不仅可以在邮轮上食宿，而且因游船活动空间大且配有各种大众娱乐设施，游客还可以在船上享受悠闲舒适的旅游生活。游客在巡游过程中可以在不同地点登岸游览观光，也可以在船上尽情地观赏湖光山色、两岸美景。

阅读材料 5-5　中国邮轮业的发展

总体而言，水路交通具有运载能力大、能耗小、成本低、安全性能好、乘坐较舒适、运价低廉等优点，还可结合旅行进行观赏沿岸景色及在海上观日出等旅游活动。但它也存在行驶速度慢，受季节气候和水域情况的影响，耽误时间，灵活性较差和受河道及海道吃水深度限制等缺点。

五、特种旅游交通

特种旅游交通是指为满足旅游者某种特殊需要而产生的交通运输方式。它一般用于景点、景区或旅游区内，与旅游地的地理位置、地形、活动内容与形式相适应。根据其自身的特殊性，特种旅游交通可分为以下几类。

（1）用于景点和景区内的专门交通工具，如观光游览车、电瓶车等。

（2）在景点和景区内的某些特殊地段，为了旅客旅行安全或减少行走距离、节省体力而设置的交通工具，如缆车、索道、渡船等。

（3）探险娱乐及在特殊需要情况下使用的交通工具，如帆船、飞翔伞、热气球等。

（4）带有娱乐性质，辅助旅游者游览观赏的旅游交通工具，如轿子、滑竿、马匹、骆驼等。

特种旅游效能的优点是：有些项目带有娱乐、观赏性质，可以提高旅游价值，进而招徕游客；还便于辅助老弱病残游客完成旅游活动。其不足之处就是某些特种旅游交通可能会造成与风景名胜区的整体旅游形象不协调的现象。

阅读材料 5-6　在土耳其乘坐热气球，你应该知道的几件事

第三节　交通变迁及与旅游的融合

一、交通的发展变迁

交通的发展变迁史就是一部公共交通工具的发展变迁史，而公共交通工具的发展是一个不断变化的过程。

最原始的交通工具是人的双脚，那时的人们主要是靠步行来相互走访联系。后来，在人们的智力水平有了显著提高后，人类驯服一些动物如马、驴、牛等作为乘坐工具或乘坐工具的动力，与此同时，轿子和以风作为动力的帆船也作为一种交通工具与畜力交通工具长期并存。以人力、畜力和风力作为动力的交通工具占据了人类历史的绝大部分时间。中国古代旅行阶段，以孔子为代表的士人漫游、以乾隆为代表的帝王巡游、以郑和为代表的探险旅行都不同程度地运用了以上三种动力作为其交通工具的动力。

18 世纪，蒸汽机的出现、改良引起了工业革命，欧美国家工业革命的完成促进了交通运输业的发展，人类交通工具的发展进入了飞速发展阶段。直到 20 世纪初，蒸汽机仍然是世界上主要交通工具最重要的动力来源。在船舶上采用蒸汽机作为推进动力的实验始于 1776 年，经过不断改进，至 1807 年，美国人富尔顿制成了第一艘实用的明轮推进的蒸汽机船“克莱蒙”号。此后，蒸汽机在船舶上作为推进动力历百余年之久。蒸汽机船载量大、运输速度快，大大缩短了旅行时间，节约了旅行成本，很快就被投入到远洋客源市场，英国和美国的一些轮船公司纷纷开设了横跨大西洋的定期班轮。19 世纪末 20 世纪初，汽油轮船和柴油轮船又相继问世。造船技术的提高，促进了世界水上交通运输业的蓬勃发展，1900—1914 年，大西洋航线每年运送的旅客人数超过两百万。直到 20 世纪 50 年代，民用航空运输崛起以前，轮船一直都是国际远洋客源最主要的交通工具。

在陆路交通方面，人们开始研制一种能以蒸汽机推动的快速行进的运输工具。其中，英国的史蒂芬孙率先取得了突破性成果。1814 年，他研制的第一辆蒸汽机车“布拉策号”试运行成功。1825 年 9 月 27 日，史蒂芬孙亲自驾驶他同别人合作设计制造的“旅行者号”蒸汽机车，机车牵引着 6 节煤车、20 节挤满乘客的车厢，载重达 90 吨，时速约 24 千米。这一壮观场面吸引了众多的人前来观看，随着火车的一声鸣叫，它向全世界宣告了铁路时代的到来。铁路的出现对旅游业的发展起到了非常巨大的促进作用。1841 年 7 月 5 日，英国人托马斯·库克包租了一列火车，将多达 570 人的旅行者从英国中部地区的莱斯特送往拉夫巴勒参加禁酒大会，往返行程约 35 千米，团体收费每人一先令，免费提供带火腿肉的午餐及小吃，还有一个唱赞美诗的乐队跟随。这次活动在旅游发展史上占有重要的地位，它是人类第一次利用火车组织的团体旅游，标志着近代旅游活动的开端，自此铁路运输成了人们开展旅游活动的主要交通方式。1879 年德国制造出世界上第一台电力火车，它比蒸汽火车有着以下独特的优点：一是马力大，拉得多、跑得快、爬坡的劲头足。二是电力火车用的是“干净”的电能，它不冒黑烟、不扬灰渣，因而不会污染环境。三是电力火车操作简便，出车前的准备时间短，不像蒸汽火车那样，既要装煤，又要加水。无论是在缺水的沙漠地带，或是在冰天雪地的寒冷地区，只要有电力供应，电力机车就能牵引列车昼夜行驶。四是电力火车使用的是电能，既可由煤炭、石油来发电，也可由水力、核能、天然气、地热、太阳能等发电，能量来源比蒸汽火车丰富，而且效率高。电力机车除了在铁路交通使用外，还用于城市有轨电车、城市地铁等。

1886 年，德国工程师卡尔·本茨获得了世界上第一辆汽车的专利权，标志着世界上第一辆汽车诞生，同时也标志着现代公路交通运输方式的诞生。第二次世界大战期间，汽车工业得到重视并发展迅猛，汽车的产量和性能也大幅度提升。第二次世界大战之后，在一些发达国家，随着公路建设的日趋完善和私人汽车拥有量的提高，汽车在旅游活动中也发挥着越来越重要的作用，成为人们中、短途旅行的主要交通工具。尤其是自 20 世纪中期美国兴起自驾游之后，随着全球旅游市场的发展、旅游产品的不断成熟，自驾游越来越成为有车族的最爱，成为流行于西方发达国家的旅游形式。如今自驾游已成为风靡全球的旅游方式。

航空运输在现代旅游交通方式中出现最晚。1903 年，美国的莱特兄弟成功试制了世界上第一架飞机，1918 年 5 月 5 日，飞机运输首次出现，航线为纽约—华盛顿—芝加哥。同年 6 月 8 日，伦敦与巴黎之间开始定期开展邮政航班飞行。20 世纪 30 年代有了民用运输机，各种技术性能不断改进，航空工业的发展促进航空运输的发展。第二次世界大战结束后，喷气式飞机出现，飞行速度大大提升，飞行时间缩短，世界范围内逐渐建立了广泛的航线网，以各国主要城市为起讫点的世界航线网遍及各大洲，这在很大程度上解决了制约旅游活动的时间和空间问题。20世纪60年代，美国波音制造出了机舱高大宽敞的宽体式飞机，飞机的载客量大大提高，这些都为大规模国际旅游时代的到来开辟了道路。

阅读材料 5-7　从川藏公路看藏区变迁

二、交通与旅游的融合

随着大众旅游时代的到来和全域旅游的快速推进，交通运输作为旅游业的基础支撑和先决条件，对旅游业的带动和发展作用愈加凸显。中国公路学会理事长翁孟勇表示："交通是旅游产业的催生素，又是其发展的重要引擎。旅游是现代交通转型升级的重要方向标，旅游业发展要求提供更加高品质的交通服务。随着现代社会的发展，交通与旅游的关系越来越密切。" 2017年7月，交通运输部联合国家旅游局等六部门，发布了《关于促进交通运输与旅游融合发展的若干意见》，提出进一步扩大交通运输有效供给，优化旅游业发展的基础条件，加快形成交通运输与旅游融合发展的新格局。2019年9月19日，中共中央、国务院印发了《交通强国建设纲要》（简称《纲要》）。《纲要》指出："到2035年，基本建成交通强国。现代化综合交通体系基本形成，人民满意度明显提高，支撑国家现代化建设能力显著增强；拥有发达的快速网、完善的干线网、广泛的基础网，城乡区域交通协调发展达到新高度；基本形成'全国123出行交通圈'（都市区1小时通勤、城市群2小时通达、全国主要城市3小时覆盖）和'全球123快货物流圈'（国内1天送达、周边国家2天送达、全球主要城市3天送达），旅客联程运输便捷顺畅，货物多式联运高效经济。"《纲要》还指出："要深化交通运输与旅游融合发展，推动旅游专列、旅游风景道、旅游航道、自驾车房车营地、游艇旅游、低空飞行旅游等发展，完善客运枢纽、高速公路服务区等交通设施旅游服务功能。"

（一）完善旅游交通基础设施网络体系

1. 加强旅游交通基础设施统筹规划

进一步强化规划引领作用，加强旅游交通基础设施发展规划编制，统筹考虑交通、游憩、娱乐、购物等旅游要素和旅游资源开发，构建"快进""慢游"的综合旅游交通网络。积极将观景台、旅游标志标牌等设施与交通基础设施统一规划、设计，充分体现区域人文特征及旅游特色，实现旅游交通标志规范、清晰明确、快速识别。

2. 加快构建便捷高效的“快进”交通网络

依托高速铁路、城际铁路、民航、高等级公路等构建“快进”交通网络，提高旅游目的地的通达性和便捷性，让游客远距离快速进出目的地。推进一种及以上“快进”交通方式通达4A级景区，两种及以上通达5A级景区。优化配置重点旅游城市列车班次，有条件的城市增开旅游专列。鼓励旅游城市增加至主要客源地直航航线航班，优化旅游旺季航班配置。鼓励按规定开展旅游包机业务。健全重点旅游景区交通集散体系。加快干线公路与景区公路连接线以及相邻区域景区之间公路建设，在有条件的地区形成旅游环线，并根据景区旅游规模科学确定公路建设标准。做好自驾车、房车营地与交通干线之间联通公路建设。

3. 支持建设满足旅游体验的“慢游”交通网络

建设集食、宿、行、游、购、娱于一体的“慢游”交通网络。因地制宜建设旅游风景道，结合沿线景观风貌和旅游资源，打造具有通达、游憩、体验、运动、健身、文化、教育等复合功能的主题线路，并根据需求增设自行车道、步道等慢行设施。支持为红色旅游景区直接配套的红色旅游公路建设，支持通往少数民族特色村寨、风情小镇等旅游景点的乡村旅游公路建设。

（二）健全交通服务设施旅游服务功能

1. 强化客运枢纽的旅游服务功能

拓展机场、火车站、汽车站、邮轮码头等客运枢纽旅游服务功能，改造升级枢纽内旅游信息服务系统、标识引导系统等设施，增强自驾游服务等功能。鼓励发展旅游客运码头、游艇停靠点等，提升旅游服务功能。加强邮轮港口与城市旅游体系的衔接，引导有条件城市建设邮轮旅游集散枢纽。

2. 提升高速公路服务设施的旅游功能

结合地方特色因地制宜在高速公路服务区增设休憩娱乐、物流、票务、旅游信息和特色产品售卖等服务功能，设置房车车位、加气站和新能源汽车充电桩等设施，推动高速公路服务区向交通、生态、旅游、消费等复合功能型服务区转型升级，建成一批特色主题服务区。加强连接重要景区的高速公路服务区的景观营造，邻近景区的服务区可考虑联合景区创新建设模式。临近高速公路具有观景价值的地方，可与景区联合设置服务区或停车区，旅游部门要提供便利，方便服务区建设和布局。鼓励有条件的高速公路结合重要景区灵活设置出入口。

3. 完善普通公路旅游服务设施

以国省干线公路服务区试点建设为契机，鼓励在路侧空间富裕路段设置驿站、简易自驾车房车营地、观景台、厕所等设施。根据需要在农村公路沿线增设简易驿站、港湾式停车带和观景台。具备条件的道班可探索配套建设旅游停车场、驿站、简易自驾车房车营地等设施。加大景区和乡村旅游点停车场建设力度，鼓励在干线到旅游景区之间增设停车场并实现景区接驳服务。

（三）推进旅游交通产品创新

1. 促进铁路旅游产品转型升级

积极发展遗产铁路旅游线路、精品铁路旅游线路等铁路旅游产品。针对市场需求增开特色旅游列车、旅馆列车等特色旅游专列。鼓励景区结合铁路遗存、自然景观等，设置旅游体验或短途观光线路。支持开发适合旅游特点的特种观光列车等装备。

2. 打造精品公路旅游产品

按照景观优美、体验性强、带动性大等要求，结合旅游景区景点、旅游风景道等建设，加强沿线生态资源环境保护和风情小镇、特色村寨、汽车露营地、绿道系统等规划建设，形成有广泛影响力的自然风景线、历史人文线、红色文化线。加强与沿线产业和旅游经营对接，开展产品与公路旅游线路推介。推广精品旅游公路自驾游线路，引导自驾车房车旅游发展，培育自驾游和营地连锁品牌企业。

阅读材料 5-8　中国第一条河谷旅游公路——赤水河谷旅游公路

3. 开发水上旅游产品

优化沿海邮轮港口布局，逐步形成分布合理的邮轮港口体系。支持发展邮轮、游艇等水上旅游产品。鼓励支持航运企业根据市场需求拓展国际国内邮轮航线，打造邮轮港口至城市一体化旅游线路。支持长江干线、珠江干线及滨湖地区等有条件通航水域有序发展内河游轮旅游，增加游轮旅游航线，加强水上旅游线路及水上旅游公共服务设施建设

4. 发展低空飞行旅游产品

支持开发低空旅游线路，鼓励开发空中游览、航空体验、航空运动等航空旅游产品。积极开展通用航空旅游试点，鼓励重点旅游城市及符合条件的旅游区开辟低空旅游航线。推动通用机场建设，建设低空旅游产业园、通航旅游小镇与飞行营地。支持低空旅游通用航空装备自主研制，打造低空飞行旅游装备及配套的专业化生产和产业化应用基地。

5. 挖掘交通文化旅游产品

加强对具有历史文化、精神价值等意义的铁路、公路交通遗产资源的保护开发研究，鼓励挖掘“丝绸之路”“茶马古道”“蜀道”“川盐入黔线路”“京杭大运河”等具有重要历史文化价值的交通遗迹遗存，做好资源保护与开发，完善旅游线路与展示平台。结合具有地域特色和历史文化价值的旅游线路和交通工具，打造交通旅游产品。鼓励富有观赏价值的大型桥梁等交通基础设施在设计新建时增加停车、观景、卫生等服务设施，已建成的可结合大修、改扩建增加观景服务等功能。

（四）提升旅游运输服务质量

1. 鼓励旅游客运市场创新发展

加强服务景区客流的公共交通运输组织，鼓励开通至景区景点的旅游专线、旅游直通车，鼓励在黄金周、小长假等重大节假日期间开通定制旅游线路，增强城乡客运线路服务乡村旅游的能力。支持传统运输企业拓展旅游运输服务。支持运力闲置的客运班车向旅游包车转型，探索中小型旅游包车车型的准入。

2. 积极推进游客联程联运

完善省域客运联网售票系统，鼓励有条件地区设立跨省区联网售票平台并完善运行机制。积极推进跨运输方式客运联程系统建设，鼓励企业完善票务服务系统，提高联网、联程、异地和往返票务服务水平。引导互联网企业提供联程联运“一站式”票务服务。加强公空联运，推广设立异地城市候机楼，增设或加密机场到重点旅游景区的客运班线。加快推进空铁联运产品开发，在空铁联运枢纽内设立相应的旅游服务窗口。

3. 加强旅游交通信息服务

建立交通、旅游等跨部门数据共享机制，研究制定交通、旅游部门数据共享清单、开放清单，实质性对外开放相关数据。促进交通旅游服务大数据应用，引导各类互联网平台和市场主体参与交通、旅游服务大数据产品及增值服务开发，运用网站、微博、微信、应用程序（App）等媒介，为社会公众提供多样化交通出行、旅游等综合信息服务，完善汽车租赁全国联网，推动实现一地租车、异地还车。政企合作推动 12301 智慧旅游公共服务平台建设，推广景区门票网上预约，完善重点景区客流监测预警等功能，采用信息化等手段引导节假日旅游高峰客流。

4. 提升旅游交通安全保障水平

高度重视旅游公路尤其是农村旅游公路安保设施建设，重点强化临水临崖路段、视距不良路段、陡坡急弯路段等安保设施。健全旅游客运驾驶员、船员培训与考核管理机制，提高安全驾驶与操作水平，推动完善房车准驾制度。在制度、装备、人员等方面督促企业落实安全管理主体责任，依职责加强监管。交通、旅游等部门共同制定旅游交通应急预案，提升旅游交通应急保障能力。旅游部门应对旅行社等企事业单位提供的服务项目进行审查，监督旅行社选择具有合法资质的旅游包车企业和车辆承接旅游团队，签订规范的包车合同。

总之，交通为旅游带来了便利，旅游为交通创造了新的发展空间，交通运输行业正与旅游业进行深度融合，为旅客提供更安全、更便捷、更舒适的旅游交通产品服务。当前，我国旅游业正在从封闭的旅游自循环向开放的“旅游+”融合发展方式转变，其中，作为支撑的交通，更是丰富了旅游的内涵，激发出旅游交通发展的新趋势与新模式。

[核心知识小结]

旅游交通的作用非常重要。从需求方面看，旅游交通是旅游者完成旅游活动的先决条件；从供给方面看，旅游交通是发展旅游业的命脉；从旅游收入方面看，旅游交通运输业是旅游收入和旅游创汇的重要来源。旅游交通已成为旅游目的地总体旅游产品中的重要组成部分。

现代旅游交通的主要类型有公路交通、铁路交通、航空交通、水运交通以及景区景点内的特种旅游交通，这几种交通工具各有优缺点，只有优势互补、组合利用才能完成一次完整的旅游活动。

随着大众旅游时代的到来和全域旅游的快速推进，交通运输作为旅游业的基础支撑和先决条件，对旅游业的带动和发展作用愈加凸显，交通与旅游的关系越来越密切。2017 年 7 月，交通运输部联合国家旅游局等六部门，发布了《关于促进交通运输与旅游融合发展的若干意见》，提出进一步扩大交通运输有效供给，优化旅游业发展的基础条件，加快形成交通运输与旅游融合发展的新格局。

[案例解析]

来川打卡红色旅游线路，交通持续助力

[复习思考]

1. 如何理解旅游交通的内涵？与一般交通相比，二者有什么区别？

2. 结合自己的亲身经历，比较几种常见的旅游交通方式的优缺点。

3. 如何理解旅游与交通的融合，请具体举例说明。

4. 居住在澳大利亚的 Green 一家准备在冬季来中国东北地区游玩两个星期，初步计划游览沈阳、大连、长春、哈尔滨等城市，并且对哈尔滨的冰雪节特别感兴趣。请你根据实际情况综合旅游者的时间要求及旅游需求，为其设计旅游线路，详细说明旅游交通方式的选择，至少准备两套备选方案。

参考文献

［1］吴必虎，宋子千. 旅游学概论［M］. 北京：中国人民大学出版社，2009.

［2］李天元. 旅游学概论［M］. 天津：南开大学出版社，2006.

［3］蔡敏华. 旅游学概论［M］. 北京：人民邮电出版社，2010.

［4］洪帅. 旅游学概论［M］. 上海：上海交通大学出版社，2011.

［5］周晓梅. 旅游学概论［M］. 北京：清华大学出版社，2010.

［6］胡列格，刘中，杨明. 交通枢纽与港站［M］. 北京：人民交通出版社，2003.

［7］沈志云，邓学钧. 铁路交通运输工程学［M］. 北京：人民交通出版社，2003.

［8］刘灿齐. 现代交通规划学［M］. 北京：人民交通出版社，2001.

［9］旅游运营问答网 http://www.lwcj.com/ask/knowlegelib/.

［10］张殿东，王毓梅. 旅游学基础［M］. 杭州：浙江大学出版社，2013.

第六章

走进旅游业之旅游食宿接待业

［学习目标］

1. 了解旅游食宿接待业的类型。
2. 了解旅游饭店业的形成与发展。
3. 掌握旅游饭店的类型以及等级划分。
4. 理解各类型旅游食宿接待业与旅游业的关系。

［引导案例］

希尔顿饭店的微笑服务

美国的“旅馆大王”希尔顿于1919年把父亲留给他的12 000美元连同自己挣来的几千美元投资出去，开始了他雄心勃勃的旅馆经营生涯。当他的资产从1 500美元奇迹般地增值到几千万美元的时候，他欣喜而自豪地把这一成就告诉了母亲，想不到，母亲却淡然地说：“依我看，你跟以前根本没有什么两样……事实上你必须把握比5 100万美元更值钱的东西：除了对顾客诚实之外，还要想办法使来希尔顿旅馆的人住过了还想再来住，你要想出这样一种简单、容易、不花本钱而行之久远的办法去吸引顾客。这样你的旅馆才有前途。”

母亲的忠告使希尔顿陷入迷惘：究竟什么办法才具备母亲指出的“简单、容易、不花本钱而行之久远”这四大条件呢？他冥思苦想，不得其解。于是他逛商店、串旅店，以自己作为一个顾客的亲身感受，得出了准确的答案：微笑服务。只有它才实实在在的同时具备母亲提出的四大条件。从此，希尔顿实行了微笑服务这一独创的经营策略。每天他对服务员的第一句话是“你对顾客微笑了没有？”他要求每个员工不论如何辛苦，都要对顾客投以微笑，即使在旅店业务受到经济萧条的严重影响的时候，他也经常提醒职工记住：“万万不可把我们心里的愁云摆在脸上，无论旅馆本身遭受的困难如何，希尔顿旅馆服务员脸上的微笑永远是属于旅客的阳光。”

为了满足顾客的要求，希尔顿“帝国”除了到处都充满着“微笑”外，在组织结构上，希尔顿尽力创造一个尽可能完整的系统，以便成为一个综合性的服务机构。因此，希尔顿饭店除了提供完善的食宿外，还设有咖啡厅、会议室、宴会厅、游泳池、购物中心、银行、邮电局、花店、服装店、航空公司代理处、旅行社、出租汽车站等一套完整的服务机构和设施，使得到希尔顿饭店住宿的旅客，真正有一种“宾至如归”的感觉。当他再一次询问他的员工们：“你认为还需要添置什么？”员工们回答不出来，他笑了：“还是一流的微笑！如果是我，单有一流设备，没有一流服务，我宁愿弃之而去，住进虽然地毯陈旧，却处处可见到微笑的旅馆。”

（资料来源：百度文库 https://wenku.baidu.com/view/30ff79320b4c2e3f572763e0.html）

思考：

1. 饭店管理的核心要素有哪些？

2. 微笑服务体现了一种什么观念？希尔顿之所以能留住顾客仅仅是靠微笑服务吗？

第一节　旅游饭店

一、旅游饭店的概念、功能、地位与作用

（一）旅游饭店的概念

饭店（hotel）一词源于法语，原指贵族在乡间招待贵宾的别墅。后来，英、美等国也沿用了这一名称来泛指所有商业性的住宿设施。在我国，旅游饭店是指经政府部门批准，通过运用土地、资金、设备、技术、劳动力等生产要素，从事饭店服务产品的生产和销售活动，满足宾客旅居生活和社交活动的各种需要，以获取社会效益和经济效益为目的的服务企业。其经常使用的称谓还有饭店、宾馆、酒店、旅馆、山庄、度假村、大厦等。

饭店作为一种服务企业，应具备以下基本条件：

（1）饭店建造、经营须经政府有关部门批准。

（2）饭店是由一座或一群建筑物组成的旅游服务接待设施，具有为宾客和社会各界提供住宿、餐饮、娱乐等服务的综合服务功能。

（3）饭店是以获取社会效益和经济效益为目标的经济实体，具有法人地位，自主经营，自负盈亏。

（二）旅游饭店的功能

饭店的实质是一种住宿服务设施，因此无论饭店规模档次程度如何，必须具有住宿服

务的基本功能，否则不能称为饭店，这也是饭店区别于其他类型服务企业的主要特点。饭店的现代功能是随着社会的变化和宾客的需要，逐步建立和完善起来的，也可以是豪华高档、功能齐全，具有住宿、餐饮、娱乐、购物、商务、休闲等服务功能的大型综合设施。

各种不同规模、类型、等级，不同经济成分、不同经营形式的饭店企业组成了一国、一地的饭店业，各地的饭店业发展水平很大程度上反映了当地旅游的接待能力，从而在一定程度上体现了当地旅游业的发展水平。

（三）旅游饭店的地位与作用

饭店作为旅游业的重要组成部分，是旅游供给的基本构成因素，是旅游业经营活动必不可少的物质条件，一直以来是旅游业发展的重要支撑和载体，现已成为展示城市形象的重要窗口。饭店业的发展程度直接影响到旅游业的进一步发展，因此饭店业在旅游业发展中具有十分重要的地位与作用，主要体现在以下几个方面。

1. 饭店是旅游业发展的重要基础

饭店是重要的旅游基础设施，饭店是一个向旅游者提供住宿、餐饮、购物、娱乐等多功能服务的场所。旅游者在旅游目的地的所有活动，基本上都是以饭店为基地进行的。一个国家或地区旅游饭店数量和规模，反映了这个国家或地区的经济发展水平和旅游业发展水平，标志着这里的旅游接待能力，并影响着当地旅游业的发展。一个国家或地区如果仅有旅游资源，没有旅游饭店来提供旅游服务，这里的旅游业同样不能发展。可见，旅游饭店在旅游业中起着基础作用。

2. 饭店是旅游业创收的重要场所

旅游饭店在经营过程中，通过其提供的多功能服务产品，满足旅游者的多样化、多层次需求，获得收入创造利润，交纳税金。尤其在向外国旅游者提供产品与服务时，可以为国家赚取大量的外汇收入。饭店业的收入在整个旅游业收入中所占比重较大，饭店业是增加旅游业收入的重要行业。

3. 饭店是旅游和社交活动的重要场所

现代旅游饭店功能多样，在为旅游者提供基本的食宿之外，一般还附设有会议室、多功能厅、咖啡厅、舞厅、酒吧、健身房、康乐厅等设施服务，以满足旅游市场的多样化需求。人们在这里可以举行会议、承办庆典活动、商谈业务、交友、聚会以及进行健身娱乐等多项活动，还可以举办科学文化交流活动。饭店是人们进行社会文化交流的重要场所。

4. 饭店在促进地区发展和创造就业方面具有重要作用

饭店业属于劳动力密集型行业，随着饭店业的发展，需要大量的专业管理人员和服务人员，可以为社会提供大量的一般性人才的直接就业机会。此外，饭店业的发展还带动了其他相关产业的发展，诸如建筑业、装饰装修业、农副业、食品加工业、纺织业、公共事业单位等多个行业和部门的发展，从而带来大量间接的就业机会。

二、饭店产品构成及其特点

（一）饭店产品的构成

饭店是饭店产品生产和交换的基本单位。

饭店产品是指宾客或社会大众所感受到的、饭店提供的能够满足其需要的场所、设施、有形产品和无形服务的使用价值的总和，即饭店产品由实物产品（各种有形实物及设备设施、环境等）和劳务服务（服务态度、技术技能等）组成，不仅能满足宾客物质方面的需求，而且能满足宾客精神享受方面的需求。

饭店产品是饭店有形设施和无形服务的综合，其构成主要有：

（1）饭店的位置。饭店所处的位置，指它与机场、车站的距离，周围的风景环境，距游览景点和商业中心的远近等。饭店的位置没有绝对性，但不能忽视的一个问题是位置的好坏还与经营成本密切相关。

（2）饭店的设施。饭店设施是指饭店的建筑规模（各类客房、餐厅、娱乐中心等，以及公共的休息场所、卫生间等）；还包括饭店提供服务与管理所必要的其他设施设备（电梯、自动消防系统、闭路监控系统、停车场等）。齐全的设施也是推销饭店产品的重要条件。

（3）饭店的服务。饭店的服务包括训练有素、端庄大方服务员的服务；操作熟练、善为宾客处理意外情况的现场管理员的服务；以及不厌其烦地解答宾客的问讯服务等。良好的服务，应该说是饭店产品中最为重要的部分。

（4）饭店的气氛。气氛是宾客对饭店的一种感受。气氛取决于饭店设施设备的条件，更决于饭店员工的服务态度与行为。

（5）饭店的形象。饭店的形象是社会及其大众对饭店的一种评价或看法。饭店通过销售与公关活动在公众中所形成的良好形象。

（6）饭店的价格。价格也是饭店产品的组成部分之一，它不仅体现饭店产品的价值与真实水平，也是饭店形象与产品质量的客观反映。

（二）饭店产品的特点

（1）饭店产品的综合性。饭店产品的综合性的特点表现在饭店既可满足宾客对物质的需要，也能满足宾客对精神的需要，更能满足他们对社交的需要。

（2）饭店产品的享受性。宾客的享受需求是现代需求的主要表现，饭店产品的享受服务特点是其与一般商品和服务之间的主要区别所在。游客对饭店的需求不仅仅是简单的物质需要，更主要的是对饭店产品的精神享受需求。

（3）饭店产品的文化性。饭店既是一个企业物质文化、精神文化和制度文化的体现，也是一个国家或者地区、城市文化的浓缩和载体。如具有地域性文化特色的主题旅游饭店将饭店产品的文化性、系统性呈现出来，对国内外游客都有很强的吸引力。

（4）饭店产品的无形性。饭店的产品主要以出售服务为主，而服务是看不见、摸不到的，是无形的。例如宾客入住了饭店，他所购买的并非是房间，而是依托房间所提供的一系列的客房服务。因此，饭店是以有形的实物产品为基础来提供优质、完善的服务，从而实现产品的核心价值。

（5）饭店产品的不可储存性。饭店不可能像商场那样把当日未能销售完的商品放入仓库里等到以后销售出去，因为饭店的客房当天未能销售出去，也就意味着饭店丧失了一天的客房收入。

（6）饭店产品生产和消费的同步性。一般产品的生产、销售和消费过程是分离的，生产者和消费者不直接接触，而饭店产品的生产、销售和消费过程则是同时或几乎同时进行的，并且不可分离。饭店产品的生产销售和消费过程是在服务员与宾客面对面的交往中完成的。

三、饭店的类型与等级

（一）饭店的类型

饭店业由各种类型和各种等级的饭店设施组成。饭店的类型复杂多样，对饭店的分类目前没有统一的划分标准，国际上常见的划分方式有以下几种。

1. 按照客源市场划分

根据饭店的客源市场来划分，饭店一般分为商务型饭店、度假型饭店、会议型饭店、汽车饭店、长住型饭店、青年旅馆等。

（1）商务型饭店。商务饭店通常是指主要为从事商贸活动的宾客提供住宿、餐饮及商务服务的饭店，具有地理位置优越、配置面向市场、价格较高等特点，一般位于城市中心或商业区，交通便利，临近商务密集区。商务饭店不仅要求设施豪华，而且要求服务水平高，服务质量好、设备设施先进完备，特别是要符合宾客的商务需求，如国际直拨电话、传真、互联网、洽谈室、会议室、商务中心、秘书服务等。

（2）度假型饭店。度假型饭店大多位于海滨、湖岸、温泉、海岛、山区、森林或具有人文特色的旅游景区附近，自然环境优美、气候宜人且周围交通便利，主要接待以休闲、度假、疗养为目的的旅游者。度假型饭店显著的特点是娱乐服务项目是重要产品。一般拥有设施和服务较为齐全的康乐活动场所，如健身房、歌舞厅、游泳池、网球场、高尔夫球场等，并且开展各种类型的体育娱乐项目吸引客人，如骑马、垂钓、滑雪、潜水、冲浪等。

（3）会议型饭店。会议型饭店一般设在大都市和政治、经济中心或交通方便的游览胜地，主要为各种展销会、大型博览会、国际会议、经贸洽谈会等提供会议展览场所。这类饭店最大的特点就是建有各种类型与规格的会议室或多功能厅、展览厅等，并配置齐全的会议设备，如投影仪、影像设备、扩音设备、通信设备、视听设备等。接待国际会议的饭店要求具备同声传译系统设备以方便交流，同时还能够提供专业的会议服务。

（4）汽车饭店。汽车饭店（motel）一词是由美国人于1925年创造出来的，是伴随着高速公路的发展和私人汽车的普及应运而生的一种旅游接待设施。汽车饭店的客源主要是驾车旅游者，此外还包括大量的货卡车司机和消费水平较低的其他消费者。汽车饭店主要分布在公路沿线、汽车出租率较高的地方或者交通中心，其设施简单但是设计规范，与普通饭店的区别在于建有面积较大的停车场，还附设有相关的汽车维修、加油、清洗等特殊服务。汽车饭店一般住宿手续简便，收费较低。

（5）长住型饭店。长住型饭店主要用于接待商务旅游者、度假旅游者和家庭旅游者，旅游者住店的时间一般较长，少则几个月，多则半年甚至一年以上。这类饭店通常要求客人在入住前，先签订协议书或合同，写明居住的时间、提供的服务项目以及租金等约定内容。长住型饭店客房多采用家庭式布局，以套房为主，通常配备适合客人长住所用的家具、家用电器、厨房设备等，满足宾客需要。

（6）青年旅馆。青年旅馆最初主要是为外出旅游的学生、青年提供食宿服务的场所，内部设施简单统一，以床位收费，价格低廉，一般一个床位收费等同于在当地吃一套快餐的价格，约为三星级饭店房价的十分之一。青年旅馆以“安全、经济、卫生、隐私、环保”为特点，适合青年人生活、住宿和交友，受到了青年学生及“背包客”的欢迎。

2. 按照规模大小划分

根据饭店的规模大小划分饭店，国际上没有统一的标准，人们一般是依据饭店的客房数量、占地规模、销售额和纯利润为标准进行衡量。目前国际上较为普遍的方法是按照客房数量来划分，通常分为大型饭店、中型饭店和小型饭店。

（1）大型饭店。大型饭店一般是指客房数在600间以上，服务项目较齐全，设施比较豪华的饭店。通常大型饭店都是豪华饭店。

（2）中型饭店。中型饭店一般是指客房数在300~600间的饭店，通常设施齐备、精良，服务项目齐全，价格适中合理，是一般旅游者比较倾向于选择的饭店。

（3）小型饭店。小型饭店一般是指客房数在300间以内的饭店，可提供一般的住宿和餐饮服务，适合大众旅游者居住。

不同国家、地区对此也常有不同标准，比如有的地区认为50间客房以下才是小型饭店。

3. 按照计价方式划分

按计价方式划分，饭店可分为欧式计价饭店、美式计价饭店、修正美式计价饭店，欧陆式计价饭店和百慕大计价饭店。

（1）欧式计价饭店。饭店的客房价格仅是房租，不包含餐饮等费用。绝大多数饭店都属于此类。

（2）美式计价饭店。客房价格包含房租和每日三餐费用的饭店。目前，仍有一些地处偏远的度假型饭店属于此类。

（3）修正美式计价饭店。客房价格包含房租、早餐和一顿正餐（午餐或晚餐）的费用。

（4）欧陆式计价饭店。客房价格包含房租和欧式早餐，如咖啡、果汁和面包的费用。此类饭店一般不设餐厅。

（5）百慕大计价饭店。客房房价包含房租和美式早餐的费用。

4. 按照饭店企业形式划分

按饭店企业形式划分，饭店可分为独立经营饭店、集团经营饭店和饭店联合组织。

（1）独立经营饭店。独立经营饭店也称为单体饭店，指由个人或企业、组织独立拥有并经营的单个饭店企业。独立经营饭店的特点是单独、分散地存在于各个城市和地区，独立地进行营销活动和管理活动，不以任何形式加入任何经营管理联盟，也不属于任何饭店集团。其经营管理相对简单，协调容易，但市场辐射能力较弱，运营成本过高，企业知名度与品牌影响力难以全面拓展，与饭店集团的竞争明显势单力薄。

（2）集团经营饭店。这种饭店经营形式是指饭店公司拥有或控制两家以上的饭店，这些饭店采用统一的名称标记、统一的管理模式和水准、统一的服务标准和风格、联合经营的企业形式，是一种以饭店经营为主体的经济联合体。

饭店集团是国际饭店业的重要组成，通常同时采用各种不同经营方式运营。其经营方式一般包括直营、委托管理、特许经营等方式。直营指由饭店公司直接经营管理所属饭店；委托管理指由饭店公司按照委托管理合同的约定，管理其他个人或公司的单体饭店；特许经营是指由饭店公司按照特许经营合同的约定，授权许可单体饭店按照饭店公司制定的《特许经营手则》自主经营管理。全球饭店集团前 10 强（数据截至 2020 年 12 月 31 日）见表 6–1。

表 6–1　全球饭店集团前 10 强（数据截至 2020 年 12 月 31 日）　单位：间

排名	饭店集团名称	所在国家和地区	客房数	饭店数
1	万豪酒店集团	美国	1 423 044	7 642
2	上海锦江国际酒店集团	中国	1 132 911	10 695
3	希尔顿酒店集团	美国	1 019 287	6 478

表6-1(续)

排名	饭店集团名称	所在国家和地区	客房数	饭店数
4	洲际酒店集团	英国	886 036	5 964
5	温德姆酒店集团	美国	795 909	8 941
6	雅高酒店集团	法国	753 000	5 100
7	华住酒店集团	中国	652 162	6 789
8	精选国际酒店集团	美国	597 977	7 147
9	首旅如家酒店集团	中国	432 453	4 895
10	贝斯特韦斯特国际酒店集团	美国	363 989	4 033

（资料来源：全球酒店行业权威媒体美国《HOTELS》杂志公布的2020年“全球酒店225”排行榜。）

（3）饭店联合组织。其一般指大批独立拥有、独立经营的饭店企业，为实现特定战略目标，在保持各自独立性的前提下，通过契约关系而建立的以资源共享为基础，以共同实施活动为表征的组织。其核心是发展协同，期望达到共同拥有市场、共同使用资源，实现优势相长，风险共担，联合共赢，目的在于对抗大饭店公司的竞争。联合组织的饭店在保持各饭店产权独立、自主经营基础上，实行统一订房、质量标准和公认的标识，并联合进行市场开发、市场营销、广告投放、人员培训等。

旅游者需要的多样化，促使饭店类型呈现出多样化，在许多旅游业发达的国家出现了各种各样的辅助旅游接待设施，其迅速发展的一个原因是这些形式有自己的特色，能够更好地迎合旅游者的需求，如露宿营地、邮轮接待、度假村等。

（二）饭店的等级

饭店等级评定是对饭店设施水平和服务水平的界定和质量保证，饭店等级的高低实际上反映了不同层次宾客的需求。饭店等级制度是国际旅游业的通用语言，是世界旅游发达国家通行的一项制度。为了控制旅游产品的质量，维护旅游目的地对外形象和保护旅游者的利益，各国都很重视饭店等级的评定。

1. 国际饭店业等级制度

各国饭店等级评定制度略有不同。各国饭店等级评定机构不同，有的是由政府部门制定，有的是由行业协会制定，有的则是由第三方组织主导的，即由以满意为原则的消费者组织和以公信力为基础的中介组织来评选与认定。

各国各地区对饭店等级进行划分时，采用不同的分级制度，有的采用星级制，也有部分使用钻石级和皇冠级，有的采用字母级别制，还有的采用数字级别制。比如，法国官方制定的饭店等级制为“1～5星”五级，米其林指南采用的则是标志图形为1～5个小屋的“1～5级”制。意大利是由政府与行业协会制定的饭店等级制度，采用“豪华、1～4级”制。美国汽车协会及美孚汽车协会分别制订并使用“五钻”和“五星”两种等级制。有的国家和地区则采用“豪华、舒适、现代”或“旅游、城镇、乡村、山区”等分级制。

2. 中国饭店业等级制度

中国饭店业的等级评定采用国际上通行的星级制度。我国自1988年起开始推行饭店星级评定制度，主要从饭店的必备条件、设施设备、饭店运营质量等方面进行综合评价。目前，我国现行的饭店等级评定标准是中华人民共和国国家标准《旅游饭店星级的划分与评定》（GB/T 14308-2010），该标准中规定旅游饭店星级分为五个级别，即一星级、二星级、三星级、四星级、五星级（含白金五星级）。最低为一星级，最高为五星级。星级越高，表示饭店的等级越高。星级标志由长城与五角星图案构成，用一颗五角星表示一星级，两颗五角星表示二星级，三颗五角星表示三星级，四颗五角星表示四星级，五颗五角星表示五星级，五颗白金五角星表示白金五星级。一星级、二星级、三星级饭店是有限服务饭店，评定星级时应对饭店住宿产品进行重点评价；四星级和五星级（含白金五星级）饭店是完全服务饭店，评定星级时应对饭店产品进行全面评价。

为适应新时代我国饭店业的迅速发展，更好地满足宾客的住宿需求，国家有关部门自2018年起开始对2010年版标准组织修订，新标准在不久的将来会对外公布。

我国饭店业星级评定标准吸取了国际上星级制度的成功经验，结合了中国饭店业的实际情况，是一个全方位考核评价饭店的标准。标准主要包括正文和附录两个部分，正文部分具体包括：范围、规范性引用文件、术语和定义、星级划分及标志、总则、各星级划分条件等内容，规定了饭店星级评定的基本内容。附录部分由必备条件检查表、设施设备评分表、饭店运营服务质量评价表三个规范性附录组成，规定了饭店星级评定的具体内容，正文和附录构成了一个完整的星级评定标准体系，其基本框架如图6-1所示。

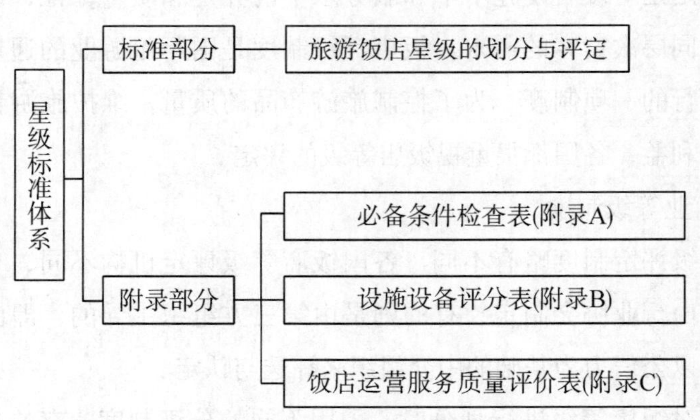

图6-1 中国饭店业星级标准体系基本框架

四、旅游饭店的发展趋势

随着我国经济的迅速发展，旅游业实现了跨越式发展，并在国民经济中占据着越来越重要的地位，中国迈入了世界旅游大国的行列。据相关数据统计，近年来我国游客数量和旅游收入不断增加，旅游业一直保持着健康、持续、快速的发展态势，综合业绩连年创历史最好水平。与旅游业密切相关的饭店业同样需求旺盛，饭店业发展处在一个上升期阶段，未来旅游饭店业发展的趋势有以下几个方面。

（一）饭店集团化发展

饭店集团凭借其品牌优势和市场优势，通过直营、委托管理、战略联盟等形式，加强集团化管理，减少企业投资风险，降低企业运作成本，扩大企业规模，提高市场占有率。当今饭店集团化发展进入了一种前所未有的新阶段，集团化扩张速度极为迅速，主要表现在饭店集团之间的兼并收购与优胜劣汰和饭店集团与其他相关企业集团之间的强强联合与优势互补。如 2015 年，万豪酒店集团收购喜达屋酒店集团，两家世界知名饭店集团强强联合，使得万豪成为世界上最大的饭店管理集团；2018 年，洲际酒店集团收购丽晶酒店及度假村；2017 年，国内的华住酒店集团全资收购桔子水晶酒店集团。目前饭店集团化趋势愈加明显，在此基础上产生的超级饭店联合体将具有国界淡漠化、行业互补化、规模全球化、品牌交叉化、经营多元化、商务网络化等特征。这是全球经济一体化发展的必然结果。

阅读材料 6-1　洲际酒店 3 900 万美元收购丽晶 51%股权继续发力高端市场

（二）饭店品牌化发展

饭店企业为了更好地迎合旅游者，根据不同细分市场的需求，采用不同品牌的多品牌战略，以使不同类型的饭店都有各自独特的品牌和标识，从而与其他饭店品牌区别开来，最大限度地拓展市场。发展细分市场、实行多品牌战略的意义在于：首先，保证了自身品牌的安全，可以有效避免出现一荣俱荣，一损俱损的局面；其次，在不同细分市场开展品牌建设，把创造酒店品牌作为一项系统工程并按步骤来完成，从满足顾客个性化需求出发，千方百计地创造酒店品牌知名度、美誉度，形成消费者明确的品牌认识，从而形成固定的消费群体；最后，通过多种方式输出品牌，进行无形资产经营，实现利润。比如，成立于 1777 年的洲际酒店集团，总部在英国，是目前全球知名及网络分布较广的专业酒店管理集团，旗下拥有的酒店品牌有洲际酒店及度假村，皇冠假日酒店，假日酒店，智选假日酒店，英迪格酒店等多个国际知名酒店品牌，满足不同层次、不同类型的客人的多样化需求。

（三）饭店特色化发展

随着社会的发展，时代的进步，人们对生活的态度也发生了天翻地覆的变化，旅游业从大众观光旅游向休闲度假旅游转变。传统酒店的经营模式已不能完全满足顾客对住宿的新要求。纵观过去饭店业的发展，饭店类型千篇一律，同质化程度很高，很多饭店企业都盲目通过改造酒店硬件条件来提升酒店品质，吸引顾客，都认为这样就能在竞争中处于优势地位。为适应顾客的新需求，饭店企业应主动求变，突破“千店一面”的传统格局，形成特色，开辟差异化发展道路，从而走出恶性竞争的“红海”，驶向专业经营的“蓝海”。因此，时下出现的文化主题旅游饭店、旅游民宿、精品饭店等多类型饭店，受到了顾客的欢迎。

（四）饭店信息化发展

随着经济发展、科技进步，在现代饭店业发展水平评价体系中，科技化程度的高低是至关重要的因素，以信息化、智能化、网络化为代表的现代科技在饭店业中的运用，不仅能更好地提高管理效率、节省运营成本，更能给客人带来“满意加惊喜”的超值服务。高科技的应用一方面将有助于拓展市场，从市场营销出发，以高科技支持饭店企业最大限度地适应每一位客人的不同要求，其核心在于关注两个方向：一是如何让客人尽快、尽可能详细地了解酒店产品。信息时代为扩大酒店营销市场提供了条件，实现资源共享，如在线预定网站将线下酒店资源整合，将有关酒店产品的信息在第一时间面向全球发布。二是如何借助信息技术支撑，及时跟进客人的喜好与需求，设计适应客人要求的酒店产品，促进个性化服务开展，如通过大数据针对在线预定网站的用户评价进行分析，了解用户的需求和偏好，从而提高饭店产品和服务供给，适应与满足客人要求。未来酒店的发展趋势，是为客人提供一对一的个性化服务，突出服务的针对性。

阅读材料6-2　成都银杏酒店管理学院银杏·标准教学酒店
——因教学而建、为教学而生、与教学共进

第二节　特色旅游住宿业

一、文化主题旅游饭店

（一）概念

文化主题旅游饭店以某一文化主题为中心思想，在设计、建造、经营管理与服务环节中能够提供独特消费体验的旅游饭店。其中，文化主题是依托某种地域、历史、民族文化的基本要素，通过创意加工所形成的能够展示某种文化独特魅力的思想内核[①]。

文化主题旅游饭店是在饭店定义的基础上以某一主题为核心，在酒店建筑设计、装修装饰、产品、服务、活动等酒店经营管理各方面围绕主题展开，从而营造出某一整体性的酒店氛围，最终为顾客创造出一种特殊的个性化住宿体验的酒店。这类饭店更加强调饭店的主题性、个性化、差异化以及体验性等层面。

文化主题旅游饭店与特色饭店不同，早在 2005 年四川大学李原教授就提出“主题酒店一定是特色酒店，特色酒店不一定是主题酒店”的观点，后得到普遍认同，它们最大的区别在于主题酒店对主题的塑造具有系统性和整体性。

（二）类型

文化主题旅游饭店从不同的角度可分为不同的类型，从文化资源的类型角度可将其细分为表 6-2 中的九种类型，并列举其对应的代表酒店。

表 6-2　文化主题旅游饭店的类型

一级类型	二级类型	细分类型	文化素材	代表酒店
社会资源类	文化历史资源类	历史文化类主题饭店	文化现象、历史年代、历史事件等	三国文化——成都京川宾馆
		民族文化类主题饭店	民族文化、民族风情等	藏文化——成都西藏饭店
		区域文化类主题饭店	地域文化、著名城镇、标志性符号	老成都非遗文化——成都院子
		民俗民间文化类主题饭店	民间传说，生活习俗，节日庆典文化，体育健身文化，地方工艺	纸文化——峨眉山月花园饭店
		历史人物文化类主题饭店	历史、现实名人、革命先烈等	杜甫文化——成都天辰楼宾馆
	文化现实资源类	经济文化类主题饭店	经济成果、特产等	铁路文化——四川铁道大饭店
		科技教育文化类主题饭店	科技成果、博物馆文化、图书馆文化、康乐、艺术、音乐等	图书文化——攀枝花合美壹家饭店

① 资料来源：中华人民共和国旅游行业标准《文化主题旅游饭店基本要求与评价》（LB/T 064-2017）。

表6-2（续）

一级类型	二级类型	细分类型	文化素材	代表酒店
自然资源类	自然科学知识类	自然科学知识类主题饭店	自然科学知识、创造、发明等	藏养温泉文化——贡嘎神汤温泉饭店
	自然审美资源类	自然审美文化类主题饭店	自然风光、自然生态、山水诗歌、绘画、图片	摄影文化——海螺沟金山摄影主题文化饭店

（三）代表性饭店

2017 年 8 月，原国家旅游局（现文化和旅游部）颁布了《文化主题旅游饭店的基本要求与评价》（LB/T 064-2017）旅游行业标准，预示着文化主题旅游饭店开启了标准化发展道路，该标准将文化主题旅游饭店分为两级，分别是金鼎级和银鼎级。四川作为文化主题旅游饭店发展的先行者，长期以来不断涌现出一些具有代表性的主题饭店，既有如成都西藏饭店、京川宾馆、铁道大饭店等发展成熟的传统主题饭店，又有成都院子、启雅尚国际饭店、乐山禅驿·嘉定院子等新兴的主题饭店。2018 年，受文化和旅游部委托，四川组织了文化主题旅游饭店的评定工作，共评出 24 家文化主题旅游饭店，这也是目前四川现有的文化主题旅游饭店名录，详见表 6-3。

表 6-3　四川省文化主题旅游饭店名录（截至 2021 年 9 月 29 日）

序号	所在地	等级	饭店名称	文化主题
1	成都	金鼎级	西藏饭店	藏文化
2		金鼎级	成都京川宾馆	三国文化
3		金鼎级	成都天辰楼宾馆	杜甫文化
4		金鼎级	四川铁道大饭店	铁路文化
5		金鼎级	成都院子饭店	老成都非遗文化
6		金鼎级	成都世外桃源饭店	汉唐文化
7		金鼎级	成都启雅尚国际饭店	藏传艺术文化
8		金鼎级	都江堰初元尚善酒店	道养文化
9		银鼎级	成都汉室饭店	汉文化
10		银鼎级	成都大饭店	人文摄影文化
11		银鼎级	圆和圆佛禅客栈	佛禅文化
12		银鼎级	天湖宾馆	藏族民俗文化
13	绵阳	银鼎级	长虹·君怡饭店	三线岁月文化
14	自贡	银鼎级	自贡汇东大饭店	盐文化
15	攀枝花	银鼎级	合美壹家饭店	图书文化
16	阿坝州	金鼎级	九寨沟星宇国际大饭店	藏族歌舞文化

表6-3(续)

序号	所在地	等级	饭店名称	文化主题
17	甘孜州	金鼎级	贡嘎神汤温泉饭店	藏养温泉文化
18		金鼎级	海螺沟金山摄影主题文化饭店	摄影文化
19		银鼎级	海螺沟长征国际大饭店	长征文化
20	乐山	金鼎级	禅驿·嘉定院子	禅文化
21		金鼎级	峨眉山月花园饭店	纸文化
22	雅安	银鼎级	雅安西康大饭店	茶文化
23	德阳	金鼎级	景盛饭店	绵竹年画
24	广元	银鼎级	剑门逸饭店	剑门蜀道文化

（资料来源：四川省文化和旅游厅。）

二、旅游民宿

（一）概念

旅游民宿是利用当地民居等相关闲置资源，经营用客房不超过 4 层，建筑面积不超过 800 平方米，主人参与接待，为游客提供体验当地自然、文化和生产生活方式的小型住宿设施①。经历近百年的发展，民宿从乡村走进城市、从农场走进景区，根据所处地域的不同可分为城镇民宿和乡村民宿。

民宿不同于传统旅游饭店，民宿强调主人的文化，主人必须熟悉地方特色与文化，乐于分享，邻里关系融洽。民宿强调让游客有“回到家”的温馨感觉，在经营中强调住宿的环境、当地景观、特色休闲活动等。民宿主人参与接待，通过与游客充分交流，让游客感受民宿主人的热情与服务，通过个性化服务，强化游客在当地的深度体验与互动，享受有别于以往的生活。

我国旅游民宿正处在快速发展阶段，民宿受到越来越多宾客的青睐，民宿行情越来越火，投资者也纷纷看好民宿市场，由于人们对民宿的认识有所偏差，市面上所谓的民宿种类众多，覆盖诸多小型住宿设施，比如像传统“农家乐”性质的也将其称之为“民宿”，这类设施主要是农民结合田园风光、自然景观，吸引城市居民前来自家院落食、宿、玩、游、娱、购。游客在农家田园寻求乐趣，体验与城市生活不同的乡村氛围。而真正的民宿更多的是强调经营者的文化、情感、情趣、品位、技艺和参与。因此，市面上众多小型的住宿设施并是真正意义上的民宿。

未来，旅游民宿将伴随着热门旅游区客流量的增加和新的旅游资源的开发而持续扩张，也承载着转变农业生产方式，促进乡村旅游升级，探索美丽乡村的发展路径。

① 资料来源：中华人民共和国旅游行业标准《旅游民宿基本要求与评价》（LB/T 065-2019）。

（二）代表性民宿

2019年7月，国家文化和旅游部发布并实施了《旅游民宿基本要求与评价》（LB/T 065-2019）旅游行业标准，标志着旅游民宿开启了标准化发展道路。为进一步规范引导旅游民宿发展，助力乡村振兴，文化和旅游部根据工作实际又对旅游行业标准《旅游民宿基本要求与评价》中的部分条款进行了修改，并于2021年2月正式发布了旅游行业标准《旅游民宿基本要求与评价》（LB/T 065-2019）第1号修改单，修改后将旅游民宿等级分为3个级别，由低到高分别为丙级、乙级和甲级。同年7月，根据《旅游民宿基本要求与评价》（LB/T 065-2019）及第1号修改单，文化和旅游部启动了首批甲级和乙级旅游民宿的评定工作，并于11月公布了全国首批甲级、乙级民宿名单共58家，其中31家民宿为甲级旅游民宿，27家民宿为乙级旅游民宿，详见表6-4。

表6-4　全国首批甲级、乙级旅游民宿名单（截至2021年11月23日）

序号	所在地	等级	民宿名称	序号	所在地	等级	民宿名称
1	河北	甲级	听松书院	30	宁夏	甲级	中卫南岸民宿
2	河北	甲级	北戴河归墟花堂民宿	31	新疆	甲级	西融禾木民宿
3	山西	甲级	平遥县一得客栈	32	北京	乙级	石光长城精品民宿
4	山西	甲级	康家坪民宿	33	北京	乙级	合宿·延庆姚官岭民宿
5	内蒙古	甲级	鄂尔多斯市准格尔黄河大峡谷峡谷雅宿	34	河北	乙级	骆驼湾小院
6	江苏	甲级	山居壹聚民宿	35	辽宁	乙级	安步精品复古民宿
7	江苏	甲级	蘭園客栈店	36	江苏	乙级	鸣珂里
8	浙江	甲级	如隐小佐居民宿	37	江苏	乙级	山水间又见浮玉
9	浙江	甲级	村上酒舍民宿	38	浙江	乙级	云栖舍民宿
10	安徽	甲级	云里安凹	39	浙江	乙级	那年晚村民宿
11	安徽	甲级	塔川书院	40	安徽	乙级	陌上海心谷
12	江西	甲级	厚塘庄园民宿	41	江西	乙级	栖一树民宿
13	河南	甲级	灵泉妙境·石光院子	42	江西	乙级	花田溪民宿
14	河南	甲级	云上院子	43	山东	乙级	木青茗苑民宿
15	湖北	甲级	清舍客栈	44	山东	乙级	原舍·桃颂民宿
16	湖北	甲级	恩施星野民宿	45	河南	乙级	林境三湖民宿小院
17	湖南	甲级	生庐洋潭里民宿酒店	46	湖北	乙级	梵璞山居
18	广西	甲级	明仕雅居	47	湖南	乙级	凤凰城老四合院
19	广西	甲级	阳朔墨兰山舍	48	广东	乙级	仁化县艺术家客栈
20	海南	甲级	无所·归止精品民宿	49	广东	乙级	志睦楼民宿客栈
21	重庆	甲级	飞茑集—巴谷·宿集	50	广西	乙级	绿叶家园民宿
22	四川	甲级	古道别院	51	海南	乙级	文昌云卷云舒海景家园客栈

表6-4(续)

序号	所在地	等级	民宿名称	序号	所在地	等级	民宿名称
23	四川	甲级	成都锦府驿	52	海南	乙级	艾尔温客栈
24	贵州	甲级	峰兮半山客栈	53	重庆	乙级	不舍民宿
25	贵州	甲级	瑶池小七孔民宿	54	四川	乙级	资中玺院民宿
26	云南	甲级	大理白玛假日	55	云南	乙级	元阳十二庄园・香典
27	陕西	甲级	中华郡・远古部落（炎黄阁）	56	西藏	乙级	波密县云杉居民宿
28	甘肃	甲级	五福临门民宿	57	新疆	乙级	伊宁梵境精品民宿
29	甘肃	甲级	肃云香庄	58	新疆	乙级	明阳山庄旅游民宿

阅读材料 6-3　四川代表性民宿赏析

阅读材料 6-4　校企协作育人，无华民宿的人才培养战略

三、邮轮接待设施

邮轮旅游是指以邮轮作为交通工具，兼具旅馆住宿、餐饮供应以及休闲娱乐场所等多种功能进行相关观光、旅游、观赏风景文物等的旅游活动。现代邮轮旅游已经发展成为集交通、娱乐休闲、住宿、餐饮、健身、购物于一体的综合型旅游产品。

邮轮旅游产品是非实物型生产产品，是指由邮轮专门为满足游客观光游览、休闲度假等需要而特别设计并提供的，被现有的和潜在的游客所认同的旅游产品。它是由有形的产品（如邮轮、邮轮服务设施、游乐项目等）和无形的产品（游轮服务、游客感受等）两部分组成。

邮轮旅游兼具运输、旅游、旅馆、餐饮、设施、活动等多元属性，搭乘邮轮旅游就形同旅客得以随身携带住宿设施，就像带着饭店去旅游一般。每当邮轮巡航停靠各地港湾，旅客亦可以自由登岸周游各地，而不需为住宿不同饭店而搬进搬出。邮轮就像移动的度假饭店，多种族文化背景的员工贴心温馨地服务旅客，旅客一经办妥登轮手续后，即可全程悠闲享受食住行游购娱等高级旅游服务。

阅读材料 6-5　世界知名邮轮赏析

四、旅游营地

（一）概念

旅游营地是随着旅游业的发展而出现的，介于观光产品和度假产品之间，能够让人们与自然界亲密接触，同时为车辆提供停靠，为游人提供休息、住宿、娱乐服务的场所。按照营地功能的不同，旅游营地分为户外营地、自驾车营地和房车营地；按照资源类型不同，其可分为海滨型营地，海岛型营地、湖畔型营地、森林型营地、乡村型营地、山地型营地等；按照地理位置其可分为城市中营地、郊区营地和远山区营地等。

（二）特点

露营活动于 1860 年起源于美国，当时是为组织青少年开展自然环境中的理想教育而发起的。这就是现代旅游营地的雏形，历经 160 多年的发展，形成了“第一代自驾车营地”“第二代房车营地”和“第三代社区化旅游营地”。

1. 第一代自驾车营地

汽车营地是指在交通发达、风景优美之地开设的，专门为自驾车爱好者提供自助或半自助服务的休闲度假区。汽车营地的主要服务包括住宿、露营、餐饮、娱乐、拓展、汽车保养与维护等，是满足现代人休闲时尚需求的旅游新产品。当时营地只是向自驾车露营群体提供简单的帐篷、睡袋和简易的厨房用具，以及简单的加油、加水、停车等服务。由于汽车营地提供的大多是参与性较强的活动，满足了人们在紧张的工作之余，远离喧嚣，返璞归真，放松身心的需求，因此，汽车营地深得自驾车旅游爱好者的喜爱。

在我国，汽车营地实际上是观光旅游向度假旅游过渡的产物。在欧美国家，汽车营地非常普及，很多国家是把它作为非营利性的社会福利项目来运作的。

2. 第二代房车营地

房车营地是自驾车营地的升级版，房车营地就是可以满足房车的生活补给和供人休息的场所。房车是移动的家，那么房车营地就是移动之家的停靠点。房车与车的不同的关键在房的部分，那么房车营地的关键也就是在于满足房的部分的补给，这是房车营地最根本也是最基本的功能。但如果仅仅是补给功能，那么也只是汽车加油站的性质，房车作为一种休闲文化，房车营地自然也应当具备休闲的功能才能体现出房车露营文化来，补给和休闲构成了房车营地最基本的特点。

3. 第三代社区化旅游营地

随着经济发展，出去旅游度假的人群越来越多，旅游营地服务内容已经扩大到度假木屋、公共运动场、酒吧餐饮、购物场所等各类休闲娱乐设施，呈现营地社区化现象。这类营地除提供营地具备的基础设施外，还提供一些休闲娱乐、运动、疗养等产品和服务。社区化的旅游营地已经不仅仅是停车场、服务区或者旅游景点，而更应该是一种全新的生活场所，一种新的理念，一种生活交流的空间。

第三节　旅游餐饮业

一、认识餐饮业

（一）餐饮业的定义

餐饮业是指利用餐饮设备、场所和餐饮原料，从事饮食烹饪加工，为社会生活服务的生产经营性服务行业。餐饮业是一个历史悠久的行业。随着生产力的高度发展，人类生活水平不断提高，人们对餐饮的需求不断变化，餐饮业在设备舒适、环境优美、产品风味突出、服务质量优良等方面也不断改进提升。餐饮业是一个国家商品零售业的重要组成部分，主要为国民经济的发展提供社会生活服务，餐饮业的发展规模、速度和水平，直接反映一个国家、一个地区的经济繁荣程度和市场活跃程度。它是国民收入和人民生活水平迅速提高，消费方式和消费结构发生深刻变化的重要体现。

餐饮业必须要有固定场所，能提供餐食或饮料，能满足顾客差异化的需求与期望，同时有令人放松精神的环境或气氛，能够使经营者实现经营目标与利润。餐饮业有多种称呼，如餐馆、菜馆、饮食店、餐厅等。在我国，餐饮业的雏形多由饭馆、菜馆等演变而来。

（二）餐饮业的分类

餐饮业主要包括以下三大类：

（1）宾馆、酒店、度假村、公寓等场所内部的餐饮部系统，包括各种风味的中西式餐厅，酒吧、大堂吧、咖啡厅和泳池茶座。

（2）各类独立经营的餐饮服务机构，包括社会餐厅、餐馆、酒楼、餐饮店、快餐店、小吃店、茶馆、酒吧和咖啡屋。

（3）企事业单位的餐厅及一些社会保障与服务部门的餐饮服务机构，包括企事业单位食堂、餐厅，学校、幼儿园餐厅，监狱的餐厅，医院的餐厅，军营的餐饮服务机构等。

（三）餐饮业的特点

1. 对旅游业和国民收入具有依赖性

社会基础条件对餐饮业的生存具有支撑作用。一个国家、一个地区、一个城市的旅游业越发达，各种类型的客源越多，对餐饮产品的需求量越大。餐饮业作为提供后勤服务的重要行业，必须根据旅游业和国民收入的发展规模、水平和速度做好规划。适应和满足市场不同需求，提供高质量、高水平的就餐服务。

2. 市场客源的广泛性

餐饮业的客源市场可以说没有局限性，任何类型的客源都属于餐饮业的市场客源范围，包括各种类型的旅游者、企业对象、当地居民等都可以是餐饮企业的接待对象。这种客源广泛性特点决定了餐饮业经营的复杂性、多样性。

3. 产品的民族性和地方性

不同国家、地区的人们，不同地理环境、不同生活习惯、不同物产导致各地的餐饮产品风格多样、各具特色，其地方性与民族性特征，蕴涵了丰厚的饮食文化背景。

4. 餐饮营销活动的波动性和间歇性

餐饮企业在运营过程中，其营销活动通常受到季节、气候、地理位置、交通条件等多种因素影响，尤其易受旅游业的发展程度及季节波动性的影响。餐饮产品销售一般分为早、中、晚三餐，其营销活动相应具有一定的间歇性。

二、旅游业与餐饮业

（一）餐饮业与旅游业的关系

1. 餐饮业是旅游业发展的重要基础

作为旅游业的重要组成部分，餐饮业与旅游业关系十分密切，旅游业中的“食”是指游客在出游过程中的所有饮食需要，这需要餐饮服务来满足。餐饮业是旅游业的构成要素，餐饮产品有时候本身就是具体呈现饮食文化风尚的旅游资源，可以积极提升旅游市场的吸引力，吸引更多的消费者、会聚更多的社会财富。餐饮业的发达程度在某种程度上决定了旅游业的发展水平。如果在旅游活动过程中，餐饮业不能满足旅游者的需要，就会大大降低旅游者对旅游过程的满意度，从而影响旅游业的良性发展。

2. 旅游业带动餐饮业的发展

经济的发展，人们收入水平的提高，促使旅游业日渐兴盛，旅游业是人们“有钱”“有闲”后的产物。旅游业的发展为餐饮业带来了大量客源，旅游餐饮已经成为餐饮业的重要组成部分。在经济繁荣、商业活动频繁的地区，人们外出就餐的机会和次数就多，餐饮消费人群主要由当地普通消费者、外来人员、商务应酬以及旅游者构成，其中旅游者占有相当大的比例。而且，随着旅游业的发展，旅游者对餐饮的要求越来越高，致使旅游饮食更加注重特色和文化内涵，从而也在推动餐饮业向前发展。

（二）旅游餐饮业

旅游餐饮是指为旅游者提供的餐饮服务。其主要涉及专业餐馆以及交通、娱乐、购物、住宿等设施附设的餐饮场所。和普通餐饮相比，旅游餐饮具有行业依赖性、客源广泛性、经营波动性、地方特色性等特点。

行业依赖性是指旅游餐饮发展的规模、速度通常要以旅游业为基础，旅游餐饮的需求量在一定程度上依赖于旅游发展的容量。旅游业越发达的国家或地区，能够吸引的旅游者越多，旅游餐饮的发展也越快，规模也越大。

客源广泛性是指旅游餐饮的客源主要是广大旅游者，而旅游者的范围是非常广泛的，这种广泛性特征，决定了旅游餐饮客源市场具有复杂的消费需求，旅游市场要求提供合适而丰富的旅游餐饮产品。

经营波动性是指旅游餐饮业受旅游业发展的影响较大，一个地方旅游业的季节性特点直接影响该地旅游餐饮业的发展，因此旅游餐饮的不确定性较大，一定程度上存在经营波动的特点。

地方特色性是指旅游餐饮业的发展离不开地方特色，这也正是旅游餐饮作为当地旅游资源的重要体现，具有地方特色的旅游餐饮产品应进一步加强品牌创建，提升知名度和影响力。2020 年四川开展了第三届金牌旅游小吃评选活动，打造了一批省内特色旅游餐饮产品，进一步促进了旅游餐饮业的发展，评选名单见表 6-5。

表 6-5　2020 年第三届四川省金牌旅游小吃名录

市（州）	单位名称	参选小吃名称	市（州）	单位名称	参选小吃名称
成都	锦江宾馆	荷趣	南充	南充东方花园明宇豪雅饭店	黄金棍棍
成都	成都尚雅饭店	金牌鱼汤米线	南充	南充宇豪酒店	外婆糟香饼
德阳	旌湖宾馆	旌湖杂粮面	成都	成都郦湾国际酒店	韭菜盒子酥
成都	四川锦弘国堰酒店管理公司	有幸遇见——雪花酥	成都	空港大酒店	生态杏鲍酥
成都	都江堰希尔顿欢朋酒店	九味抄手	遂宁	遂宁阳春巴人大酒楼	十里荷花飘香
遂宁	东旭锦江国际酒店	遂州蜜糖烤红薯	乐山	峨眉山红珠山宾馆	豆汤鸡丝粉
成都	成都东大明宇豪雅饭店	怡品人参酥	自贡	富顺县富丽大酒店	瓜仁果
南充	南充天府尚雅酒店	府雪雪茄卷	成都	四川安泰锦云酒店	蓉城鱼米线
巴中	巴中天越岷山饭店	玻璃紫薯果	攀枝花	攀钢花南山宾馆	珊瑚芒果酥

表6-5(续)

市（州）	单位名称	参选小吃名称	市（州）	单位名称	参选小吃名称
绵阳	绵阳市饮食服务公司	窝窝店包子	成都	四川新华国际酒店	墨鱼汁凉面配四川泡菜
成都	成都融通望江宾馆	葫芦酥	攀枝花	米易合美壹家酒店	藜麦苦荞饼
绵阳	四川长虹国际酒店	青枝杨桃酥	遂宁	遂宁明星康年大酒店	观音湖景圣莲酥
南充	阆中明宇豪雅度假酒店	阆中腊肠子面	成都	成都西藏饭店	雪域青稞馍馍
成都	成都首座万豪酒店	杨枝甘露麻薯球	凉山	西昌山有木兮精品民宿	特色烤蚌壳
成都	成都城市名人酒店	象形雪梨	成都	成都市金屿实业公司	松露汁明虾球
成都	成都兴信商务服务公司都江堰分公司	开心饺	德阳	广汉新华海颐瞿上园酒店	生鲜锅贴饺
成都	成都科华明宇饭店	迎宾美点双辉	眉山	眉山岷江东湖饭店	东坡甩面
成都	四川铁道大酒店	金鼠献瑞	泸州	泸州尧坝古镇旅游开发投资公司	榴莲天鹅酥
成都	成都新东方千禧大酒店	神仙长生果	成都	都江堰郦湾假日酒店	青城熊猫汤圆
遂宁	遂宁鲜大酒店	硕果累累——苹果酥	广元	广元国际大酒店	客迎天下
成都	怡东国际酒店	锦绣山河之最美怡东	成都	成都四威苑宾馆	棋逢对手
眉山	玉屏山森林康养度假酒店	养生红枣糕	绵阳	顺辉·世纪巴登酒店	鲍鱼酥
德阳	绵竹岷山饭店	绵竹特色米粉	广安	广安岷山世纪大饭店	龙安柚香果
成都	四川安泰安蓉酒店	传统蛋烘糕	绵阳	四川西川会议服务公司	文昌杂瓣汤
资阳	锦江蜀亨大酒店	钟焦粑	绵阳	新北川宾馆	太白醉酒
遂宁	子昂金都国际酒店	遂州养身薯	成都	成都好日子幸福家园房地产开发公司酒店分公司	田园时酥
自贡	自贡高新公园管理服务公司	盐商过瘾牛肉	成都	金堂七维华可酒店	功夫婆婆饼
成都	御垒山居酒店	青城腊肉包	遂宁	遂宁市瑞泰酒店管理有限公司	“黄峨”天府熊猫宝
成都	合江亭翰文大酒店	翰文素饼	自贡	四川自贡汇东大酒店	凉皮卷
泸州	成都融通金河宾馆	将府仔姜包	泸州	泸州南苑宾馆	南苑酒香麻鸭
阿坝	九寨沟县星宇国际大酒店	九寨蟹黄荞麦包	成都	成都家园国际酒店	颜如玉
广安	安泰印山锦江宾馆	武胜麻哥面	泸州	四川泸州酒城宾馆	老泸州麻饼
凉山	西昌美丽山水大酒店	美仁大包	宜宾	宜宾竹海世外桃源度假酒店	桐子粑
遂宁	遂宁市兴源大酒店	荷花天鹅酥	内江	隆昌市金鹅宾馆	酱香紫薯角
成都	天府阳光酒店	贡品匠心豆沙皇	凉山	西昌邛海宾馆	红烧牛肉米线

表6-5(续)

市(州)	单位名称	参选小吃名称	市(州)	单位名称	参选小吃名称
遂宁	遂宁市永正大酒店	芳华鎏金——蛋黄酥	遂宁	大英中麟东方温泉大酒店	像生葫芦果
南充	南充万泰大酒店	水晶秋蝉饺			

［案例分析］

“四川省金牌旅游小吃”特色鲜明，创意十足

［核心知识小结］

旅游饭店是指经政府部门批准，通过运用土地、资金、设备、技术、劳动力等生产要素，从事饭店服务产品的生产和销售活动，满足宾客旅居生活和社交活动的各种需要，以获取社会效益和经济效益为目的的服务企业。饭店作为旅游业的重要组成部分，是旅游供给的基本构成因素，是旅游业经营活动必不可少的物质条件，一直以来是旅游业发展的重要支撑和载体。饭店产品是指宾客或社会大众所感受到的、饭店提供的能够满足其需要的场所、设施、有形产品和无形服务的使用价值的总和。其构成主要有饭店的位置、设施、服务、气氛、形象、价格。饭店产品具有综合性、享受性、文化性、无形性、不可储存性、生产和消费的同步性。饭店按客源市场来划分，一般分为商务型饭店、度假型饭店、会议型饭店、汽车饭店、长住型饭店、青年旅馆等；根据饭店的规模大小划分，通常分为大型饭店、中型饭店和小型饭店；按计价方式划分为欧式计价饭店、美式计价饭店、修正美式计价饭店、欧陆式计价饭店、百慕大计价饭店；按饭店企业形式划分为独立经营饭店、集团经营饭店、饭店联合组织等。我国饭店业的等级评定采用国际上通行的星级制度，现行的饭店等级评定标准是中华人民共和国国家标准《旅游饭店星级的划分与评定》（GB/T 14308-2010），该标准中规定旅游饭店星级分为五个级别，即一星级、二星级、三星级、四星级、五星级（含白金五星级）。饭店业未来发展的趋势有集团化、品牌化、特色化、信息化等。除了传统旅游饭店外，还有文化主题旅游饭店、旅游民宿、邮轮、旅游营地、旅游餐饮等多种旅游食宿接待设施。

[案例分析]

新华社调查多地五星级饭店被“摘星”

[复习思考]

1. 什么是旅游饭店?
2. 什么是旅游饭店产品?其构成有哪些?饭店产品的特点是什么?
3. 旅游饭店有哪些类型?
4. 列举一些国内外知名的酒店集团及旗下品牌。
5. 关于旅游饭店的国家、行业、地方标准有哪些?

参考文献

[1] 蒋丁新. 饭店管理 [M]. 2 版. 北京:高等教育出版社,2004.
[2] 王建喜. 邮轮旅游服务管理 [M]. 北京:旅游教育出版社,2017.
[3] 张平. 餐饮服务与管理 [M]. 北京:北京师范大学出版社,2011.

第七章 走进旅游业之旅游目的地

［学习目标］

1. 掌握旅游目的地作为旅游活动中心的意义。
2. 熟悉旅游目的地的管理模式以及不同模式对旅游目的地发展的作用。
3. 了解旅游目的地的开发和创新对旅游目的地可持续发展的意义。

［引导案例］

小众目的地更受欢迎　出境自由行呈现新趋势

2019 年 7 月，马蜂窝旅游网与中国旅游研究院联合发布了《“一带一路”：中国出境自由行大数据报告 2019》（以下简称《报告》），报告对中国出境旅游目的地进行了梳理总结。

报告指出，近十年中国游客出境自由行呈现出更高频、更深度的特征——在旅行的广度上，目的地选择更加多样化，出行频次大幅提升；在旅行深度上，个性化、定制化、品质化的旅行产品和服务正在成为主流，日益多元化的需求正在促进中国旅游休闲消费新升级。

“一带一路”倡议的提出，推动了中国与相关国家和地区的旅游合作，让中国游客更加关注和了解这些国家的风土人情和旅游资源，并在出行时优先选择“一带一路”相关旅游目的地。2019 年上半年，“一带一路”相关国家中，卡塔尔和缅甸的旅游热度涨幅超过 100%。此外，中俄建交 70 周年之际，俄罗斯旅游热度环比上涨 29%。

出境游的另一助推力量来自影视娱乐 IP。热门影视剧的“带货”能力在克罗地亚表现得尤为突出，热播剧《权力的游戏》使克罗地亚在中国的知名度迅速提升，一跃成为出境游热门目的地之一。

出境游目的地选择多样化，“小众”比“网红”更受欢迎。随着目的地选择范围不断拓宽，中国游客的足迹已经遍布全球各大洲、超过60 000个目的地。在目的地选择上，中国的年轻游客越来越热衷于去往“小众”地方。无论是塞舌尔、格鲁吉亚这样小众目的地国家，还是泰国、马来西亚等热门国家的小众城市，都受到了年轻旅行者的青睐。

（资料来源：旅游圈 http://www.dotour.cn/article/19752.html。）

思考：

1. 旅游目的地偏向于“小众”的原因？

2. 影响出境旅游目的地选择的因素有哪些？

第一节　旅游目的地概述

一、旅游目的地的概念

丰富多样的旅游活动推动旅游业蓬勃发展，但由于旅游资源特性、经济环境、文化环境的不同，旅游供给模式纷繁多样。随着全球旅游活动的深入开展，旅游供给的边界也逐渐扩展到更偏远的地区，如南北极。丰富多彩的旅游目的地及其形象能吸引旅游者前来访问，进而激活整个旅游系统的运作。旅游目的地把旅游中的所有要素，包括需求、交通、供给、营销都集于一个综合运转框架中。虽然旅游目的地可以像旅游者一样作为旅游分析的基本单位，但旅游目的地的定义依然存在许多争议。

有些学者主张基于地理学进行定义，另一些学者则认为旅游目的地的概念不应局限于地理范围。事实上，旅游目的地提供设施，满足旅游者需求，是生产和提供旅游产品和体验、实施管理规划和政策的核心主体。旅游目的地不仅是有形的地理空间，同时还能产生无形期望、形象和回忆。为了进一步明确这一概念，2002年世界旅游组织确定了旅游目的地的定义：

旅游目的地是旅游服务的载体，旅游者可以在此逗留至少一个晚上。旅游目的地包括基础性服务设施、吸引物和旅游资源等旅游产品。它既有用于管理的地理和行政边界，也有影响其竞争力的目的地形象和游客感知。它包括各种利益团体，如当地社区，可以通过和其他目的地合作形成更大规模的旅游目的地。旅游目的地大可至一个国家、地区或岛屿，小可至一个城镇、村庄或是自给自足的活动中心（UNWTO destination think tank，2002）。

这个定义更多地阐述了旅游目的地的属性，但随着现代旅游发展的深入化，互联网等革新技术的融合发展，旅游开始呈现出不同形态，不同学者提出从旅游体验、社区关系及利益相关者的角度来看旅游目的地。

综上，本书认为旅游目的地是拥有特定性质的旅游资源，具备了一定旅游吸引力，能够吸引一定规模的旅游者进行旅游活动，集旅游资源、旅游活动项目、旅游地面设施、旅游交通和市场需求为一体的空间复合体。

一个特定的地区要成为旅游目的地，必须具备三个条件：一是要拥有一定数量的旅游资源，同时，这种旅游资源可以满足旅游者某些旅游活动的需要；二是要拥有各种与旅游资源性质相适应的地面旅游设施和交通条件，旅游者可以借助这些设施从不同的地区顺利地到达旅游地并利用这些设施在该地停留；三是该地区具有一定的旅游需求流量。

阅读材料 7-1　世界旅游目的地的概念及标准

二、旅游目的地的基本特征

在“客源地—交通连接—目的地”的系统中，旅游目的地汇集了旅游资源和以旅游者为经营对象的产业部门，成为旅游者活动最为频繁的场所，是旅游者食、住、行、游、购、娱等要素活动的主要发生地。虽然旅游目的地形态多样，但旅游目的地须满足其共性特征。

（一）综合性

旅游目的地的构成要素多样，不仅包括吸引游客访问的各类旅游吸引物、保障可达性的通道，还有为游客提供基础保障等辅助性服务，这些都是组成旅游目的地的核心部分。一个目的地的正常运转离不开系统要素，各要素的有机综合构建了承载综合旅游功能的目的地。

在旅游活动发生之前每个核心部分必须到位。因此，旅游目的地是集旅游设施和服务为一体的综合体。由于目的地要素的组合方式不同，各地文化、经济和环境各异，因而产生了形形色色的旅游目的地，包括滨海度假村、历史文化名城、特定主题目的地（如上海迪士尼），以及满足商务旅游者的会议中心。

（二）评估性

旅游者在选择目的地时，需要考虑它的吸引力，评估目的地是否值得花时间和金钱去访问，因此，旅游目的地是有效评估的结果。如 19 世纪随着人们对山的感觉从“可怕的地方”变为“迷人的自然景观”，山地旅游随即成为炙手可热的旅游目的地。随着品味和潮流的变化，人们所向往的目的地也随之发生改变。因此，通过营销宣传、形象塑造等手段，保持目的地和客源地之间的可评估性，是将旅游动机转化为旅游活动的重要方面。

(三) 不可分割性

旅游的生产和消费是同时进行的，因为访问者必须身处旅游目的地才能产生旅游体验。与所有的服务一样，旅游目的地具有不可储存性，如果不能被使用就将消失，这意味着不能将淡季没有出售的住宿、餐位、景点门票等储存起来留到旺季出售。同时，所有目的地活动都是连续的，不存在孤点式的旅游活动，因而从时间和空间两个维度来看，不可分割性是旅游活动区别于一般旅游要素的重要特征。

(四) 多样性

旅游目的地的多样性可以从两个方面进行理解：一是旅游目的地类型的多样性，特别是旅游需求的变化及旅游吸引物呈现形式的多样化，使旅游目的地突破了原有类型；二是旅游目的地功能的多样性以及构成要素的多样性决定了它不仅仅要满足游客的旅游功能，同时还承载着满足社区居民日常生活的社会功能及区域文化传播的功能，特别是近年来“全域旅游”理念中关于主客共享的理念在旅游目的地中得到良好体现。

(五) 协同制约性

旅游目的地协同性表现为各构成要素之间以及各要素内部结构的协同，旅游目的地的拥有者借助这种协同来实现其预期目标。旅游目的地的制约性表现为旅游资源的开发与环境的保护需要平衡。例如，旅游目的地资源的开发利用往往使资源和环境遭受破坏，从而危及其吸引力。

(六) 竞争合作性

每一个旅游目的地都力争成为旅游者最向往的地方，因此旅游目的地的发展不仅仅在于不断创新，而且必须在实践中不断总结，将创新出来的模式形成自己独有的风格和魅力，使其具有一定的垄断性，比其他旅游目的地更具吸引力。同时旅游目的地的进一步创新离不开竞争和合作，这种合作必然以旅游目的地之间的差异性所形成的优势竞争为前提，只有合作才能寻求更大发展空间，才能促进旅游目的地不断提高吸引力。

阅读材料 7-2　金沙遗址的前世今生

三、旅游目的地的分类

国内外学者对旅游目的地类型的研究一直未达成共识，业界、学界均根据所需，依据不同标准，从不同视角出发将其划分为不同类型。所以尽管国内外众多学者都对旅游目的地分类这一主题保持高度关注，但是更多学者对旅游目的地类型选择的研究都在其实践中作为基本信息，目前认可度较高的旅游目的地分类方式有以下几种。

（一）以吸引物的资源特性划分

从旅游目的地的资源性质和特点出发，以满足旅游者旅游活动的类型为标准，我们可以将旅游目的地分为观光旅游地和度假旅游地两种不同类型。

（1）观光旅游目的地是那些资源性质和特点适合于开展观光旅游活动的旅游地，主要有自然观光地、城市观光地、名胜观光地三种类型。观光性旅游目的地既是观光旅游的空间依托，也是一种传统性的旅游目的地，它在世界旅游活动中占有重要的地位。

（2）度假旅游目的地是那些旅游性质和特点能满足旅游者度假、休闲和休养需要的旅游地，主要有海滨度假地、山地温泉度假地、乡村旅游度假地三种类型。

（二）按空间划分

按空间范围大小来划分，旅游目的地可以分为旅游目的地国家、区域性旅游目的地、城市旅游目的地和景区/景点型旅游目的地四种类型。

（1）旅游目的地国家是从世界旅游空间范围的跨国旅游来划分的，属于国际性旅游目的地的范畴，一般由多个区域性旅游目的地组成。旅游目的地国家突出的功能是建立与世界主要客源地之间便利的国际航空交通，并具有向各个区域性旅游地分散客流的经济功能。例如法国因古老的建筑遗产、浪漫主义精神、美食与美酒、奢侈品牌、法式生活艺术等享誉世界，由浪漫之都巴黎及科西嘉岛、尼斯、戛纳、里昂等共同构建起一个多元的国家级旅游目的地，因而法国连续多年被Tripadvisor评选为世界第一大旅游目的地国。2018年，法国吸引外国游客8 940万人次。

（2）区域性旅游目的地是从一个国家空间范围来划分的，通常由多个城市旅游目的地组成。区域性旅游目的地是以国内航空港以及铁路中转交通为中心建立起来的旅游服务体系，在这个体系中包括多个旅游城市和若干个旅游景区。良好的进入条件、方便的客源分流体系是区域旅游地的主要经济特征，比如我国西北旅游协作区是全国面积最大、旅游资源最富集的区域旅游目的地，涵盖陕西省、甘肃省、青海省、宁夏回族自治区、新疆维吾尔自治区和新疆生产建设兵团。例如《成渝地区双城经济圈建设规划纲要》指出，将联合成都、重庆两地共同打造富有巴蜀特色的国际消费目的地。以高质量供给吸引和创造市场新需求，坚持高端化与大众化并重、快节奏与慢生活兼具，激发市场消费活力，不断增强巴蜀消费知名度、美誉度、影响力。共建巴蜀文化旅游走廊。充分挖掘文化旅游资源，以文促旅、以旅彰文，讲好巴蜀故事，打造国际范、中国味、巴蜀韵的世界级休闲旅游胜地。

(3) 城市旅游目的地是从一个特定旅游区域空间范围来划分的，是由多个旅游景区所组成的。城市旅游地不但具有参观、游览和观光功能，同时还具有完备的以住宿为主体的接待体系，并以便利的公路交通作为保证。比如伴随着短视频等新媒体的兴起，城市越来越重视目的地形象塑造。2021 年抖音发布的《抖音国庆旅游数据报告》显示，重庆成为国庆期间抖音点赞数最多的城市，这是其继 2021 年“五一”假期之后再次获得这一荣誉；得益于环球影城开业和天安门升旗仪式，北京紧随其后位列第二；上海、成都、广州、西安等传统热门旅游城市，也入围前十，城市目的地在其发展过程中因新媒体的推动呈现出较强的旅游吸引力。

(4) 景区/景点型旅游目的地是旅游目的地的最小单位，景区是独立的单位、专门的场所，以一个特色为主，划分明确，面积不大的区域。景区主要具有供旅游者参观、游览和观光的功能，一般不具有住宿的功能，随着旅游活动边界的扩展，特别是在全域旅游、文旅融合等国家战略推动下，景区型旅游目的地也突破原有形态开始呈现出更多新的旅游目的地形式，比如田园综合体、特色小镇、国家公园等均属于这个类型的旅游目的地。

（三）按构造方式划分

按照构造方式来划分，旅游目的地可分为板块性旅游目的地和点线性旅游目的地。

(1) 板块性旅游目的地是旅游吸引物紧密地集中在某一个特定区域，所有的旅游活动在空间上都是以这个旅游目的地为中心展开的，都是以这个旅游目的地的服务设施以及旅游体系为依托的，亦可称作枢纽型旅游目的地。

(2) 点线性旅游目的地是旅游吸引物分散于一个较广泛的地理空间区域内，在不同的空间点上各个吸引物之间的吸引力是相对均衡的，没有明显的中心吸引点。它是通过一定的旅行方式和组织将这些不同的空间点上的吸引物以旅游路线的形式结合在一起，旅游者在某一空间点只停留一段时间。通常，旅行方式与组织体系是点线性旅游目的地形成的主要条件。

旅游目的地的空间范围决定着旅游目的地的市场范围，也决定着这个旅游目的地的供给规模和需求规模，从而决定着旅游地的旅游经济实力；旅游目的地空间范围的大小也决定着旅游目的地的社会分工的功能。不同层次的旅游目的地在旅游空间体系中的分工是不同的。不同旅游目的地之间的合理分工，构成了一个国家旅游空间的组织结构。

四、旅游目的地的定位

旅游目的地定位是为了在潜在消费者的心目中树立一个独特的地位。它是进行市场细分，确定目标市场的前提。有效的定位可为旅游目的地创造竞争优势。定位远远不止于形象创造，合理的定位将旅游目的地与众多竞争对手在性质上区别开来，使其获得竞争优势。对旅游目的地进行科学定位，要求对旅游目的地的特征以及旅游消费者需求进行分析，把旅游地最吸引人的地方展示出来，树立一个独特的、让人印象深刻的形象。

（一）旅游目的地定位内容

旅游目的地定位的内容主要包括：总体定位、形象定位、市场定位、目标定位。

1. 总体定位

总体定位，是指从区域、产业、城市、社会、历史等角度对旅游目的地的角色和发展方向做出的基本判断，并以高度凝练的语句进行概括总结。总体定位主要包括两种类型：一种是城市总体规划中对旅游的定位，其核心是体现旅游城市的特征，如厦门的港口风景旅游城市、海南的国际旅游岛；另一种是对旅游目的地的发展定位，这种类型的定位通常涵盖多重功能和属性。

2. 形象定位

形象定位，是指从营销传播角度对旅游目的地进行的定位，是针对旅游目的地的资源、产品、文化、环境、体验等要秦进行的阐述和包装，通常以简洁的旅游口号作为传播内容。形象定位以构建核心竞争力、形成旅游消费效应为目标。因此在总体形象定位的体系下，旅游目的地应基于对旅游者旅游偏好的理解，形成针对不同消费群体的细分定位，如山东省的形象定位是“好客山东——文化圣地. 度假天堂”，既突出了山东省的文化根基，也涵盖了大众旅游的需求，塑造了山东集文化、研学、休闲、度假等功能于一体的目的地形象。

3. 市场定位

市场定位，是指基于对现有旅游客群和潜在旅游客群的空间分布、行为特征与偏好需求的分析，形成对目标客源市场的界定，其核心理念是针对不同的客源分布和细分市场，实现精准的品牌形象塑造和有效的旅游消费转化。在市场定位中，通常以 3 小时（自驾车、高铁）的时间区域作为一级市场或基础市场，通常以年龄、喜好等作为客群分类的标准。

4. 目标定位

目标定位，是指基于对目的地现状的分析，结合项目的实际类型，按照国际标准、国家标准、行业标准等，对旅游目的地未来的建设方向形成定位，如世界文化遗产、国家全城旅游示范区（县）等。目标定位能够为旅游目的地的后续开发建设提供战略蓝图和指标参考。

（二）旅游目的地定位方法

旅游目的地定位方法是指利用图像与文字完善画面，强调旅游目的地的最佳特征以及它所提供的利益，根据市场及心理定位过程中收集到的信息，选择其中最为恰当的定位方法。

1. 市场定位

市场定位是指旅游目的地挑选并确定目标细分市场，以保证持续的竞争力。因此旅游目的地必须充分掌握目标市场的需求，了解旅游目的地能给顾客提供什么样的利益，还要求对顾客心目中的旅游目的地形象进行评价。旅游目的地的景观、宫殿建筑、博物馆里的文物都是满足需求的载体，是无形利益的有形代表。利益本身是提供给游客的产品的一种属性，如壮丽的感觉、威严的氛围、知识的获得等。如果期望未能实现，这些利益的可信性就会迅速淡化。

2. 心理定位

心理定位是指旅游目的地通过沟通向目标市场传递目的地的特色及形象。它把旅游者的需求转变为目的地的形象，在游客心中为目的地定位。心理定位可用来塑造独特的产品形象，以达到让游客产生兴趣，吸引其前来游览的目的。两个不同的旅游目的地在游客心目中也许是相同的，而同一个旅游目的地在不同游客心目中也可能是不同的。管理者所要做的不仅仅是让定位发生，还要善于控制定位。如青城山是山，长城在北京。然而，客观定位并不一定总是具体的。如青城山是山，但它同时也是“道教的发源地之一”。如果某个目的地的特征明显，就可运用客观定位，以创造一种形象，与竞争者形成差异。如果目的地特征不突出，运用客观定位就不容易成功。

3. 功能定位

功能定位指旅游目的地在游览动机的基础上实施的定位。如百慕大针对美国会议旅游市场的定位是“有时你需要离开国土才能完成工作”，并承诺提供轻松环境下的成功会议；西班牙定位为“阳光下的一切”；海南定位为“椰风海韵醉游人”；以色列的会议旅游定位为“想寻找理想的会议场所吗？没有比这儿更理想了”。

阅读材料 7-3　城市会客厅——宽窄巷子

第二节　旅游目的地构成要素及管理模式

从旅游目的地的概念可以看出，具备一定吸引力是旅游目的地的必备要素之一，旅游吸引物驱动了目的地访问，接待设施和服务设施也是旅游目的地的必要构成因素，因而我们可以说旅游吸引物、接待设施、进入通道和辅助性服务是构成旅游目的地的核心要素。

一、旅游目的地构成要素

（一）旅游吸引物

一个地区如果不具备对潜在旅游者的吸引力，就无法成为旅游目的地。因此，旅游目的地必须具有能够让旅游者获得愉悦体验的载体，否则旅游者就不会光临此地。通常能够吸引大量旅游者，并长期保持其吸引力的是那些具有多重旅游吸引物的旅游目的地。

旅游吸引物是吸引旅游者前往一个旅游目的地进行旅游活动的诱发因素。吸引物是外来概念，但即使在西方，对吸引物的研究也缺乏足够的理论深度和经验基础。就国外的认识来看，虽然旅游吸引物的概念并不直接排斥一些未开发的资源，但人们已经默认旅游吸引物是指那些已开发的用以吸引游人的事物，吸引物并不是以资源的"天然"身份出现，而是以产品的身份面对顾客，旅游吸引物属于旅游产品的一部分。

一般情况下，吸引物都是具体有形的地理事物。也就是说，它们具有特定的地理位置、气候和地貌基础、人文社会特征，占用一定面积的土地或地表（并不排除非物质文化对游客的吸引，但也会落实到具体的地理空间）。吸引物所占用的地理空间可以称为旅游地。旅游地并非只有吸引物本身，在吸引物之外，还会规划建设系统配套的基础设施与服务设施，使其具有较明确的旅游吸引功能、旅游服务功能和旅游组织功能，这样一个地区才是一个旅游地单元。

（二）接待设施

接待设施包括住宿设施、餐饮设施、娱乐设施、零售店和其他服务设施。旅游者希望旅游目的地能够提供某种程度的安全保障和舒适体验的接待设施体系。旅游目的地必须拥有能够满足旅游者需要的接待设施，这些设施有机组合在一起，形成集合体，这样才能为旅游者提供完整、满意的旅游体验。

接待设施和服务的供给体现了旅游供给的跨行业性和行业间的依赖性。例如，旅游目的地的设施和服务的供给取决于该地床位的数量，或者说旅游者的数量。根据世界旅游组织测算，有 1 000 个床位的旅游目的地能够带动 6 个基础零售店，有 4 000 个床位的旅游目的地则需要专门的商业服务中心；同样，餐饮、停车场、娱乐等基础设施和服务设施均可通过一定比例测算出来，这也是区域进行目的地规划建设的重要依据。

（三）进入通道

一个地区首先要具备相对的可进入性，然后才会有人愿意把其作为出访目的地。可进入性的条件既包括有形的硬件设施，也包括无形的政策保障条件。有形的硬件设施主要指当地交通系统的便利性，包括铁路、公路、水路航线及车站、机场、码头等交通枢纽设施。无形的政策保障条件通常是指国际旅行签证的方便性，例如是否需要到使领馆申请签证、能否在入境口岸获得落地签证、是否可以免签证等，这些都会影响旅游者对目的地的选择。

同时，进入通道除了作为旅游目的地连接客源市场的重要保障之外，在特色旅游目的地中同样可以作为旅游吸引物存在，风景公路、绿道、特色观光巴士等都是进入通道与旅游吸引物的结合，例如被誉为"最美景观大道"的我国"318 川藏线路"和美国"1 号公路"。

（四）辅助性服务

旅游目的地各种各样对旅游的辅助性、支持性组织和机构，可以有效保证旅游业和旅游者的各种活动正常运行。这个系统包括政府机构和非政府机构，例如政府的行政管理部门、旅游行政管理部门、行业协会、旅游教育机构等。

二、旅游目的地管理模式

一个真正可持续发展的旅游目的地各利益主体间是相互关联、相互制约的，其中主要利益主体包括四个。一是当地居民。当地居民是最主要的利益集团，他们在目的地生活和工作并为旅游者提供当地资源。因此，让当地社区参与到决策中，确保旅游发展不会给当地居民及家庭带来不可接受的影响尤为重要。二是旅游者。旅游者从各类旅游产品中寻求令人满意的旅游体验，追求具有高品质服务和管理的旅游目的地。三是旅游企业。旅游企业需要通过提供旅游产品，寻求投资回报。旅游企业中既有全球性的大型企业，也有中小企业，全球性大企业致力于跨国经营，资金足、专业化程度高、实力强，它们对旅游目的地影响较大。四是政府行政部门，政府部门把旅游当成提高收入、提升产业、促进区域发展和增加就业的手段。政府部门作为一个重要的利益相关者，对目的地的旅游发展具有领导和协调作用。除上述相关者之外，其他利益相关者还包括当地、区域和国家的协会、商会和 NGO 组织。若要实现旅游目的地的良性发展，其中的利益相关者实现和谐共生是关键，而目的地的管理就是各方利益相关者的综合协调过程。

（一）旅游目的地管理模式特征

1. 历史的重要性

旅游目的地管理模式的演化不仅仅展示过去对现在和未来发展的影响，更重要的是展示演化过程中的路径依赖、不确定和不可逆的一些现象，其中包含管理系统演进的思想，一些条件和因素的微小差异会产生截然不同的结果。

2. 演化的多样性

旅游目的地资源属性、政策、发展环境等因素的不同，使得旅游目的地管理模式的类型和演化是多样的，演化路径也各不相同的。旅游地管理环境的不确定性和管理效果的不可逆性等特征，导致演化过程都是特异的。因此，旅游目的地管理模式具有根植性。如果一个旅游目的地的有效管理模式，原样照搬运用到另外一个目的地，缺乏当地相应的文化和发展环境支持，多数是很难成功的。

3. 演化的结果非最优

与生物界的进化路径不同，由于人为因素，旅游目的地管理模式的演化并不总是由低级向高级发展的，其演化的路径是曲折的，中间的演化过程有可能会出现倒退和中断，一些偶然的因素可能会造成旅游目的地无法按照原有的发展路径继续发展。

（二）旅游目的地管理模式

从研究现状来看，各国（地区）根据体制及经济发展情况，选择了与自身政治体制相适应的旅游目的地管理模式。我国仍处于社会主义初级阶段，旅游发展仍以景点型发展模式为主，因此我国的旅游目的地管理模式以政府主导为主，但随着市场经济的发展，旅游目的地要跳出景点型旅游发展的模式，融入市场。我国要深化旅游目的地管理模式改革，建立与旅游业发展相适应的管理模式。纵观世界各旅游资源丰富的国家（地区）对旅游目的地采取的管理模式，主要有以下分类：

1. 政府主导下的旅游目的地管理模式

政府主导的旅游地管理模式，是以政府为管理主体，通过强制性干预市场、旅游投资、基础设施建设等方面，将旅游产业发展和政府调控有机结合。政府主导下的旅游目的地管理模式更适用于旅游产业在起步阶段或者发育还不够完善的情况下。政府通过对旅游基础设施的投入、市场的管控、政策法规的制定等，使当地旅游产业实现快速增长。国家权力部门进行管辖，如旅游委员会或者旅游局，制定相关旅游规划、竞争规划，有效地管理旅游市场，培养具有专业技能的旅游人才、发挥行业协会的作用等，并对旅游行政职能部门进行垂直管理。在这些强有力的管控下，旅游产业发展的效果取决于国家对旅游产业的规划和决策水平，以及相关部门的组织与决策能力。

2. 市场主导下的旅游目的地管理模式

市场主导下的旅游目的地管理模式，是在国家或者地区旅游产业发展到一定程度时，旅游产业和基础设施有了一定的基础，市场开始对旅游产业的发展起调节的作用，让旅游产业在市场化的环境下焕发活力的管理方式。要让市场这只“看不见的手”发挥应有的作用，政府在旅游产业发展中扮演的是公正和高水平的裁判员。这种管理模式杜绝了政府又是运动员又是裁判员的尴尬局面。在这种管理模式下，国家（地区）对于旅游产业的管理不一定会设置专门的旅游主管部门，会将一部分营销、推广、管理等职能交给半官方机构执行。如中国香港旅游协会在香港政府属于合法的地位，是香港地区唯一的法定社会旅游管理机构，帮助香港政府按照市场经济的规律对香港旅游业进行管理。中国香港旅游协会采取的措施主要有：通过会员酒店、旅游供应商、餐饮服务业、交通业等途径，将与旅游行业相关的人员和资源纳入管理，促进旅游基础设施的改善，推动香港成为旅游胜地；广泛报道香港的旅游特色；统筹开展旅游服务，向会员收集有关香港旅游产业的需求和建议，并向香港地区政府反馈意见和建议。其内部的旅游协会理事会的推选具有多元化的特征，委员的构成一半由其内部的会员推选产生，代表旅游产业利益相关者的利益，另一半由政府筛选人员进行委任，从而做到行业自律和政府权威相结合。可以说香港旅游行业协会在旅游市场发展、分担政府管理方面被誉为全球最成功的旅游行业管理机构之一。

3. 政府干预下的旅游目的地管理模式

政府干预下的旅游目的地管理模式，是在市场化主导下，政府放任市场发展必要时进行及时调控的一种管理模式。在市场无法进行自我调节时，政府必然对旅游目的地的管理必然要进行管理和适度干预，使政府干预最大限度发挥市场调节机制的作用，有效克服旅游市场调节的失效和不足。政府管理要为旅游企业的公平竞争提供良好的发展环境，以市场调节的手段为主。政府部门通过及时对旅游市场战略发展和趋利性进行调节和指导，规避市场经济发展的盲目性，以长远的旅游产业发展规划政策进行指导，对资源进行保护，促进旅游目的地可持续发展。

阅读材料 7-4　国外旅游目的地管理模式

阅读材料 7-5　鹿野苑石刻艺术博物馆

第三节　旅游目的地开发

旅游目的地的开发是一项综合性的工程，既要考虑到开发带来的经济效益，又要兼顾社会、文化和环境的综合效益，并且还要在所有相关者之间、在不同族群的人们之间、在人与自然之间、在当代人和后代人之间找寻一种平衡。

一、旅游目的地开发的基本内容

旅游目的地的开发是对一个特定旅游目的地的系统开发，目的是使之具有开发目标指向的系统结构与功能。就旅游目的地系统内部而言，一般包含以下内容：

（一）旅游产品和活动

旅游产品和活动是指吸引游客的主要自然、文化吸引物或其他有特色活动。这是旅游目的地得以存在和发展的核心要素。

（二）旅游住宿

旅游住宿包括游客过夜的设施及相关服务，其规模、结构与特色对游客体验来说也是十分重要的。

（三）其他服务与设施

其他服务与设施包括游客旅游活动过程中所需要的其他基本服务，如旅行社、餐饮、纪念品和特殊商品购物、便利店、银行或货币兑换服务、旅游信息咨询、美容院等日常生活服务、医疗、公共安全设施等。

（四）交通设施

交通设施包括进入一个国家或地区的交通设施，连接目的地与口岸的交通设施以及目的地内部的连接交通设施等。

（五）其他基础设施

其他重要的基础设施包括供水、供电、垃圾处理、通信设施等。

（六）经营管理

经营管理包括经营战略、营销战略、管理模式、发展政策、人力资源建设等内容。

（七）环境要素

环境要素包括生态环境和景观环境等内容。

二、旅游目的地互联网思维的产品营销及创新

随着观光市场发展遇到瓶颈，国家开始引领市场，并对旅游目的地注入特色文化，提炼内容，打造更具情感体验的产品，以文化为引领成为旅游目的地突破发展瓶颈的新趋势。同时，随着互联网行业的不断发展和各项技术进步升级，越来越多的旅游目的地开始注重线上投入及优化，加大线上宣传力度，增加线上渠道，进行软硬件技术配套升级，加快智慧旅游目的地的建设，为游客提供更高效便捷的服务。所以，旅游目的地应运用互联网思维来提升产品质量并进行营销创新，尤其在5G时代，数字文旅将为文旅融合带来新气象。

（一）数据化决策

数据化决策能让旅游企业洞察数据，进行准确的营销决策。旅游企业应分析用户

消费场景终端，收集终端数据，不断优化用户画像，满足消费者个性化的需求。

以杭州为例，作为国内优质旅游目的地，其在最初的发展阶段就利用大数据为营销做诊断。特别是针对核心游客群体，景区开展个性化的产品推荐；景区通过游客真实的评价反馈，优化目的地体验，不断丰富受市场欢迎的产品及服务。

目前，有的景区也采用了系统数据来进行分析。他们从数据源区域层级、渠道层级、样本层级来采集数据，随后，拆解出与游客相关联的用户画像，同步结合市场美誉度、游客评价口碑及新媒体热点分析，结合渠道评估，对目的地景区做诊断或提供决策的参考。

其实，旅游目的地运用数据化营销，不仅仅是为了赢得客户，也是为了更好地管理客户和留住客户，形成良性发展态势。

（二）消费场景化思维

旅游目的地产品体系是指旅游产品各种表现形式的集合，这些产品表现形式相互关联，是旅游资源开发及旅游业经营和管理的重点，也是呈现给旅游者的核心价值所在。同时产品体系化也是主题分类化的一个过程，可以不断外延细分市场以外的核心价值，使游客能在特定的细分市场快速形成心智认知，从而使产品更具有相对的竞争优势。

以泰国旅游目的地产品体系为例。2017 年，泰国国家旅游局针对中国市场推出全新品牌形象“有品有质游泰国”。其中，泰国国家旅游局在“有品有质”这一主题之下进一步阐释泰国有文化、有风光、有美食、有快乐、有时尚和有甜蜜等多个方面的品质游产品内容细分，从迷人景点、美食体验、奢华度假、蜜月胜地、优质购物等方面全面展现泰国这一旅游目的地的风采。

由于泰国游产品的多样性，很多游客会以价格为主要选择导向，而无法真正体验泰国游的诸多不一样。通过“有品有质游泰国”这一全新的品牌口号及品质游体系化产品，游客能更直观了解从前不曾了解过的“有品有质”的泰国，深入体会泰国的精髓。但是光有产品体系还不够，还需要将场景元素代入产品体验中，把场景转化为消费，从而引流更多的消费人群。场景化营销即是将各种体验元素整合起来的一种方式，要素中有空间、时间、人物、事件等。

所以一个好的旅游目的地，起码要具备“五好”融合的场景化体验元素。

①要有“好的故事”，让文化故事情景化。

②要有满足口腹之欲的“好的味道”“好的食材”“好的口味”。

③要有“好物”，君自故乡来，应知故乡物。好的伴手礼会引起消费的共鸣。

④要有“好戏”，能够将文化创新式呈现，留住游客。

⑤要有“好玩的打卡点”，即最佳拍摄点及最深度玩法体验，集合更多场景体验。

比如《浙江丽水摄影发展规划》是国内第一个关于摄影产业发展的规划，让丽水处处是摄影点，全面提升了丽水市的知名度、美誉度和影响力。

此外，还要有形式多样的玩法，更多的科技性互动体验，更有趣味性及参与性。所以旅游目的地在设计产品时，场景化思维尤为重要，通过移动设备、社交媒体、定位系统、穿戴传感、大数据检测等，用更多触点与旅游者进行连接，甚至可以在特定场景中，为旅游者提供有价值的信息及有趣互动来引导旅游者，抓住旅游者的心，勾起旅游者的情感共鸣。所以在互联网时代，旅游目的地不仅要打造体系化的产品，更要营造产品场景体验感，这样才能保证产品及营销的精准投放。

（三）用户至上迭代思维

迭代是一种互联网思维，是一种趋近未来试错的方法。迭代是使用重复结构，利用旧值来推导新值的过程。

譬如近年来流行的网红景区及网红打卡点，让旅游者参与越来越充分，也助推了目的地品牌及产品不断迭代。特别是进入新媒体时代，信息传播更快，信息势能不再依赖传统媒体，根据二级传播理论，意见领袖势能概念越来越强。尤其是在数据时代，旅游目的地应该通过旅游者需求及体验逆向引导产品创新供给。所以掌握旅游者对目的地的情感分类、兴趣及决策需求分类就尤为重要。但信息流也是一把双刃剑，信息流一旦失控会形成较大的负面影响。

因此，积极建设与旅游者的互动机制，是管理好品牌与地方经济的前提。目的地品牌管理及营销工作，要渗透到各渠道的口碑、攻略、评论这些场景里去，通过大数据进行品牌美誉度监测及旅游者需求调研；迭代游客需求，不断完善提升产品供给，及时了解不同群体的关注点以及期望，有针对性地对旅游者进行有效沟通并满足其需求。

阅读材料 7-6　上海迪士尼的本土场景化

［**核心知识小结**］

旅游目的地是拥有特定性质旅游资源，具备了一定旅游吸引力，能够吸引一定规模数量的旅游者进行旅游活动，集旅游资源、旅游活动项目、旅游地面设施、旅游交通和市场需求为一体的空间复合体。在这样一个空间复合体中，各旅游组成要素选择符合自身特性的可持续发展模式，搭建起多方利益相关者均衡发展的旅游发展形态，从而实现旅游业的可持续发展。

[案例解析]

当旅游旺季遇上电视暑期档

[复习思考]

1. 请选择一个你熟悉的旅游目的地，分析它的主要构成因素，并思考目的地的特征有哪些？

2. 国外具有代表性的旅游目的地管理模式有哪些？

3. 列举旅游目的地开发创新方式。

4. 思考旅游目的地进行科学定位的意义。

参考文献

[1] 克里斯·库伯. 旅游学精要［M］. 石芳芳，译. 大连：东北财经大学出版社，2014.

[2] 邹统钎，王欣. 旅游目的地管理［M］. 北京：北京师范大学出版社，2012.

[3] 尹隽. 旅游目的地形象策划［M］. 北京：人民邮电出版社，2006.

[4] 许春晓，成锦. 旅游目的地记忆图谱市场细分法构建［J］. 经济地理，2017，37（2）：187-192.

[5] 李天元.《旅游目的地治理中的公众参与机制研究》评介［J］. 地理研究，2017，36（2）：1.

第八章 走进旅游业之旅游娱乐购物业

［学习目标］

1. 了解旅游娱乐、旅游购物的基本概念。
2. 熟悉旅游娱乐的基本类型。
3. 掌握旅游娱乐购物发展的新内容。

［引导案例］

力争到 2020 年，实现旅游综合收入超过 1 200 亿元

——承德：从山庄时代向全域旅游时代迈进

“承德立足自身优势，坚持把文化旅游作为第一主导产业，围绕创建国家全域旅游示范区，加快构建全域旅游发展新格局。”7 月 26 日，在河北省政府新闻办举行的“大力弘扬塞罕坝精神——建设新时代生态强市魅力承德”新闻发布会上，中共承德市委副书记、市长常丽虹介绍，近年来，承德打造推出的国家“一号风景大道”和“鼎盛王朝——康熙大典”、满韵骑风实景演出等旅游新业态，开启了从山庄时代向全域旅游时代迈进的新纪元，以文化旅游为牵引的服务业对 GDP 增长贡献率达到 70%。

承德是京津周边旅游资源最丰富的地方。2016 年 11 月，承德市以一流的资源禀赋和良好的发展前景进入国家全域旅游示范区创建名单，2017 年，该市制定印发了《承德市全域旅游发展规划》，并于 2018 年成功承办了第三届河北省旅游产业发展大会，重磅推出国家“一号风景大道”，成为全国首个经国家批准注册的风景大道品牌（沿途串联 6 大旅游组团和 112 个旅游专业村，打造 20 个精品旅游项目，创新培育 10 余种“旅游+”新业态）。2018 年，全市旅游文化产业直接从业人员达到 10 万人以上，带动间接就业近 60 万人，接待中外旅游者数量 7 009 万人次，实现旅游综合收入 865 亿元，对全市 GDP 的贡献率达到 15. 2%。

原承德市副市长王成表示，站在全域旅游发展的新起点上，承德坚持以建设国际旅游城市为统领，深入实施“一心、两带、五大板块、六个旅游度假区”（“一心”即以避暑山庄为核心；“两带”即京承皇家御道旅游带和燕山环京津国际休闲旅游带；“五大板块”即皇家文化旅游板块、森林草原旅游板块、长城生态板块、燕山山水板块、冰雪温泉板块；“六个旅游度假区”即御道口、兴隆山、热河皇家温泉、金山岭、蟠龙湖、京北第一草原旅游度假区）发展战略，加快承德旅游从山庄时代迈向全域旅游新时代。

在构建全景格局上，承德以景区提档升级为抓手，突出龙头企业的带动作用，依托金山岭长城、避暑山庄、京北第一草原、木兰围场、兴隆山等旅游景点和国家“一号风景大道”等精品线路，把全市特色景区串成线、连成片，形成全域旅游蓬勃发展态势，力争到2020年培育A级以上景区50家以上，新增乡村旅游示范村100个以上。在培育全时旅游上，大力发展冰雪运动和冰雪产业，加快建设金山岭国际滑雪旅游度假区、崔梨沟国际滑雪小镇等一批冰雪项目，着力打造承德冰上运动中心等一批体育冰雪训练基地，推出中国马镇冰火节、雪地摩托车锦标赛等一批冰雪活动和赛事品牌，扩大承德冬季旅游影响力，到2020年力争全市冬季游客达到2 000万人次。在打造全产业链条上，承德深入实施“旅游+”发展战略，加快培育文化休闲游、医疗康养游、体育竞技游、乡村特色游、自然生态游等新业态，推出布糊画、满族剪纸等一批具有承德特色的旅游文创新产品，促进一二三产业融合发展，力争到2020年，实现旅游综合收入超过1 200亿元。在提升全功能服务上，重点打造旅游交通、智慧旅游、旅游服务“三张网”，打造一批自驾车营地，完善提升“吃住行游购娱”旅游综合服务平台，努力营造生态景观好、游客体验好、社会秩序好的优质旅游环境。

（资料来源：凤凰网旅游 https://ishare.ifeng.com/c/s/7odHPLu8WVd）

思考：

1. 承德市发展旅游娱乐的举措有哪些？

2. 对于旅游目的地来说，旅游活动中娱乐和购物如何创新发展？

第一节　旅游娱乐业

一、旅游娱乐业的概念

旅游业是一个由“食、住、行、游、购、娱”等多种要素组成的综合性产业，其中游、娱是旅游者的目的性需求，而食、宿、行、购则是为达到目的所必备的日常生活性质的需求，由于旅游者的需求是变化的，因此产生旅游活动的动机各不相同，但

"求乐"这一需求目前正变成旅游动机的主流。

随着旅游业的发展，旅游者的需求变得多种多样，传统单纯的观光旅游已经不能满足旅游者的要求，旅游地应为游客提供丰富多彩的休闲娱乐和夜间娱乐等高品质项目，以丰富旅游者的旅游感受。所谓的旅游娱乐业是指向旅游者提供娱乐性产品以满足其娱乐需求的行业。旅游娱乐也就是旅游者在旅游活动中所观赏和参与的文娱活动。旅游娱乐、旅游购物作为旅游产业链中重要的环节，旅游娱乐业、旅游购物业是否发达，是旅游业走向成熟的重要标志。

旅游娱乐与娱乐消遣型旅游是有所区别的，娱乐消遣型旅游是指以娱乐消遣为主要动机的旅游活动，是一次独立的旅游活动；而旅游娱乐指的只是一次旅游活动中的一种旅游行为，其旅游活动并不一定以娱乐为主要动机，也可能是在其他类型的旅游活动过程中穿插的一种文娱活动项目。两者共同之处是都注重旅游活动的娱乐性和参与性。

二、旅游娱乐业的主要内容

旅游娱乐是社会生产发展到一定阶段的产物，随着全球经济的发展，尤其是科技的高速发展，生产力的不断提高，娱乐业逐步与日常休闲活动接近、融合，成为人们生活的必需内容。旅游娱乐业的主要内容是娱乐活动，娱乐活动的分类方式众多。可按娱乐活动的功能划分，一般将娱乐活动分为四类，包括文化类、康体类、休闲类、娱乐类。文化类是指由政府支持修建的国家和地区标志性、象征性建筑或者历史文化保护遗址，举办思想性、科学性、艺术性、时代性强的精神文化性的旅游娱乐活动，如孔庙。康体类是指提供能裁判、教练、陪练服务的具有一定设备水平的体育场地、场馆，举办具有竞争性、规则性的旅游体育项目。休闲类是指电影院、游乐场、游艺厅、公园等，具有参与性、趣味性的特点，消费水平适中。娱乐类主要是指歌舞厅、夜总会、KTV、组织大型娱乐或游乐节目的主题公园等，具有组织性、享乐性和国际性的特点。

当然，无论哪一种旅游娱乐活动都离不开娱乐设施，现代社会娱乐设施可满足旅游者追求休闲、欢乐、刺激等多种需求。对于娱乐设施可按空间位置和活动项目划分按娱乐设施的空间位置划分，其通常分为室内娱乐产品和室外娱乐产品。室内娱乐产品主要包括保龄球馆、健身房、影剧院、歌舞厅、室内滑雪场、室内滑冰场和室内游泳馆等。室外娱乐产品则主要包括游乐园、主题公园、水上乐园、海底世界、海滨浴场、休闲农庄、高尔夫球场、滑雪场、广场表演和极限运动项目等。按娱乐设施的活动项目划分，一般分为专项娱乐设施和综合娱乐设施。专项娱乐设施指单项的旅游娱乐产品，仅满足旅游者一方面的需求。比如，现代主题公园中的诸如激流勇进、过山车等单个的娱乐项目。综合娱乐设施则是指多种旅游娱乐项目的汇总，如游乐园、主题公园等。

三、旅游娱乐业的作用

旅游娱乐活动属精神产品，在旅游发展中与文学、艺术、娱乐、音乐、体育等多领域密切结合，且旅游娱乐业显现出高速发展的态势，不仅使旅游业结构更趋合理，更为各国旅游者带来更多的交流机会，形成了一种独特的文化现象。

（一）完善旅游产业结构，丰富旅游文化生活

目前，随着经济的快速发展，人们开始高度关注生活质量。旅游娱乐的发展不仅促进了社会经济发展，带动了相关产业发展，而且还促进了社会文明进步；在满足旅游者观光以外的文化精神需求的同时，还可以丰富当地居民的社会文化生活。与此同时，旅游活动的内涵已经大大延伸，单纯经营观光旅游产品型的旅游产业结构面临严峻挑战，完善旅游娱乐设施、提高旅游娱乐服务质量已经成为旅游接待国家和地区的重要任务。

（二）增长潜力大，且发展前景广阔

旅游娱乐在旅游业中创汇、创收比重较小，但利润可观，发展前景广阔。众所周知，旅游业是综合性很强的产业，它通过为旅游者提供食、住、行、游、娱、购等综合服务而取得经济收入。在这些综合性服务中，食、住、行具有相对的稳定性，其经济收入是有限度的，而旅游娱乐在旅游需求中的弹性较大，因此其经济收入具有相对的无限性。随着生活水平和生活质量的提高，人们对精神性消费的需求增加，选择参加旅游娱乐，不但可以恢复体力、摆脱精神上的压力，获得欢乐，提高工作效率，还可以获得知识和灵感，完善和发展自我。

（三）丰富旅游产品的内容，增强旅游吸引力

如今，旅游娱乐活动已渗透到旅游业各个组成部分中，它特有的文化内涵与参与感强烈地吸引着旅游者，提高了旅游活动的质量。现在，走马观花的观光型旅游正在失去魅力，更多的旅游者希望深入地了解旅游目的地的社会、文化现象，更加注重参与性和心理经历。旅游娱乐融艺术性、娱乐性和参与性为一体，是一个国家或地区民族文化、艺术传统的生动反映。很多的旅游业经营者把旅游文娱引入到旅游景区景点、旅游饭店，甚至各种旅游商品交易会和展示会上，为旅游活动增添更多的文化娱乐色彩，满足了旅游者生理、心理及精神的需要。

四、旅游娱乐业的新业态

如今，旅游娱乐业不仅是主题乐园，它还包含了景区的一些表演，如城市剧场和

民俗工艺展示，它的业态已经多元化了。随着人们对文化消费需求的提升，旅游和文化的融合加剧，文化创意旅游日益成为旅游产业发展和旅游资源开发的新的增长点。

（一）旅游娱乐业的发展经历

提及旅游娱乐业的发展，我们需要先回顾一下世界旅游娱乐业发展的大致经历：第一个阶段一般是小型流动式的，以音乐、舞蹈、魔术为主要内容；第二个阶段是户外游乐场所；第三个阶段，特别是到1937年世界博览会以后，户外的游乐园在设备的功能和数量上都比过去有了一个大的改观；第四个阶段是在第二次世界大战以后，整个旅游娱乐业发生了较大变化。如果说要为旅游娱乐业找一个起点的话，人们普遍认为是1955年美国的卡通片大师沃尔特·迪士尼建起的第一家以迪士尼命名的迪士尼乐园。在中国大陆，虽然旅游娱乐业的起步比较晚，但发展却非常快，可以说中国旅游娱乐业自20世纪80年代起步，到1985年的前后都是以中小型的娱乐园为主，那时候还没有主题公园的概念；直到1985年以后广州东方乐园作为中国综合性比较强的“主题公园”，虽然面积很小，但也是一个综合性的“主题公园”，更重要的是它的建成实现了我国“主题公园”从无到有的转变。

由于主题公园是以特有的文化内容为主体，以现代科技和文化手段为表现方式，以市场创新为导向的现代人工景区，因此主题公园被视为旅游娱乐发展的主体内容之一。游乐园的兴起和主题公园的出现也是与国家工业化和人们生活水平的改善密切相关的。从世界范围看，主题公园最早的雏形是古希腊、古罗马时代的集市杂耍，其通过音乐、舞蹈、魔术及博彩游戏等手段营造气氛、吸引顾客。随着手工业向机械工业递进、城市的大量出现，这种小型的、流动的娱乐形式，逐步演化为专门的、以户外为主的游乐场所。到了20世纪上中叶，其形式也从轻松温和的草地花园式，转为以机械游乐器具为特色，追求喧哗、刺激的游乐园。第二次世界大战后，随着生活方式的日趋多样化，科技的发展和经济的繁荣，主题公园的旅游景观创新概念逐渐形成。“童话乐园”“探险乐园”“野生动物园”“假日乐园”等相继在欧美等地发展起来。特别是1955年美国在洛杉矶建起第一个现代意义上的主题公园后，以主题公园为代表的旅游娱乐业在世界各地得到广泛发展，从规模到科技和文化含量上都有较大突破。

可以说，主题公园对旅游娱乐业的发展起到了极大的促进作用，主题公园通过形象设计、建筑形式、自然特点，特别是丰富多彩、引人入胜的游乐项目，形成吸引旅游者前来当地及周边地区旅游观光的直接吸引力，刺激了旅游消费，推动了当地旅游业的发展与繁荣。主题公园的发展还带动了相关产业的发展，起到促进消费和扩大就业等作用，诸如影视业、房地产业、建筑业、交通业、广告业以及餐饮食业等都从主题公园的发展中受益。但是需要明确的是旅游娱乐业不仅仅有主题公园这一个内容。以中国旅游娱乐业为例，目前国家统计局印发的《国家旅游及相关产业统计分类（2018）》将旅游娱乐归属于为游客出行提供旅游辅助服务和政府旅游管理服务等活动集合的旅游相关产业，其内容包括旅游文化娱乐（文艺表演旅游服务、表演场所旅游服务、旅游室内娱乐服务、旅游摄影拓印服务）、旅游健身娱乐（体育场馆旅游服务、旅游健身服务）、旅游休闲娱乐（洗浴旅游服务、保健旅游服务、其他旅游休闲娱乐服务）。

在旅游活动中，这些服务产品围绕着市场的发展和消费需求，与其他行业不断融合创新，从而产生新的旅游产品及消费运营形式，形成旅游新业态。

（二）旅游娱乐业发展的新业态

随着大众旅游时代的到来，旅游已经逐渐成为人们生活的一部分。大众旅游时代的旅游者涵盖了不同层次的人群，由于旅游者层次的广泛性，不同层次旅游者的旅游需求是不一样的，同时旅游者的需求也是一直变化的。进入 21 世纪，随着体验经济时代的到来，人们的需求又呈现出了新的变化特点：首先，人们更加注重旅游过程中的体验性和参与性，不断追求刺激、新颖的旅游经历。旅游市场提供的传统型的观光游览旅游产品，已经不能够满足所有旅游者的消费需求了，因此许多注重旅游者体验感和参与性的旅游新业态应运而生，如一些娱乐性的主题公园、探险旅游等。其次，现代社会的生活、工作压力不断增加，城市空间也逐渐拥挤起来，很多城市人迫切地想脱离这个空间，越来越多的人希望回归自然，体验本色，放松身心。于是为了满足市场需求，又滋生出了另一些旅游新业态，如乡村旅游、生态旅游等。最后，旅游大众化带来的不同层次的消费者，对应地就产生了不同消费档次的需求，有追求高档、追求奢华、彰显身份的贵族式旅游者，也有工薪阶层的中档消费者，还有消费水平较低或经济上不能独立的农民和学生群体。为适应和满足他们的消费能力和水平，旅游市场出现了相适应的旅游新型业态，如主题酒店、民宿、自助游等。

为贯彻落实党的十九大关于深化机构改革的决策部署，中共中央《关于深化党和国家机构改革的决定》和《深化党和国家机构改革方案》提出，将原文化部、国家旅游局的职责整合，组建文化和旅游部作为国务院组成部门。在文化和旅游融合发展的背景下，文化与旅游融合发展成为客观必然，旅游娱乐消费也成为一种新的社会消费方式，在旅游娱乐新业态中，除了注重游客的感官体验，还可以导入科技、名人、综艺、动漫等资源，以提升项目吸引力。红色旅游、博物馆旅游、旅游演艺、主题公园、文创产品等业态和产品得到快速发展，文化遗产、文化资源、文化要素正在加速转化为旅游者喜爱的旅游产品，文物、演艺、动漫、文化创意、设计服务等与旅游业各个细分行业、各个服务环节正在深度融合，且不断拓展融合的方式、广度和深度。

1. 演艺娱乐+旅游新业态产品

近年来，随着旅游者旅游需求的多样化，为了提高旅游目的地的竞争力，充分满足旅游者的娱乐需要，一些旅游地陆续推出了一些大型旅游演艺娱乐产品，诸如张艺谋执导的印象系列《印象·刘三姐》《印象·丽江》《印象·西湖》，以及在一些著名旅游城市推出的大型演出活动，比如成都的《金沙》、杭州宋城的《宋城千古情》、武汉的《汉秀》等。这些大型娱乐演出活动，吸引了大量游客，也是旅游娱乐方式的全新拓展。

旅游演艺产品即将舞蹈、歌曲、杂技、武术等艺术形式作为题材，结合声、光、电等高科技手段，运用多种艺术表现手法，以游客为主要观众，通常依托著名旅游城市或热点景区，综合运用多种艺术表现形式，以表现地域文化或民俗风情为主要内容的商业演艺活动，是文化和旅游融合的先行领域和重要载体。大型实景山水、文化主题剧目、马戏表演、杂技展演等产品都属于这一类别，是超越了实景演出的大概念。国际上旅游演艺有三种主要类型：第一类是户外演艺，是在资源基础上的简单利用，规模相对比较小，没有震撼力；第二类是室内演出，具有代表性的是法国红磨坊、英国音乐剧、纽约百老汇；第三类是广场演艺，如已经消失的北京的老天桥、上海的大世界。

国内旅游演艺作为市场驱动型行业，其兴起和繁荣与我国旅游市场的发展壮大息息相关，其发展分为三个阶段，分别是起步阶段（1982—1995 年）、初步发展阶段（1995—2004 年）和快速推进、全国发展阶段（2004—2015 年）。起步阶段旅游演艺以室内剧场演出为主，外宾观众为主，行政式招待与市场演出兼而有之。如 1982 年 9 月西安面向入境游客推出《仿唐乐舞》，边用餐边看演出，不以赢利为目的；1986 年朝阳剧场被北京市指定为“旅游演出定点场所”，主要面向入境游客，演出外国游客看得懂的杂技、武术和京剧折子戏。初步发展阶段旅游演艺面向国内外大众游客，开始进行主题公园剧场或专业旅游剧院演出，实行商业化运作。如 1995 年深圳华侨城旗下的中国民俗文化村《中国百艺晚会》、1996 年世界之窗的《欧洲之夜》，始创大型广场定时露天演艺；1997 年杭州宋城景区《宋城千古情》，始创主题公园室内剧场定点定时演出；随后，2001 年张家界《魅力湘西》、曲阜《杏坛圣梦》、2002 年丽江《丽水金沙》、2003 年昆明《云南映象》、2004 年《功夫传奇》等相继出现。快速推进、全国发展阶段实景演出迅速扩展到全国各地，多种旅游演出专业团队策划、演出和经营涌现，初步形成旅游演艺的几个品牌。如 2004 年《印象·刘三姐》标志实景演出开始登上旅游演艺舞台，随后引发实景演艺热潮，旅游演艺走向大众化、专业化、多样化。旅游演艺场所与节目从几台增加到二三百台，形成印象系列、山水系列、千古情系列三大品牌，构成以珠三角、长三角、大西南（川渝、云贵）为重点的全国布局。

国内主导旅游演艺市场的旅游演艺产品主要分为主题公园演出及巡游、实景演出和独立剧场演出三大核心类型，演出内容主要为历史与人物故事、地方民族风情、宗教文化、红色文化和马戏及海洋动物表演五种题材。其中实景演出一般以旅游地山水实景为依托打造实景演出产品，具有拉动旅游地区市场增长的功能。其剧目创作阵容强大，创新频繁且周期长；演出团队为专业演员与当地居民演员；演出形式为室外大型演出，代表作有《印象·刘三姐》等。剧场表演旅游演出一般以著名旅游中心为依托打造旅游“特色演出”精品，具有展示优秀文化，丰富文化旅游体验演艺功能。剧目由专业团队创作，创新较快、周期较短；演出团队为专业演出团队；演出形式为驻场演出与巡演相结合，代表作有《云南映像》等。主题公园旅游演出一般通过演出与游园优势互补、共同打造的复合型旅游演出项目。剧目创作兼顾艺术性与商业性，原创剧目与引进剧目相结合且更新较快；演出团队为自建表演团体或引进的专业团队；演出形式为大型主题演艺、小型常规表演，定点演出与巡演相结合，代表作有《宋城千古情》《金面王朝》等。

目前，我国正处在大众文化消费和大众旅游消费的初步发展阶段，旅游业的发展与演艺娱乐业的发展密切相关，在国内旅游业稳步发展的驱动下，演艺娱乐行业也在不断进步。旅游演艺已进入快速发展期，据粗略数据统计，2019 年中国旅游演艺剧目台数约 320 台，演艺票房收入约 66 亿元。虽然旅游演艺对旅游经济的拉动作用初步显现，但各地差异很大，旅游演艺剧目集中在经济相对发达、旅游资源相对丰富、旅游业相对成熟地区。目前旅游演艺进入了转型升级、提质增效阶段，从“你演我看”的观赏式向场景、演员与观众互动的沉浸式进行，如《又见平遥》《寻梦牡丹亭》《印象桃花源》；众多文旅企业集团把旅游演艺作为主业，与主题公园、旅游小镇等融合发展，逐渐向上下游领域延伸，向游、住、食、康、娱、购和会展等业务拓展，如宋城集团、华侨城集团、华夏文旅集团。在大众旅游时代和文旅融合发展的契机下，旅游演艺娱乐不断向专业化、品牌化、规模化方向发展，2016 年《最忆是杭州》亮相 G20 峰会，旅游演艺走上国际交流舞台，一些项目和企业开始走出国门（如中越合作）；2019 年文化和旅游部发布《关于促进旅游演艺发展的指导意见》（简称《意见》），标志着旅游演艺正式作为一个新颖的文旅融合业态得到重视。《意见》明确提出，到 2025 年，旅游演艺市场繁荣有序，发展布局更为优化，涌现一批有示范价值的旅游演艺品牌，形成一批运营规范、信誉度高、竞争力强的经营主体，着力推进旅游演艺转型升级、提质增效，充分发挥旅游演艺作为文化和旅游融合发展重要载体的作用。由此可见旅游演艺娱乐具有巨大的市场潜力和发展空间，且在推进文旅融合的进程中占有重要分量。

阅读材料 8-1　旅游演艺——夜间的视听盛宴

2. 数字创意娱乐+旅游新业态产品

随着互联网产业的蓬勃发展，数字娱乐开始出现在每个人的身边。数字娱乐是指动漫、卡通、网络游戏等基于数字技术的娱乐产品，它涉及移动内容、互联网、游戏、动画、影音、出版、教育培训及旅游等多个领域。可以说，数字娱乐产业以强劲的发展支持了新经济，在新兴的文化产业价值链中，数字娱乐产业是创造性最强、对高科技的依存度最高、对日常生活渗透最直接、对相关产业带动最广、增长最快、发展潜力最大的部分。

传统景区目前还是以自然观光和历史文化为主，一方面是静态的山水风光，另一方面是固定的人文资源和同质化的观光模式。但是随着供给和需求侧变化，随着现在旅游的主体客群越来越年轻化，传统的景区产品越来越难以满足他们挑剔的胃口，年轻消费者已经习惯了丰富多彩的娱乐形态。在这样背景下，景区新的消费虽然也在兴起，但产品供给依然不足，如何满足游客对游乐体验日益提升的新需求，已经成为摆在景区面前的主要问题。当下消费者也进入了体验经济时代，如何将传统景区的优势与文化、科技相结合，通过文化+旅游+科技融合，实现传统产业的创新，构建全新的体验旅游，打造旅游服务新业态，值得景区行业探索思考。因此，数字创意娱乐产品，是有助于改变现在传统景区体验方式和消费模式的重要产品形式。

数字创意娱乐产品通过挖掘景区自身的特点和优势，可以将高科技和文化结合，帮助景区打造增加客流及收益的爆款产品、制造让游客乐于消费的二次消费衍生品，从而做到让景区的山水动起来，让景区的文化活起来，让景区的运营更加热起来。景区通过创新型的技术手段，不仅能够丰富游客的体验，而且带动了经济效益和传统景区向新的产品方式产业方式升级。例如湖北恩施凤凰山的投影秀，通过对山体崖壁这样自然的地貌的利用，挖掘当地巴人的人文历史并与之结合，再通过投影、灯光、音效等为恩施形成一场兼具人文内涵和公众凝聚力的新文化光影大秀。例如景区通过AI技术让游客游览体验更加多元丰富，据金东数字创意股份有限公司介绍，他们研发了一款看起来像令牌但其实是手机的产品，游客可以进行导览，可以通过AI知道自己在什么位置，古长城还有什么可以玩的，还可以与AI互动，通过打造宋城小兵这样的IP角色，使得游客到古长城拿着这个手机，就可以看到历史的某一个名人，也可以利用宋城小兵进行游戏互动，好像自己穿越到了古代参与历史的构建。再比如国家5A景区青岛的崂山，利用创新的高科技技术和创意手段，打造更能提升客户感受的高科技新项目产品，如利用技术重现崂山穿墙术、全息复原上清宫、打造球幕立体影院等，同时也为崂山景区创造了一些比较萌的IP形象，这些形象不仅仅适用于衍生品，同时也作为景区的导览，增强与客户的黏性，跟客户有更好的连接。

随着云计算、物联网、人工智能、5G高新科技的发展，社会的生产结构在发生变化，旅游行业和旅游娱乐的方式也在发生变化，VR、景区数字化管理、智慧体系数据管理、智慧旅游行业应用云、旅游服务体验中心、大数据中心、调度智慧中心等在未来都是支撑景区数字化转型的重要内容和有效途径。

3. 动漫+旅游新业态产品

动漫和旅游这两个产业因为都有“趣”，因此具有天然的可连接性。动漫等文化创意产业在助推传统产业转型升级和新兴产业品牌营销方面发挥的作用越来越大，推进动漫与旅游的深度融合，开发动漫+旅游等新业态产品，能够实现旅游和文化创意产业的协同发展、转型升级。动漫作为一种喜闻乐见的艺术表现形式，是文化传播的重要载体，在向世界传播社会主义核心价值观、中华优秀传统文化方面，发挥着不可替代的作用。无论是“动漫+”还是“旅游+”，都在走向融合，可以说动漫和旅游的融合实现了消费产品与消费体验的融合、消费效率与消费深度的融合。

在数字化、网络化、智能化、移动化的大背景下，人们重视文化的跨界融合，不仅是基于对科技发展跨界融合带来的新业态的认知，也是辩证思维的回归、生活的回归。动漫延展性很强的长产业链为丰富旅游业的形式和文化内涵提供了多向选择。动漫产业链较长，有艺术性很强的漫画/插画作品，有参与度很大的cosplay表演/宅舞，有观赏性很强的影视动画，有互动性很强的游戏动漫，还有主题公园、城市综合体、街区、酒店、咖啡、服饰、动漫节庆活动，以及和人们日常生活紧密相关的各种动漫衍生品，这条产业链上的各环节都可以给旅游业六要素“吃住行游购娱”，尤其是“娱乐”提供丰富的选择。动漫作为创意产品，它所创造出的虚拟体验感是不可复制的，它的可爱形象、离奇剧情以及想象性世界观带给人的精神愉悦也是其他文化产品无法比拟的，景区如果把动漫的产品体验与旅游结合起来，就能让旅游的真实感与动漫的虚拟感奏响更加美妙的协奏曲，达到如古人所说的“登山则情满于山，观海则意溢于海”的情景交融的意境。

为什么要开拓动漫旅游融合项目？

首先，动漫黏着性很强的长生命周期为旅游业培育了新的庞大消费人群。在动漫氛围中成长起来的“Z世代”现在已成为主流消费人群，当他们需要旅游的时候，当然更容易亲近那些动漫化的旅游景点和旅游产品，这是旅游业需要关注的供给侧变革。近年来国内已有不少景点把动漫游戏内容转化为设施和体验项目，为的是吸引年轻游客，满足游客新型消费需求。例如，美国皮克斯动画公司以墨西哥音乐为题材拍摄的《寻梦环游记》上映，这部电影给一座名为“帕拉乔”的小制琴镇乃至整个墨西哥都带来了前所未有的关注。世界各地的影迷们来到墨西哥寻访《寻梦环游记》中的当地元素，墨西哥旅游网站还专门推出了电影相关游览地的信息介绍。

其次，动漫比一般文化产品的生命周期更长，把动漫的深度消费与旅游结合起来，能让旅游景区的品牌可视化、消费长尾化，实现把旅游目的地带回家的消费体验。此外，在旅游景点打造动漫体验项目，通过动漫作品展览、视频播映、主题体验、动漫演艺、衍生品销售等形式，满足游客新型消费需求，或是举办动漫主题节展活动，将动漫融入地方旅游资源，展现各地人文风情，促进动漫旅游融合发展。

最后，动漫形象化很强的塑形能力给旅游业带来了新的营销手段和传播方式。当今时代是视觉文化主导的时代，而视觉的核心是形象。多年前日本著名漫画家手冢治虫曾经把漫画与人们的关系分为几个时代，即玩具时代、点心时代、主食时代、空气时代和符号时代。现在，中国正在进入动漫的空气时代。动漫是将创意形象化的艺术，同时也是内容形象化表达的工具。它有两大优势：一是形象化使品牌可视化。旅游目的地通过卡通形象的创意表达，使单调的文本、艰深的概念变得一目了然。二是情感化使品牌更具亲和力。“粉丝文化”就是人类这一重要心理现象的表现。因此旅游目的地要设计旅游动漫形象和代言人，开发动漫系列微视频，在城市宣传、文旅推广中应用，通过动漫形象为旅游目的地创造具有高度辨识力的标志符号，提升旅游地的亲和力和吸引力。

4. 音乐+旅游新业态产品

音乐+旅游、音乐节+旅游营销现在越来越被重视并运用到实践中，成为助力旅游业升级的新鲜血液。旅游活动很多时候被视为是体验和感受文化最好的方式，而音乐+旅游的融合是通过现代性的偶像来吸引年轻观众的关注，用最具现代化的舞台和表演来强调狂欢的体验，然后又引导这些游客沉浸到最原始的景区中，去感受大自然和历史留下来的痕迹和遗产。

对于音乐和旅游，其实落地一个音乐项目，绝对比落地一个游乐园项目更容易，至少从旅游的景区、科技园区、文化地产和旅游小镇来说是相对容易的，每个人都能说出喜欢谁的歌，音乐本身的亲民性和门槛，决定了旅游业升级选择的方式。2017 年 11 月 3 日至 5 日，摩登天空与马蜂窝合作在贵州遵义赤水河谷景区举办了一场名为“野心在召唤·赤水河谷音乐季”的狂欢活动，可以视作音乐+旅游融合的典型案例。在赤水河谷这个拥有悠久历史的景区，主办方通过邀请 40 多组国内顶尖独立音乐人，利用现代化的音乐和偶像将年轻人的注意力吸引过来，再通过精心的舞台设计完成跨界融合。据介绍，赤水河谷景区包含在茅台、习水、赤水三地当中，拥有全国首条旅游公路赤水河谷旅游公路，这条公路全长 160 千米，起于仁怀市茅台镇，止于赤水市区，沿线穿越仁怀、习水、赤水，起到了连接景区内重要景点的作用，其不仅路况优良而且还配备自行车道。因此景区在音乐季就在公路的节点上设立了三个主题迥异、造型各有特色的舞台，赤水的赤水要塞舞台、习水土城古镇中的野心城寨舞台和在桫椤自然保护区中神秘的秘林舞台。同时景区设置了接驳巴士，让观众可以舒心在景区和音乐舞台之间来回穿梭切换，使得整个音乐季节目丰富，既可以看景，又可以狂欢。

音乐是旅游平台的一条线，能够穿起很多跨界的珠子。早在2015年呼伦贝尔就曾打造了HEROAD国际游牧音乐节，也叫“双音乐节”，同时还打造了“HEROAD火车音乐节”。在兰州到敦煌的丝绸之路火车线路上，美库原创国际文化传媒公司把艺人、乐队社会公知、各大唱片公司以及企业老板，还有旅游体系的各类机构组织到火车上（从兰州出发，目的地是敦煌飞天音乐节现场），改造了一个餐车，在这里可以体验音乐+旅游的模式：音乐社交、音乐健康、音乐教育等。这个HEROAD火车音乐节就是音乐+旅游的项目成功的案例。

此外，还有杭州、佛山、昆明、成都、重庆等地的音乐小镇，也是音乐+旅游新业态产品。这些音乐+旅游的融合可能会和音乐节、旅游演艺等都不太一样的，这种融合不是教育式的，而是真正体验式和互动式的。也许在未来的音乐小镇开发中，更多的是派对式的活动，也许人数不会很多，演出场地不会很大，但一定是参与的、互动的，能够和表演者完全玩起来的。音乐内容本身可以极大带动旅游目的地知名度，音乐的宣传也可以给当地的旅游带来国际化的影响。在未来，音乐将作为引领，通过喜闻乐见的音乐+旅游模式串起各方资源，把具有特色的文旅目的地推向国际市场。

5. 文创园区+旅游新业态产品

众所周知，文化是旅游的灵魂，旅游是文化的载体，旅游与文化密不可分。旅游活动从本质上讲是一种文化活动，文化是旅游业竞争力的核心。文化的本质又决定了文化的旅游功能，它天然地融于旅游全过程。旅游者出行最大的动机，是获得审美的情趣和精神的愉悦。一次难忘的旅游，必定是文化之旅、精神之旅。文化赋予旅游生命力。文化旅游是文化和旅游融合发展的具体体现，是传承创新文化的重要内容和有效途径。这里文创园区与旅游的融合是指以某种历史文化集合和时尚文化资源禀赋为依托，以旅游为主导，以文化旅游产业作为园区的核心和支柱产业，开发相关的系列文化产品，目的是满足当地居民及外来旅游者特定的文化和休闲需求，反映的是地域特殊的文化、社会与经济需求，有其特有的运行机制，园区的组织管理是通过专门的管理协调机构来进行的。作为新业态产品，文创园区与旅游融合的内容是多元的，包括文化演出、文化型主题公园、历史文化街区、文化展览等诸多方面。

目前常见的文创园区，主要包括：艺术设计园，如北京798艺术区、上海老码头创意园；影视动漫主题园，如横店影视城、常州嬉戏谷；主题游乐公园，如欢乐谷、方特欢乐世界；演出娱乐园，如北京天桥演艺区、杭州宋城；历史文化街区，如北京南锣鼓巷、浙江乌镇等。这些文创园区都有较集中的业态领域，如艺术设计、动漫、影视、音乐、工艺美术等。文创园区已深度扩展到传统经典文化、艺术与时尚文化、新媒体、新科技等各个领域，并通过文创产品、文创园区、文创街区、特色小镇、田园综合体等功能形态不断呈现，成为中国城市创意思维、人文科技、创新产业、先进文化融合的创新之源，成为城市经典文化传播教育、美学生活休闲体验新的旅游空间和景区。

文创园区作为文化与旅游紧密结合的重要载体，已经成为旅游活动中的“新地标”，以台北华山1914文创园为例，原创建于1914年的日本“芳酿社”，是我国台湾地区最大的制酒厂之一，盛产清酒，后因地价昂贵及台北水污染问题严重，台北第一酒厂转移他地。1999年，台北酒厂正式更名为华山艺文特区，成为提供给文艺界、非营利团体及个人使用的创作场地。2007年，华山在经过以短期活动为主的10年艺文特区转型酝酿阶段之后，正式定位为推动台湾文化创意产业发展的旗舰基地，也开启了华山园区文化创意元年的序幕。华山1914文创园作为台湾文化创意产业的基地，不仅引入了展览、设计、音乐等元素，也有精致的文创小店、有趣的涂鸦装置，甚至园区里的参天雀榕也成为一大亮点，吸引着众多的旅游者。

6. 节庆活动+旅游新业态产品

节庆活动是旅游景区以地方特有文化，包括历史、人文、艺术、风俗等为主题，通过整合、提炼、加工而打造出的定期举办的活动，是地域文化、民俗风情最重要的表达方式，是独特的地域文化、城市文化和民俗风情最集中的表现。节庆活动不仅能够大大提高旅游的吸引力，对拓宽景区面、提升客源也具有很大的推动作用；同时，也对周边的住宿、餐饮、娱乐等形成一体化的带动方式，促进当地全域发展。节庆与现代旅游融合，便形成了新的经济和文化载体——旅游文化节庆。

节庆旅游属于人文景观旅游的范畴，也属高层次的文化旅游，可以使旅游者在精神上获得一种享受，得到知识和营养，具有地域性、神秘性、体验性和文化性，能够真正活跃旅游市场、丰富旅游资源，加强国家和地区间文化的交流。以前许多旅游目的地都是将节庆活动作为“文化搭台，经贸唱戏”的一个手段，或以此来实现招商引资的目的。但近几年来，旅游目的地已开始将节庆活动作为专项旅游产品来开发、培育，甚至将它与地区形象、城市形象的塑造连成一体。“三分靠景色，七分靠活动”，培育优质的旅游节庆活动只要形成极具影响力的“文化节庆旅游”经济产业链，不管是对旅游业或是城市经济的发展来说，都能为其带来客流及经济收入。

对于旅游目的地，首先，旅游节庆的本质是本地文化的一种表现形式。因此，节庆活动的好坏，关键在于能否精准体现当地的文化特色。只有依据文化要素进行，把握旅游的自然地理背景、文化发展脉络和社会经济背景所形成的“地方性”，才能使节庆活动具有浓郁的文化色彩。以泰国泼水节为例，在泰国，泼水的传统习俗意味着清除所有的邪恶、不幸和罪恶，怀着一切美好和纯净开始新的一年。而泼水节，是泰国人最为隆重、最为重视的节日，有着与中国的春节同等的重要地位。节日期间，还会举办布施法会、选美大赛、花车游行、美食展览、文化艺术表演等一系列庆祝活动。

近年来，泰国泼水节的高人气始终带动着泰国旅游业的蓬勃发展。

其次，主题是旅游节庆的内核和前提，是旅游节庆的主旋律，是其在千千万万活动中脱颖而出的关键。只有深挖当地资源，与当地文化特征相结合，创造出地域特色鲜明、富有创意的主题或城市 IP，才能引领节庆活动的飞速传播，增加游客参与度，塑造一个根植当地又独树一帜的节庆活动形象。以西安为例，西安以“西安年·最中国”“春满中国·醉西安”“夏爽中国·嗨西安”“秋染中国·赏西安”为主题的系列城市营销活动叫响全国，各类特色旅游节庆活动层出不穷。其中，在“金秋趣沣东、七彩嗨田园”大型系列活动中包含的“超级月亮耀中华”“百花仙子迎国庆”“缤纷民俗庆丰收”等一系列创意节庆活动迅速捧红了旅游目的地，也将节日氛围推向高潮，成为“秋染中国·赏西安”系列活动的最大亮点。

再次，以品牌化开发为原则，以持续品牌塑造为目标。旅游地要选择精准的文化内涵，产生出富有创意的节庆主题，使城市或景区催生出固定的旅游节庆品牌，从而有利于游客了解旅游地，加深标签化印象，激发二次游览，延长旅游节庆市场的生命周期。同时，旅游地要以大众化为原则，重视民众基础，充分考虑节庆活动对大众的吸引力，通过举办更多文化民主、自由发挥的优质活动项目，使游客、民众从被动参与转变为主动参与，创造社会效益的同时，实现经济效益。

最后，旅游节庆活动要展现生命力，还须与市场结合，通过市场化运作，使其长久化、规模化；注重全时间轴的全过程宣传，针对目标市场制定贴合的创意营销手段，选择有效的媒体控制宣传的频度，迎合当地民众的喜好，提升其参与热情，形成全民节庆，形成口碑营销；兼顾社会效益、经济效益、文化效益和生态效益，让旅游节庆不仅发展成为连续的或周期性的系列活动，也有利于当地的可持续发展。

第二节　旅游购物

旅游购物自旅游业发展以来，在旅游产业结构中就处于薄弱地位，存在的矛盾和问题最多。作为旅游六大要素之一，旅游购物是促进旅游经济发展的重要力量之一，具有巨大的发展潜力。发展旅游购物是提高旅游整体经济效益的重要途径，是增加收入和就业机会，振兴地方经济的重要手段之一。对国内而言，旅游购物的发展，可以直接满足本国人民日益增长的物质和文化需要；在国际范围内，旅游购物的发展，可以使世界各国人民加深对旅游目的地历史、文化、风俗的了解。

一、旅游购物的概念

旅游购物的概念分为广义和狭义。狭义的旅游购物是指旅游或旅游业的一个领域或要素，指以非营利为目的的游客离开常住的地方，为了满足需要而进行的购买、品尝以及在此过程中的观看、娱乐、欣赏等行为。广义的旅游购物是指游客在旅游目的地或在旅游过程中购买商品的活动以及在此过程中附带产生的参观、游览、品尝、餐饮等一切行为。旅游购物不同于单纯的购买商品的行为，不同于日常生活中的购物，其中包括了与旅游相关的休闲娱乐等活动，通常与特产店、景区门票、农家乐、酒店住宿组合在一起，从而增加旅游购物的乐趣。

可以说，旅游购物作为一种旅游行为，对当地社会文化、经济、其他领域以及旅游政策都会产生影响。旅游购物在满足游客的购物体验需求的同时成为某些旅游目的地最具吸引力的内容之一，是旅游者在旅游活动过程中的伴生型商品购买行为，是旅游者在旅游过程中的重要体验和消费活动。旅游者的购物行为不仅是一种商品交易行为，更具有特定的社会文化、政治、经济和空间意义。旅游者对旅游商品的购买不仅局限于商品的有形价值，商品的无形价值以及购买过程的体验价值更为重要。

二、旅游购物的特点

（一）综合性和服务性

旅游购物可以简单地理解为旅游消费，即旅游者为满足需要，购买旅游产品的活动及与这种活动有关的过程。综合性是旅游消费最显著的特点，首先，旅游活动是集“食、住、行、游、娱、购”于一体的综合性消费活动。其次，旅游活动中消费的对象是具有综合性的，这里的消费对象由旅游资源、旅游设施、旅游服务、旅游商品构成，其中既有劳动产品，又有非劳动的自然创造物；既包括物质产物，也包括精神产物。最后，旅游消费是众多部门共同作用的产物，不仅包括旅行社、旅游饭店、旅游交通等，也包括林业、农业、交通、海关等相关部门。

旅游作为服务行业，从某种意义上说，在旅游活动中，旅游购物是购买、消费服务的过程，如旅游者购买导游服务、饭店服务、交通服务、文化娱乐服务等。

（二）异地性和不可重复性

随着社会经济的发展和人们消费理念的变化，特别是在进入旅游市场大众化和旅游发展全域化阶段之后，广大人民群众对美好生活的需求日益增长，旅游已经成为人们美好生活需求的异地化实现方式。旅游消费过程从原来以景点观光为主，转变为在目的地的滞留生活体验。旅游者开始由景区走向社区，由专门的旅游服务场所扩展到目的地所有空间，目的地的旅游资源环境、旅游空间环境、旅游安全环境和旅游社会环境等开始对旅游者的旅游消费体验产生更直接、更深刻的影响，旅游环境成为旅游者接触面最广、感知最直接、体验最深刻的要素。从这一层面上来看，旅游消费的是不同于自己常住地的体验。此外无论是物质产品还是精神产品，只有具备地方特色的旅游商品才是受旅游者偏爱的，如旅游纪念品、当地手工艺品、当地土特产等。

旅游活动或者说旅游服务是暂时性的，不同于日常购物行为，旅游者在旅游消费行为发生时，无论是欣赏旅游资源、感受旅游文化、体验旅游服务，还是与旅游商店进行交易都是不可重复的。

（三）互补性和竞争性

由于旅游活动的多元性、复杂性、综合性，单项旅游消费的实现必然伴随着众多的其他项目的旅游消费的发生。旅游消费行为的竞争性是因为旅游消费对象有一定的替代性，如选择旅游交通，一旦购买了往返行程机票，就不可能再选择消费其他交通工具；如选择旅游饭店，确定了某一星级的旅游饭店，就不可能再选择消费民宿；如选择某一旅行社的导游服务，就不可能再选择其他旅行社的导游服务。

（四）高弹性和拓展性

从经济学的角度，一般满足人们基本生存需要的消费弹性较小，如大米、油、盐等日常生活必备品；满足人们享受娱乐需要的消费弹性较大。旅游消费显然属于后者，受季节、国际政治经济形势、社会发展水平以及旅游者年龄、职业、性别等因素的影响具有高弹性。随着社会经济的发展及人们消费水平的提高，旅游消费势必不断增加、不断拓展。以国庆假期为例，经文化和旅游部综合测算，2019 年，国庆长假全国共接待国内游客 7. 82 亿人次，同比增长 7. 81%；实现国内旅游收入 6 497. 1 亿元，同比增长 8. 47%。2020 年上半年受新冠肺炎疫情影响，在中秋节加国庆节共 8 天的小长假里，人们的旅游热情高度堆积，经中国旅游研究院（文化和旅游部数据中心）测算，这次假期，全国共接待国内游客 6. 37 亿人次，按可比口径同比恢复 79. 0%；收入方面，2020 年国庆节黄金周共实现旅游收入 4 665. 6 亿元，按可比口径同比恢复 69. 9%。2021 年，国庆节假期，全国国内旅游出游 5. 15 亿人次，按可比口径同比减少 1. 5%，按可比口径恢复至疫前同期的 70. 1%，实现了国内旅游收入 3 890. 61 亿元，同比减少 4. 7%，恢复至新冠肺炎疫情前同期的 59. 9%。数据背后，是中国消费者更重品质、更青睐服务的消费方式的变化。可见，随着中国以及世界各国消费者人均可支配收入的增加，人们的视野更加国际化，也更加开阔，旅游消费在不断升级拓展。

阅读材料 8-2 旅游购物的相关政策

三、旅游购物发展的趋势

旅游购物是旅游产业中最大的变量，也是旅游产业中市场化程度最高的部分，其发展趋势随着旅游者的需求变化而不断变化。以中国为例，目前国内旅游商品品牌培育不足，现有旅游商品同质化严重、缺乏创意；景区旅游商品价格偏高、科技和文化附加值较少。一些好的旅游商品又不被旅游者所熟知，缺乏品牌和正规销售渠道；再加上有的地区旅游购物的政策不够完善，不足以刺激旅游者购物消费的欲望。以成都为例，作为中国知名的旅游城市，成都具有鲜明的城市特色和悠久的历史，物产丰饶，特色手工业产品和农产品种类繁多，品质出众，但缺乏具有鲜明的地域品牌的产品。

在“文创+旅游”模式日益盛行的今天，如何利用文化特色、创意IP打造旅游商品和特色项目，已经成为推动旅游业转型升级的关键一环。只有注重旅游商品品牌建设，重视旅游商品营销渠道的开发和维护，才能不断提升旅游商品的知名度及美誉度，促进旅游商品的销售。同时，产品要按照文化类别特点与旅游要素相结合，既要遵循市场规律，又要在文化传承中有新应用，这样的产品开发才能符合市场化需求。

（一）向生活化、适用性方向发展

提及旅游购物，大家首先会联系到旅游商品。由于人们对旅游商品的狭隘理解，他们往往误把纪念品、工艺品、农副产品理解为全部旅游商品，而实际旅游活动中旅游纪念品、工艺品在旅游购物中占比微乎其微。旅游者对“华而不实”的工艺品的兴趣是逐渐降低的，其购买量也逐年下降；相反，旅游者更倾向于购买的是生活类工业品，包括化妆品、服装、鞋、包、电子产品等。因此，现在旅游消费市场上无论是传统的旅游纪念品、工艺品、农副产品，还是新型的生活类工业品，它们既有各自的发展方向，又在互相促进，不断创新。如旅游纪念品、旅游工艺品的开发在向实用化、生活化方向发展；工业品也借鉴了传统工艺品的图案、纹饰、造型等，在保留实用性的同时，更有艺术性、观赏性，也更容易受到旅游者的喜爱；农副产品的包装也在发生变化，不再是简单的传统纸盒、粗布布袋、印有花纹的传统纹饰的包装材料，而是采用一种新型的包装材料，既简洁又生动，又有实用性，还具有安全性。

（二）旅游商品销售与“游”深度结合

近年来，团队旅游者在旅游总人数中的占比越来越低，而自助旅游者大幅增加；团队旅游者占比急剧下降，团队旅游购物名声太差，旅游人群基本构成的变化直接影响着旅游购物的趋势，致使团队旅游购物量在旅游购物总量中的占比逐年下降，而自助旅游购物却呈现蒸蒸日上的局面。由于占有相当份额的自助旅游者，一般不会去团队旅游购物店，而是倾向便利、集中的边游边购状态，得到全面的商业享受，所以他们往往会选择体验式的购物方式，选择品牌知名的购物店、以价格低廉出名的购物店或具有文化特色的旅游商业街区。

（三）旅游购物店与互联网深度融合

互联网的出现，颠覆了传统实体的旅游购物店，用户群体从PC端向智能手持设备方面大量转移，旅游用户预订习惯逐渐转变，移动互联时代下的在线旅游市场极大改善了用户的消费体验。移动互联在OTA模式中占据了重要位置，但是OTA平台提供的产品主要还是机票、酒店、旅游线路等旅游出行基本服务，旅游购物、旅游美食、旅游文化娱乐等延伸、弹性消费服务仍未形成规模。

目前，移动互联网和智能手机已经非常普及。旅游购物的核心不再是简单的买卖过程，而是紧密结合游客旅游行程，运用互联网平台，向旅游者提供丰富多样、自由选择、品质精良、优惠便捷、售后配套的旅游文化体验与购物相融合的创新消费产品；要将优质创意旅游商品资源与旅游者深度文化体验需求紧密结合，把简单的购物变为深度文化体验，并用高效、透明、便捷、优质的互联网服务平台重塑旅游购物市场生态，让旅游者真正享受到放心、舒心、开心的旅游购物消费体验，充分释放旅游购物消费潜能。借助新一代网络信息技术，实现旅游购物消费形态、产品与营销的全面更新换代，不断挖掘并释放旅游消费潜能，带动旅游购物产业形成品牌集聚和规模效益，充分满足国内外旅游者日益提升的消费需求，即打造“互联网+旅游+购物”的产业新模式是驱动旅游购物消费升级的关键所在。

[核心知识小结]

本章主要针对旅游娱乐业和旅游购物的相关知识进行了论述，主要包括旅游娱乐业的概念、类型和作用，重点探讨了在时代背景下旅游娱乐业呈现出的新业态、新形式；旅游购物的概念、特点，旅游购物的相关政策和发展趋势。对旅游娱乐业和旅游购物的研究对于旅游业的发展具有重要意义，作为旅游六要素之一的“娱乐”和“购物”是每个旅游者都会参与的活动，这两者是伴随着社会的发展、科技的进步以及旅游市场的变化而变化的。

[案例解析]

VR+旅游，打开新世界的大门

[复习思考]

1. 什么是旅游娱乐业?

2. 旅游娱乐的基本类型有哪些?

3. 旅游购物的概念是什么？

4. 旅游购物的特点有哪些？

5. 通过本课程的学习，谈谈你经历的或知道的旅游娱乐购物业形象，举例说明。

参考文献

［1］刘琼英，汪东亮. 旅游学概论［M］. 2版. 桂林：广西师范大学出版社，2017.

［2］洪帅. 旅游学概论［M］. 2版. 上海：上海交通大学出版社，2011.

［3］芬杏娟，张闵清. 旅游学概论［M］. 2版. 重庆：重庆大学出版社，2013.

［4］周晓梅. 旅游学概论［M］. 北京：北京交通大学出版社，2010.

［5］吴必虎. 旅游学概论［M］. 北京：中国人民大学出版社，2013.

［6］佚名. 文化和旅游部2018工作总结与2019重点任务［EB/OL］.（2019-01-10）［2019-12-31］. http://www.sohu.com/a/288110944_ 99934757.

第九章

理解旅游影响

［学习目标］

1. 了解旅游影响的具体表现。
2. 熟悉旅游影响产生的原因。
3. 掌握旅游业的发展对旅游目的地的影响。

［引导案例］

大力推动文旅融合发展，加快建设文化强省、旅游强省

2019 年 4 月 29 日上午 9 点半，四川省文化和旅游发展大会在成都正式开幕，本次大会不仅限于四川本地文旅企业的交流碰撞，更有保利集团、华侨城集团、九龙仓集团、太古集团等数十家海内外知名文旅企业参会。他们将在基础设施建设、精品景区打造、特色产品开发、品牌塑造、线路推广、业态创新等方面进一步与四川省深化合作，在推动四川省文旅融合发展中实现互利共赢。

四川作为文化和旅游资源大省，古蜀文明、三国文化、民族文化、红色文化在四川交相辉映，以三星堆、九寨沟、大熊猫超级 IP 为引领的文旅资源不仅早已响彻国内，也吸引着众多境外游客前来观光度假。依托厚重的文化底蕴和良好的生态资源，四川已经把一批世界级的文化旅游资源转化为世界级的文化旅游产品。

2018 年，四川首次迈入旅游“万亿级”产业集群俱乐部，旅游总收入达到 1.01 万亿元，增长 13.4%，文化产业增加值 1 500 亿元，增长 16.1%。随着文化旅游深度融合发展，文旅产业正在成为四川跨越发展的有力支柱。借着此次大会召开的契机，我省将以文促旅，以旅彰文，充分释放文旅经济活力，把四川文化和旅游资源优势转化为发展优势，大力推动文旅融合发展，加快建设文化强省、旅游强省。

（资料来源：彭清华. 大力推动文旅融合发展，加快建设文化强省、旅游强省［N］. 四川日报，2019-04-30.）

思考：

1. 发展旅游对目的地的影响有哪些方面？

2. 当前文旅融合发展对旅游目的地的影响有哪些方面？本节针对这些问题进行分析。

第一节　旅游对社会文化的影响

旅游业的蓬勃发展不仅对各旅游目的地乃至世界经济产生了巨大影响，也对旅游目的地乃至全人类的社会文化产生了不可忽视的影响。旅游的社会文化影响是指旅游者活动和旅游产业活动对旅游目的地的社会结构、价值观念、生活方式、习俗民风和文化特征等方面的影响。

> 小贴士：
>
> 旅游者以其自身的意识和生活方式介入旅游地社会中，引起旅游地居民的思想变化，产生各种影响，这种作用称为示范效应。

旅游活动的开展之所以会对社会文化具有影响作用，一是因为旅游活动中不同地域、民族、社会及不同文化传统的群体之间会形成一定的互动关系。旅游者在旅游目的地的活动过程中，通过与当地居民的直接或间接沟通、交往，会有意或无意地对当地居民起到“示范效应”；反之，当地居民一些独特的生活方式、文化习俗也给旅游者留下了深刻的印象，从而产生“文化漂移”现象。所以说旅游活动对旅游者和旅游目的地居民的社会文化影响是双向的、互动的。二是因为旅游活动作为一种社会现象，对旅游者而言，其在旅游目的地停留和活动的时间比较短暂，空间上比较分散，与旅游目的地居民之间的接触是有限的，因而受到的影响相对较弱，似乎不足以对当地的社会和文化产生实质性的影响，但对于旅游目的地居民来说，面对源源不绝的旅游者，从长期和宏观来看，所受的影响是持续不断的。因此，对目的地居民来说，其所受的社会影响要比旅游者所受的影响更加集中和深刻，当这种持续影响积累到一定程度时，量变引起质变，就会使当地的社会文化发生变迁。

小贴士：

文化漂移即旅游者在不同程度上“暂时借鉴”接待地的文化，在外来游客行为上的表现，常常体现为在旅游过程中对当地某种文化要素的偏爱。

一、旅游对社会文化的积极影响

（一）促进旅游者的身心健康，提高审美鉴赏能力和精神品位

随着城市化进程的不断加快，城市的嘈杂、交通的拥挤、工作和生活节奏紧张的迫使人们更加向往到“世外桃源”，回归到安谧、优美、放松的大自然怀抱中。弗洛伊德提出的人格结构包括本我、超我和自我三个部分：本我按照快乐原则行事，不考虑理性、现实和道德；超我则遵循道德原则，促使人们去追求道德和完美；自我遵循现实原则，在本我与超我间寻求平衡。城市社会生活中，人们通常是以超我的面目出现，体现出较强的社会性，道德原则主导着我们的意识行为，在人们努力遵循社会的道德准则和游戏规则的同时，本我受到抑制，快乐原则被搁浅，在人类社会性与自然性的博弈中，社会性长期占有优势，这就直接导致人们产生焦虑，而旅游则是一种消除焦虑的方式，人们对大自然的向往、对自由的渴望，可以通过旅游活动得以实现，本我得以释放。旅游活动也正好适应“求新、求异”的这种心理需求，不仅可以调剂生活内容，也缓解现代城市生活的紧张和压力，达到愉悦身心的目的。

旅游者置身于旅游胜地，面对雄、奇、险、秀、幽、雅等不同特色的自然旅游资源和人文旅游资源时，能在放松心情的同时感受到美的精彩。旅游活动自然地把人引向美学，而美学又把旅游活动提升到感情人生、体验生命、拥抱世界的高度。因此，旅游活动不但成为旅游者了解世界的一种过程，甚至成为旅游者感悟人生的一种方式，在潜移默化中提高旅游者的鉴赏能力和精神品位。

（二）增强目的地居民的文化自信心，增强民族自尊心和自豪感

“文化是旅游的灵魂，旅游是文化的传播载体，没有文化的旅游资源是没有持久生命力的”。对旅游目的地来说，特色是旅游目的地的吸引力、竞争力和生命力所在，因此以鉴赏异国异地传统文化、追寻文化名人遗踪或参加当地举办的各种文化活动为目的的旅游受到广大旅游者的追捧。无论是国内还是国外的灿烂文明、大好河川都能够加深人们对祖国的热爱，激发和增强人们的民族自尊心和自豪感。

如今许多旅游者对“原生态”的旅游目的地更加感兴趣，由原来“走马观花”式的旅游活动转变为“养马种花”式的体验旅游。旅游者们不再满足城市中奢华的酒店，不再满足拥挤的景区，不再满足舞台上演员们千篇一律的演艺，而是希望能够深入目的地居民的日常生活，亲自体验当地的文化、感受当地的民俗风情。这种对旅游目的

地“原生态”文化的需求促使众多目的地开始重新定位和审视原来的文化特性，从而回归自己的文化传统。转变后的旅游目的地在开发旅游产品时，为了满足和丰富旅游者的文化需求和文化体验，原本已经淡出人们视线的传统习俗和文化节庆得以恢复和开发，传统的民间艺术重新受到重视和传承，毁坏的历史文物得到修复和保护。在这种情况下，旅游目的地居民会感到无比的骄傲，从而使文化的自尊心、自信心和民族的凝聚力得以增强。

（三）增强地域间的文化交流与合作，加深人民的友好往来情谊

旅游活动使不同国度、不同地域、不同民族、不同宗教信仰、不同生活方式的多个文化群体汇聚在一起。这不仅仅是一种简单的交流互动关系，也是一种文化传播活动。提及旅游，人们普遍认为“旅游能增进人类的相互理解，维护世界和平”，的确如此，一次旅游活动就是一次文化传播活动，人民在旅游中增进学识，加强理解，在旅游活动中获得洞察世界、探索奥秘的实践。“读万卷书，行万里路”是人们都熟知的谚语，借助着旅游活动这一传播媒介，不同文化也就伴随着旅游者的踪迹，传播到世界的各个角落，而旅游目的地居民也通过旅游活动接触、吸收、借鉴“外来文化”，形成文化交流与对话。旅游活动搭建起一座友谊之桥，让不同国家、不同地域、不同民族的群体相互理解，增强国际间的和平友好，促进全人类精神文明的发展和进步。

旅游与文化两者密切相连，中国旅游研究院和上海创图公共文化休闲联合实验室在31个省（自治区、直辖市）开展的文化消费专项调研显示：当下，文化消费已成为提升国民幸福感的重要途径；超过八成的受访者参加过文化休闲活动，有四成受访者经常参加文化休闲活动，77%的受访者对当前的文化设施、服务情况表示满意，39%的人认为文化消费已经成为一个和衣食住行一样的生活必需品；文化体验形式多样，可通过博物馆、影院、话剧、非物质文化遗产活动等丰富文化生活。由此可见，开展旅游活动不仅是文化消费的体现，也是文化的交流与合作，是人民友好往来情谊的显示。

（四）促进旅游目的地优秀文化的保护与弘扬

世界旅游组织指出：具有文化价值和旅游价值的东西，旅游业有能力、有义务保护、拯救和复兴它们。文化滋养和精神浸润是旅游的灵魂，为适应旅游者多元化的需求和旅游业的发展，在旅游活动的开展中，一些被人们忽视或遗忘的优秀文化得到恢复、利用。如大量历史遗迹、民间艺术伴随着旅游的开展而获得新生，成为旅游目的地独特的文化旅游资源。某种意义上可以说发展旅游是保护文化最好的一种途径。

相对于其他类型的旅游资源，文化旅游资源有着自身独特的特点，体验和了解不同文化也是旅游者开展旅游活动的主要动机之一，因此在旅游活动中许多旅游目的地把文化旅游资源作为吸引点。

阅读材料 9-1　成都浓园文化艺术传播有限公司

二、旅游对社会文化的消极影响

旅游活动对社会文化的影响主要表现在艺术、文化、建筑、饮食、行为方式等领域。其影响可能是积极的，也可能是消极的。积极影响，如旅游可以保护甚至恢复人类的文化和艺术遗迹，或促进不同人群之间的文化交流；消极影响主要包括以下四个方面。

（一）干扰旅游目的地居民的正常生活

旅游目的地的承载能力是有限的，随着外来旅游者数量的增加，当地居民的生活空间会受到不同程度的影响，这必然导致旅游者和当地居民抢夺资源，从而引起利益纠纷，甚至矛盾激化，产生冲突。某一地区在进行旅游开发的时候，要思考能可持续发展，其不仅要考虑该地区周边自然环境及原生态地域文化的保护，更要考虑区内以及周边的自然村落及当地居民的诉求，在不影响居民的正常生活基础上，确保社会安定团结，不断提升当地经济发展水平，改善居民生活，使当地居民的幸福指数普遍提高。

（二）加剧旅游目的地的社会问题

倘若旅游目的地的旅游发展与当地居民的关系没有处理好，出现文化交流不对等的情况，旅游者、当地政府、开发商以及当地居民四者的利益会发生冲突，原本正常的旅游活动就会遭受破坏，这不仅会严重伤害当地居民的感情，使其对旅游者的态度由最初的友好转变为不满或怨恨，还会导致产生道德滑坡、犯罪率上升等不良后果，加剧伦理观念的弱化。这种社会问题主要发生在旅游目的地，因此旅游目的地的管理工作非常重要，其不仅要创造良好规范的旅游氛围，也要适当吸收和借鉴有益的外来文化，同时注意保护好自身文化，保持地方特色，避免社会问题的产生。

（三）破坏或损坏旅游目的地的文化

因旅游者持续大量涌入，旅游目的地居民与旅游者通过旅游活动进行一次短暂而持续的互动交流，这也被视为文化碰撞的过程，且已经形成了文化融合，其中强弱文化的交流与渗透会引发文化冲击与矛盾。一方面，旅游者在目的地对旅游物质文化造成一定程度的损害，如乱刻乱画、随意丢弃废物等不文明旅游行为致使文物古迹被人为破坏，这样的案例举不胜举。另一方面，旅游者代表的外来文化与旅游目的地本土文化互相融合、互相影响，旅游目的地本土文化往往会被外来文化所改变，从而丧失其独特的文化魅力，由原汁原味逐渐变得不伦不类，甚至断代消亡。此外，旅游目的地超限度接待、规划不合理、开发不恰当、管理不规范或者片面追求短期经济效益等都会对旅游目的地文化产生不可挽回的破坏。

（四）冲击旅游文化产品

旅游文化产品已经成为旅游者的一个痛点：不买觉得遗憾，买了觉得后悔，旅游者普遍认为大多数旅游文化产品缺乏创意、同质化现象严重，当地独特的文化被简单地定格在雷同的产品上。旅游文化产品的效益低，究其原因有两方面，一方面是受经济效益的驱动，为了批量生产，增加经济效益，生产者便放弃了对艺术精益求精的要求，一味地迎合旅游者的口味，导致销售的旅游文化产品大多为质量低劣的赝品，其艺术水平降低、特色文化丧失、民族与地方风格减弱。另一方面，一部分旅游者并不真正关心旅游目的地的文化内涵，而以猎奇的心态追求旅游过程中的新鲜感，这也使得旅游文化产品被不正当地商品化、庸俗化。

在旅游文化产品中，如歌舞、服饰、音乐、礼仪、节日活动等原本在特定的时间、特定的地点按照传统是生活的一部分，但随着旅游开发，其成为表演对象时，已经由真实活动变化为表演内容，成为“待价而沽”的商品，通过商业操作搬上舞台，原本特色文化的内涵被人为地压缩、拆解、衍变，文化价值被商业价值所取代，致使优秀传统文化陷入破碎化、虚假化、商业化的境地。

第二节　旅游对经济的影响

提及旅游对经济的影响，我们先来看一组数据：世界旅游理事会（WTTC）在发布的新报告“2019 各国旅游业对经济的影响和趋势”中指出：2018 年，旅游业为全球经济贡献了 8.8 万亿美元，这相当于全球 GDP 的 10.4%；2018 年，中国经济增长 3.9%，快于全球经济增速（3.2%），这是中国经济增长连续第 8 年超过全球整体经济增长。世界旅游理事会（WTTC）发布的 2019 年度旅游业经济影响报告（EIR）显示：2019 年，欧洲旅游业创造了约 2 260 万个工作岗位，岗位数量占欧盟总劳动力数量的 11.2%，创造 GDP 高达 1.319 万亿欧元，占欧盟总 GDP 的 9.5%。2019 年，全球旅游业的 GDP 增速为 3.5%，已连续 9 年超过世界经济 GDP 增速（2.5%）。就 GDP 增长而言，旅游业已经成为全球第三大经济市场。

2020 年是极不平凡的一年，新冠肺炎疫情席卷全球。作为以人的移动和交流为特征的旅游业，受疫情影响尤为显著。大多数国家和地区出台旅行禁令，全球旅游业在消费需求、旅游投资、区域格局、产业链条、企业生存、人员就业等方面面临着诸多挑战。

2021年3月1日，世界旅游城市联合会发布了《世界旅游经济趋势报告（2021）》，其中指出："受新冠肺炎疫情影响，2020年全球旅游总人次（含国内旅游人次和国际旅游人次）降至72.78亿人次，同比下降40.8%；2020年全球旅游总收入下降至2.92万亿美元，相当于全球GDP的比例锐减至3.6%，为第二次世界大战以来的最低水平。2020年国际旅游收入降幅达68.7%，受疫情影响远超过全球贸易。全球疫情形势虽尚不明朗，但随着疫苗在全球范围内的投入和接种，新冠肺炎疫情将逐步得到控制，全球旅游业也将逐步复苏。预计2021年全球旅游总人次将达95.45亿人次，同比增长31.1%，全球旅游总收入将恢复至4.50万亿美元，同比增长53.9%，分别达到2019年的77.7%和75.6%，这其中各国国内旅游将贡献绝大部分旅游经济。"

由此可见，旅游与经济之间有着最直接的关系，旅游本身就是一种经济行为，经济基础决定旅游开发，同时旅游发展又推动经济增长。

旅游的经济影响是指旅游者活动和旅游产业活动对国民经济的影响。正如世界旅游理事会总裁兼首席执行官洛丽亚·格瓦拉·曼索（Gloria Guevara Manzo）所说："随着一些国家越来越转向内需，旅游作为经济发展的引擎以及文化交流和建立相互理解的工具，将变得更加重要。"最早对旅游经济影响的研究可追溯到19世纪末，1899年意大利统计局的鲍迪奥发表的《在意大利的外国人的移动及其消费的金钱》一文便是研究旅游经济现象的文献。20世纪60至80年代，旅游经济影响已经成为旅游学研究的主题。

一、旅游对经济的积极影响

（一）提高旅游目的地的经济发展水平，平衡城乡差异

旅游业是世界经济发展的动力引擎。经文化和旅游部批准，中国旅游研究院（文化和旅游部数据中心）受权发布的《2019年旅游市场基本情况》指出："2019年，旅游经济继续保持高于GDP增速的较快增长。国内旅游市场和出境旅游市场稳步增长，入境旅游市场基础更加稳固。全年，国内旅游人数60.06亿人次，比上年同期增长8.4%；入出境旅游总人数3.0亿人次，同比增长3.1%；全年实现旅游总收入6.63万亿元，同比增长11%。旅游业对GDP的综合贡献为10.94万亿元，占GDP总量的11.05%。旅游直接就业2 825万人，旅游直接和间接就业7 987万人，占全国就业总人口的10.31%。"

根据国内旅游抽样调查结果，国内旅游人数60.06亿人次，比上年同期增长8.4%。其中，城镇居民44.71亿人次，同比增长8.5%；农村居民15.35亿人次，同比

增长 8. 1%。国内旅游收入 5. 73 万亿元，同比增长 11. 7%。其中，城镇居民花费 4. 75 万亿元，同比增长 11. 6%；农村居民花费 0. 97 万亿元，同比增长 12. 1%。

2020 年上半年受新冠肺炎疫情影响，旅游业按下暂停键；下半年随着疫情对中国影响的逐渐减弱，旅游市场进一步得到复苏。艾媒咨询数据显示，中国旅游业整体规模稳步上升，虽然预计新冠肺炎疫情影响下的 2020 年旅游业总收入将下降，但仍有望达到 4. 13 万亿元。以 2020 年国庆长假为例，全国共接待 6. 37 亿旅游人次，实现旅游收入 4 665. 6 亿元，这虽是五年来国庆长假期间旅游行业首次出现负增长，但依然好于预期。

综上，旅游发展会给旅游目的地带来良好的经济收益，也能够协调城乡居民收入差异，因此众多国家都把旅游业作为推动经济发展的重要手段或支柱产业来发展，我国也不例外，早在 20 世纪 70 年代以来，旅游业就被确定为我国国民经济的主要增长点之一。

（二）增加国际外汇收入，平衡国际收支

国际旅游外汇收入是指来华旅游的海外游客（包括来华旅游的外国人、华侨和港澳台胞）在大陆（省、区、市）旅游过程中由游客或游客的代表交由宾馆支付的一切旅游支出。在旅游业的发展中，发展入境旅游是一个国家增加外汇收入的重要途径之一。根据中国旅游研究院发布的《2019 年旅游市场基本情况》，2019 年中国旅游经济继续保持高于 GDP 增速的较快增长，国内旅游市场和出境旅游市场稳步增长，入境旅游市场基础更加稳固。

调查结果显示，2019 年入境旅游人数达 1. 45 亿人次，比上年同期增长 2. 9%。其中，关于入境旅游人数，外国人增长 4. 4%；香港同胞增长 1. 4%；澳门同胞增长 6. 5%；台湾同胞与上年同期基本持平。入境过夜旅游人数比上年同期增长 4. 5%。国际旅游收入 1 313 亿美元，比上年同期增长 3. 3%。入境外国旅游者人数亚洲占比达 75. 9%，以观光休闲为目的的旅游者人数占比为 35. 0%。

国家统计局数据显示：2019 年中国国际旅游外汇收入为 1 312. 54 亿美元，同比上升 3. 3%。2019 年长途交通国际旅游外汇收入上升至 401. 91 亿美元，住宿国际旅游收入为 200. 49 亿美元，上升幅度为 10. 7%。以海南三亚为例，2019 年三亚旅游外汇收入为 81 075 万美元，较 2018 年增加了 22 865 万美元。2020 年是海南自由贸易港建设开局之年，也是“十三五”收官之年，受新冠肺炎疫情影响，2020 年全年三亚市共实现旅游总收入 424. 75 亿元，同比下降 26. 94%，旅游外汇收入为 10 157. 51 万美元，同比下降 87. 47%。2019 年 1 至 9 月份，三亚市接待过夜游客 1 689. 09 万人次，同比增长 54. 41%。其中，国内过夜游客 1 678. 54 万人次，同比增长 55. 04%；入境过夜游客 10. 54 万人次，同比下降 6. 34%。过夜旅游总收入 565. 23 亿元，同比增长 144. 89%。

其中，国内过夜旅游收入 562.35 亿元，同比增长 150.21%；过夜旅游外汇收入 4 168.32万美元，同比下降52.51%。旅游饭店平均开房率57.74%，同比提高14.17个百分点。

“2018 旅游经济运行盘点”系列报告显示：随着 2018 年文旅融合的发展，在“一带一路”倡议、系列旅游年活动开展、系列外交活动和会议召开的持续推动，以及签证便利化、国际航线增加等正面因素的积极作用下，入境外国人旅游市场实现持续稳步增长，旅游消费持续高涨，入境旅游服务品质正持续向好，旅游外汇收入稳中有扩，同时入境过夜旅游者数量稳步增长，入境旅游综合效益持续显现。

（三）增加就业机会，有助于旅游扶贫致富

WTTC（世界旅游理事会）在发布的新报告《2019 各国旅游业对经济的影响和趋势》中指出，世界各地有超过 3.19 亿人的工作是与旅游业相关的。这占所有就业人口的 10.0%，也就是全世界有 1/10 的就业岗位和旅游业相关。在过去五年里，旅游行业贡献了全球新增就业数量的 1/5。预测显示，未来 10 年全球旅游行业将新增 1 亿个就业岗位。这意味着在未来 10 年内，旅游行业将创造 1/4 的新就业机会。以西藏自治区为例，在 2021 年西藏自治区旅游工作会议上提出：“十四五”末期，全区力争年接待旅游者 6 100 万人次，实现旅游收入 640 亿元，旅游业直接或间接就业人数达到 60 万人。

可见，旅游业作为第三产业的重要组成部分，在吸纳社会就业方面有着独特的优势，是能为旅游者提供“食、住、行、游、娱、购”综合性消费的劳动密集型服务行业。正是由于旅游业的特点，在扶贫工作深入推进的过程中，旅游业也将发挥积极作用。以四川省为例，国务院扶贫开发领导小组办公室公布的信息显示，近年来，四川省各地按照四川省委“决胜全面小康、建设经济强省”的战略部署，在旅游扶贫方面开展了大量扎实有效的工作，取得了阶段性成果。2018 年，四川省把“现代化旅游产业新体系建设”和“优质旅游发展”作为旅游扶贫的方向，开展了一系列工作，加快建设现代化旅游产业新体系，扶贫、金融、文旅等部门通力协作，建立起旅游扶贫示范区（村）创建评定、旅游产业带贫减贫成效统计监测、金融支持旅游扶贫重点项目联评联审等工作机制，形成了“协同联动、多方参与”的旅游扶贫大格局。截至 2018 年年底，四川省先后建成省级旅游扶贫示范区（县）32 个、省级旅游扶贫示范村 592 个、乡村民宿达标户 3 639 个，累计带动 1 306 个旅游扶贫重点村、24.58 万贫困人口脱贫增收，贫困人口年人均纯收入增加了 2 093 元。2021 年，在全国文化和旅游厅局长会议上，提及的“十三五”时期工作成就之一就是助力脱贫攻坚、全面建成小康社会。文化和旅游产业与国家重大战略对接更加紧密，所做贡献更加突出，在促进经济社会发展中的作用也得到了充分体现；帮助贫困地区依托优势资源发展特色文化产业，乡村旅游取得良好效果，贫困地区可持续发展的内生动力不断增强。在“十四五”时期，四川省要着力坚持高质量发展，推进旅游为民、发挥旅游带动作用；发挥助力乡村振兴、巩固脱贫攻坚成果作用；着力构建新发展格局，推进文旅融合、推动创新发展。

（四）有助于拉动内需，刺激消费

统计显示，2018 年，中国人均 GDP 为 64 644 元，中等收入群体数量已经超过 4 亿人，这是中国发展旅游业的最大底气。我国居民收入增长，居民消费增幅逐步加快，消费动力逐步强化，消费结构继续升级。随着我国促进消费的政策接连出台，从畅通资源循环利用到加快发展流通，从推动重点消费品更新升级到激发文化和旅游消费潜力，这一系列政策的推出，有效激发了我国消费市场的潜力，也进一步释放了我国巨大的内需市场。与此同时，各国政府也纷纷出台各项政策来刺激旅游消费。例如泰国调整了国际游客购物退税的现金金额上限，增设了机场消费增值税现金退税服务等措施，以刺激外国游客消费，促进旅游经济。由此可见，旅游业发展是刺激消费扩张、优化消费结构的重要带动力量，旅游消费成为拉动内需的主引擎。

2020 年，我国人均 GDP 达到 71 965 元，同比 2019 年增长 1 073 元。可见，我国居民收入不断增长，居民消费增幅逐步加快，消费动力逐步强化，消费结构继续升级。消费是我国经济增长的第一动力，且地位不断被巩固、加强。2019 年最终消费支出对国内生产总值增长的贡献率为 57.8%，居民恩格尔系数为 28.2%，处于联合国划分的 20%～30%的富足标准，这意味着我国居民家庭在满足了“吃”的需求后，对文化、旅游等服务消费、精神消费、体验消费的需求将进一步扩大和升级。

（五）带动相关产业发展

旅游产业综合性强、关联度高、渗透力大、融合度高、拉动力强，不仅能与一二三产业的各个领域通过“旅游+”或“+旅游”的模式进行融合发展，形成新的产品和业态，对优化产业结构产生催化作用，而且还能与文化、教育、科技和其他社会事业有着互相交叉、嫁接和融合发展的基础，是一个关联度很强的经济产业。其增长与发展不仅与众多国民经济相关产业密切相关，而且其发展也对其他相关产业具有明显的关联带动作用。旅游消费不仅直接拉动了民航、铁路、公路、商业、食宿等传统产业，也对国际金融、仓储物流、信息咨询、文化创意、影视娱乐、会展博览等新型和现代服务业发挥着重要促进作用。据统计，与旅游相关的行业、部门已超过 110 个，旅游的外延在不断扩展，旅游消费对住宿业的贡献率超过 90%，对民航和铁路客运业贡献率超过 80%，对文化娱乐业的贡献率超过 50%，对餐饮业和商品零售业的贡献率超过 40%。

二、旅游对经济的消极影响

（一）容易引起旅游目的地物价上涨

通过几十年的发展，我国不少地区将旅游业列为支柱性产业，打造具有地方特色的旅游城市。旅游城市的各种商品和特色服务丰富了我国旅游产品系列，吸引了来自四面八方的旅游者。但是在建设旅游城市的同时，物价也纷纷上涨。调查数据和相关文献的数据显示，中国旅游城市的物价普遍高于非旅游城市物价，物价水平的增长给旅游业的发展奠定了基础，而旅游业的发展又极大地促进了物价的增长。旅游城市中的经营场所大部分是场地所有者采取招投标的形式租给其他经营者的。在追求利润最大化的前提下，商品经营者通常会把租赁商铺的成本转换为商品价格的一部分，这在一定程度上，抬高了旅游城市物价。在旅游活动中，旅游者的出发点本身是带着消费性质的，其旅游购物时容易受到环境和其他因素的影响，容易产生随意购物的欲望，甚至不乏存在一定的攀比行为。

伴随着旅游城市的兴起，不管是房地产还是餐饮行业，其物价都存在不同程度的上涨趋势。但是当地居民的实际收入却没有跟上步伐，工资上涨速度远远落后于物价上涨速度，甚至随着物价的过度增长，当地居民可能会出现购买能力下降、消费水平降低、财产严重缩水的情况。

（二）可能导致旅游目的地产业结构发生不合理变化

从经济和社会发展的角度来说，产业结构的合理是经济健康发展的前提条件，结构不合理会影响经济的发展和社会的稳定。旅游行业结构是指直接或间接为旅游者提供产品和服务的各个行业、各个部门之间的经济技术联系和比例关系，这些行业和部门既相互促进又相互制约，共同组成了一个国家或地区的旅游行业结构。旅游业中的各个行业、各个部门的职能明确，比例适当，彼此之间有较强的协调性和互补关系，能够保证整个旅游业的健康运行。中国旅游业经济多年来保持较高增速持续增长，旅游产业结构也发生了转变，由此可能引发旅游目的地的产业失衡，而旅游业产业结构不合理的情形在各旅游目的地是普遍存在的。因此从旅游产业结构的稳定性发展考虑，旅游目的地必须进行调整使其符合当地的实际情况，以适应市场竞争的需要。

（三）过度依赖旅游业可能对国民经济稳定性产生影响

如果一个地区国民经济的发展过度依赖旅游业的发展，那么国民经济的稳定性就可能受到影响。因为旅游业是敏感性和季节性都较强的行业，只要不能完全消除季节性带来的影响，则收入就可能在淡季时受到影响，从而引发经济问题或社会问题，不利于经济的稳定发展。此外，旅游需求弹性大。旅游活动虽然已经成为现代生活的不可缺少的一部分，但是旅游并非人们生活的基本需求，它仍是一种较高层次的需求，因此旅游需求的弹性较大。也就是说，当旅游产品价格上升时人们就会放弃较多的旅游产品。一方面，旅游产品价格的绝对额上升会影响旅游产品的需求。由于旅游产品由多个产业的产品构成，其他产业的产品价格的变化会引起旅游产品成本的变化，进而影响旅游产品的价格；而对于出入境旅游，旅游产品的价格也受国际货币汇率的影响。另一方面，旅游产品的绝对价格不变但物价上涨水平高于人们收入的增加，使旅游产品的相对价格上涨也会影响人们对旅游产品的需求，从而影响旅游收入，影响国民经济的稳定性。

（四）可能导致旅游目的地盲目投资和重复建设

近年来，旅游市场上的“大手笔”最终变成“大笔债”的现象时而有之。如2019年1月25日，中央电视台《焦点访谈》栏目报道了贵州省独山县下司镇在举债大搞旅游项目的过程中出现的问题：一个靠举债近6亿元开发建设的旅游项目，因为资金断裂，项目开工才5个月就被迫停工。独山县的旅游项目开发现状，并非个案。总投资24.9亿元的银川西夏区特色小镇项目、投资约20亿元的四川成都龙潭水乡仿古小镇、拔地而起的辽宁抚顺“生命之环”……各地造价过亿的景观建筑层出不穷，竞相攀比“争大”，“豪华景观”事件一度引起社会关注。

目前，旅游业已融入经济社会发展全局，成为国民经济战略性支柱产业。经过多年发展，各地对发展旅游尤其对发展全域旅游的认识普遍提升、热情空前高涨、力度明显加大、措施明显加强。但在日益增多的旅游业投资大潮中，虽然需求在不断增长，但大量资金迅速投入旅游业会不会造成供求关系逆转，产生新的产能过剩还未可知。据《经济日报》了解，目前个别地方一提及改革，还是片面追求等级景区、旅游饭店、旅行社、乡村旅游点的数量变化，把上项目、建景区当作供给侧结构性改革，而对已建成旅游项目的产出、供给、效率和可持续问题则关注不够，这成为大量资源浪费、要素错配、供给水平不高的主要原因。

第三节　旅游对环境的影响

一般意义上的旅游环境，指具体的旅游客体——旅游目的地，影响旅游活动的主体——旅游者的旅游行动的各种外部因素，包含社会环境、自然生态环境、旅游气氛环境和旅游资源等。这里仅指旅游目的地的旅游资源、自然生态及相应的旅游气氛。与之相对应，旅游环境问题就是指由于外界作用使上述因素受到影响和破坏，使旅游者旅游活动的满足程度受到影响的问题。

旅游的环境影响是指旅游者的活动和旅游产业活动对环境产生的种种影响，最初旅游业发展的时候，人们普遍认为旅游是一种“无烟产业”，但是不少实践证明，旅游与环境之间需要一种平衡，旅游活动对环境的消极影响具有延迟性，因此旅游目的地环境状况的好坏对旅游者旅游效果的影响是不能忽视的，旅游者旅游的满足程度也与旅游目的地环境条件息息相关，我们必须充分认识到保护旅游目的地环境的必要性与重要性。

一、旅游对环境的积极影响

（一）有助于保护旅游资源

旅游目的地自然生态环境是旅游区地貌、空气、水和动植物等生态因子的总称。这些生态的有机结合形成了旅游目的地的环境。从人类审美的心理需求来看，自然景观美是基础，在一个空气污浊、水体污染、四周嘈杂的环境中，旅游者是无法去领略、欣赏、体会具体游览对象的各种美学特点的。随着生产的发展和科技的进步，人们的闲暇时间逐步增加，城市居民外出旅游、回归自然，借自然环境来满足自我锻炼和疗养身心的需求正日益高涨。由此看来，旅游目的地的自然生态环境从某种意义上来说也是一种旅游资源。旅游气氛环境指旅游目的地所特有的地方特色、历史、民族风情及与之相适应的外部气氛。旅游环境美是形象与意境的双重美，而每一具体的游览对象，其对旅游者旅游行动的激发，很大程度上是它反映出的特殊的历史、地方、民族特色或一种异国、异地的特殊情调。

此外，无论是自然旅游资源还是人文旅游资源，通过适度、合理、科学地开发，不仅能够使这些资源被有效保护起来，也能为旅游者所观赏，在保护资源的同时也能获得经济效益，而经济效益能为维护、恢复和修整某些自然保护区及历史文物保护区提供必要的资金支持。

（二）有助于提高人们的环保意识

旅游目的地发展旅游，也是改善地方基础设施的一种途径。旅游目的地居民看到自己家乡因发展旅游而带来可观的经济效益和良好的社会效益，从而在留乡置业上能产生自觉的环保意识，共同为旅游目的地的发展建设而努力。对于旅游者来说，在旅游活动中旅游目的地的优美环境能使他们感到身心愉悦，因此谁都不愿破坏环境，旅游者会自觉地认识到生态环境的重要性，从而提高环保意识。

（三）有助于提高旅游目的地的环境质量

良好的自然、人文环境是发展旅游业的基础。对于旅游者，他们自然不会选择一个生态环境恶劣的地方作为旅游目的地；对于旅游目的地，想要发展旅游，获得期望的经济效益和社会效益，就要提供一个良好的环境以吸引众多的旅游者。一个自然保护区或是风景名胜区，其生态环境非常美丽，但是又异常脆弱，如何处理旅游资源开发与生态环境保护的矛盾一直是备受关注的话题。

因此在发展旅游业时，当地政府和旅游产业的相关部门常常采取一系列措施，动员全社会的力量来治理环境，通过绿化美化环境、建设花园城市、园林城市，建立自然保护区等手段，通过控制空气、噪音、水体、垃圾等污染问题等促进旅游目的地的环境质量提升，确保旅游目的地的环境得到净化。

二、旅游对环境的消极影响

（一）可能造成环境污染，破坏旅游目的地的自然生态系统

旅游产业活动主要是旅游企业的经营活动和对旅游产品的开发活动，在这些活动中合理利用旅游资源，在一定程度上来说是对这些旅游资源的有效保护，但是无论经营活动还是开发活动其根本目的都是为国家、地区和个人带来更多的效益。旅游目的地如果一味地追求经济效益，过度性开发或掠夺性开发旅游资源，势必然会破坏生态环境，造成环境污染，甚至使旅游业的发展受到损害，带来令人不安的结果。

旅游活动对环境造成的污染是多方面的。提及旅游，很多人依然认为其是“无烟产业”，但这并不意味着旅游开发不会破坏资源环境。旅游目的地的环境污染表现在水质污染、空气污染、噪声污染或废弃物污染等多个方面。旅游目的地在旅游开发中选择的错误的开发动机、过度的或规划不当的开发行为、蓄意的掠夺性开发目的等，都会对旅游发展与环境保护带来危害，破坏旅游目的地的自然生态系统。

（二）可能引起过度拥挤，损坏旅游目的地的人文资源

任何生态环境都有一定的承载力，旅游目的地也是如此，一旦超过这个承载力，就会导致环境过度拥挤，并加剧生态环境破坏。随着旅游活动的开展，过度拥挤、垃圾泛滥等问题已经不容忽视。当处于旺季的旅游热点目的地出现旅游者“爆棚”现象时，人口密度的增加就引发过度拥挤，给旅游目的地的人居环境带来不良影响。一方面是交通阻塞，扰乱目的地的日常生活秩序；另一方面是目的地基础设施超负荷运作，影响目的地人居的生活质量，甚至造成不良社会突发事件。垃圾污染问题已经成为全球共同面临的难题之一。我们经常可以看到旅游目的地乱扔废弃物品的现象。一些旅游者环境保护意识的缺乏及其他不文明的旅游行为，造成了旅游目的地环境的破坏，影响动植物的生存栖息地，甚至损害人类健康及生命。

此外，旅游目的地长期接待大量的旅游者，引发的过度拥挤问题难免会使目的地历史文物古迹等人文资源的原貌受到威胁。日常生活中，不少旅游目的地被刻画涂鸦，甚至被严重毁坏。以我国古城镇的保护和开发为例，目前我国 2 000 多个古城镇中大部分都有两三千年的历史，这些古城镇拥有优美的自然环境，保存了大量名胜古迹和各具特色的乡土建筑，展现着中华民族灿烂的历史文化。随着我国城市化进程的加速和旅游产业的发展，古城镇的破坏固然缘于岁月的侵蚀，但其周围环境的突变所造成的影响也不可忽略。一些地方拆老城建新城，将原来古城镇留存的文化历史遗迹拆除重建；一些地方在古城古镇建造新的景观建筑或者建设宾馆、饭店，人为地破坏了原有风格；还有一些地方将古城古镇周围环境建设一新，却使古城古镇逐渐失去原生状态所具有的景观价值。因此我们经常看到不少古城镇旅游商业畸形发展，家家户户开店，

旅游商品千篇一律。

丽江古城早在1997年12月4日就被列入世界文化遗产，当时没有太多的游客，古城特色分明；随后，云南的旅游出现了井喷式发展，游客大量增长，丽江古城变成了人们喜爱的旅游目的地之一，也变成了一个喧嚣的古镇，原来一些青山绿水由于过度开发，被破坏了，特有的小气候没有了，原有的景观也被破坏了。旅游者说，过去在这个别具一格的小镇上，雕梁画栋、小桥流水，可以享受"一夜千年"的忘我感受；而如今在酒吧街的灯红酒绿中，在小贩的叫卖声中，古朴一点点褪去，曲径通幽的感觉已经不再。

第四节　旅游可持续发展

旅游可持续发展是从可持续发展概念引申出来的旅游业发展原则，随着"可持续发展"这一概念的提出而产生的。可持续发展目前已成为世界各国协调经济、人口、资源、环境之间关系的重要战略。可持续发展是指既满足当前需要而又不削弱子孙后代的需要，这意味着要合理使用并且提高自然资源基础，这种基础支撑着生态抗压力及经济的增长。旅游可持续发展是指在不破坏当地自然环境，不损坏现有和潜在的旅游资源，合理利用旅游资源，保护已开发的现有资源的情况下，在环境、社会、经济三效合一的基础上持续发展的旅游经济开发行为。

一、可持续发展的内涵

（一）可持续发展的提出

可持续发展是20世纪80年代提出的一个新的发展观。它的提出是应时代的变迁、社会经济发展的需要而产生的。"可持续发展"（sustainable development）一语源于"可持续性"（sustainability）这一概念。对这一概念的解释，人们的认识有着不同的侧重点。例如，有人将"可持续性"解释为"保护和加强自然环境系统的生产和更新能力"。有人则对"可持续性"的解释不断拓展和延伸，因而出现了社会可持续性、经济可持续性等方面的内涵。不过，为人们所公认的是，对"可持续性"最具权威性的基本解释莫过于联合国世界环境与发展委员会在其报告《我们共同的未来》中所做的界定。1987年，由布伦特兰担任主席的联合国世界环境与发展委员会以《我们共同的未来》为标题，提出了一份研究报告。该报告对人类在经济发展与环境保护方面存在的问题做了系统而全面的评价，并正式提出了"可持续发展"这一术语和口号。这是世界上第一次提出"可持续发展"，这份被国际社会称为《布伦特兰报告》（*The Bruntland*

Report）的著名文献被很多人看作承认可持续发展作为全球发展之基本原则的第二个关键性标志点。该报告对“可持续性”概念做了简短而明确的解释，即“满足当代人的需要而又不损害子孙后代满足其自身需要的能力”。

其实，“可持续发展”理念可追溯至20世纪60年代的《寂静的春天》、“太空飞船理论”和罗马俱乐部等。1962年美国女海洋生物学家R. 卡逊（Rachel Carsen）的著作《寂静的春天》（*Silent Spring*）出版，提出了“生态学”的概念，标志着人类开始关心生态环境问题。卡逊在列举了因人类活动的不断扩张而导致自然环境退化的大量事实之后提出，人类只有与其他生物共同分享地球，在人类与其他生物之间建立合理的协调的关系，才能维持人类自身的健康生存。1972年3月，罗马俱乐部发表了由D. 米都斯主持的研究报告《增长的极限》，警示性地罗列了经济增长所引起的种种环境和资源的问题。同年6月，在斯德哥尔摩召开的第一次“人类与环境会议”通过了《人类环境宣言》。会议期间还出版了经济学家B. 奥德和生物学家R. 杜博合撰的报告《只有一个地球：对一个小小行星的关怀和维护》。这些著述和文献都对人类经济活动的不断扩张所带来的环境问题表示了担忧或提出了警告，因而被认为是可持续发展思想的雏形。1982年，联合国大会成立了三个高级专家委员会，之后，他们分别发表了《我们共同的危机》《我们共同的安全》和《我们共同的未来》三个纲领性文件，提出为了保障安全、克服危机和创造未来都必须实施可持续发展战略。1992年6月，联合国环境与发展大会在巴西里约热内卢隆重召开，历史上第一次多国国家领导人共聚一堂，磋商人类在环境与发展方面所面临的挑战。这是自1972年在瑞典举行的联合国人类环境会议以来，人类有关环境与发展问题思考的又一个里程碑，是一次确立可持续发展作为国际社会发展新战略的具有历史意义的大会。里约会议通过的《里约环境与发展宣言》和《21世纪议程》是号召国际社会实行可持续战略的两份纲领性文件。前者提出了有关可持续发展的27条基本原理和思想准则，后者提出了贯彻可持续发展战略的具体领域和行动计划。1997年6月27日，联合国第19次特别大会重申《21世纪议程》是可持续发展战略的基础。

由此可见，可持续发展战略已经成为世界性和世纪性的话题，引起了世界各国政府和人民的广泛关注和普遍重视。中国政府也做出了履行《21世纪议程》的庄严承诺，并于1994年通过了世界第一部国家级可持续发展战略——《中国21世纪议程》。

（二）可持续发展的内容

可持续发展理论虽然缘起于环境保护问题，但已经超越了单纯的环境保护问题，它将环境保护与发展问题有机结合，已经成为一个被各国广泛接受的有关社会经济发展的全面性发展思想和发展战略。在内容上，其涉及了可持续经济、可持续生态和可持续社会三方面的协调统一，要求人类在发展中不仅要关注经济效率，维护生态安全，更要追求社会公平，最终达到人类社会的和谐发展。其中可持续经济是指鼓励经济增长而不是以环境保护为名取消经济增长，因为经济发展是国家实力和社会财富的基础。但可持续发展不仅重视经济增长的数量，更关注经济发展的质量。可持续发展要求改变传统的以“高投入、高消耗、高污染”为特征的生产模式和消费模式，实施清洁生产和文明消费，以提高经济活动中的效益。对中国来说，实现经济增长方式从粗放型到集约型的根本性转变是可持续发展在经济方面的必然要求。

生态可持续发展是要求经济发展与自然承载力相协调。各国在发展经济的同时必须保护、改善和提高地球的资源生产能力和环境自净能力，保证以可持续的发展方式使用自然资源和环境成本。因此，可持续发展强调发展是有节制的，没有节制的发展必然导致不可持续的结果。生态可持续同样强调环境保护，但不同于以往将环境保护与人类发展分裂开来的做法。可持续发展强调预防重于治理，要求在发展的整个过程中而不是在发展的末端上去解决环境问题。社会可持续发展则是强调社会公平是发展的内在要素和环境保护得以实现的基础。鉴于地球上自然资源分配与环境代价分配的两极分化严重影响人类的可持续发展，因此发展的本质应该包括普遍改善人类生活质量，提高人类健康水平，创造一个保障人们平等自由、教育、人权和免受暴力的地球社会环境。

在整个人类可持续发展系统中，经济可持续是基础，生态可持续是条件，社会可持续才是最终目的。人类发展的本质是追求以人为目标的自然、经济、社会复合系统的持续、稳定和健康发展。

（三）可持续发展的意义

可持续发展与环境保护既有联系又不等同，环境保护是可持续发展的重要方面，可持续发展的核心是发展，但要求在严格控制人口、提高人口素质和保护环境、资源永续利用的前提下进行经济和社会的发展。因此可以说发展是可持续发展的前提，人是可持续发展的中心体，可持续的、长久的发展才是真正的发展，它使子孙后代能够永续发展和安居乐业。

以我国为例，人口多、自然资源短缺、经济基础薄弱、科技水平相对落后，因此只有控制人口、节约资源、保护环境，才能实现社会和经济的良性循环，使各方面的发展持续有后劲。实施可持续发展战略，有利于促进生态效益、经济效益和社会效益的统一；有利于促进经济增长方式由粗放型向集约型转变，使经济发展与人口、资源、环境相协调；有利于国民经济持续、稳定、健康发展，提高人民的生活水平和质量；有利于从注重眼前利益、局部利益的发展转向长期利益、整体利益的发展，从物质资源推动型的发展转向非物质资源或信息资源（科技与知识）推动型的发展。

二、旅游可持续发展的内涵

（一）旅游可持续发展的提出

旅游可持续发展的提出直接受可持续理论的影响。旅游可持续发展实际上是可持续发展思想在旅游领域的具体运用，是可持续发展战略的组成部分之一，是可持续发展理论的自然延伸；同时也是在大众旅游的浪潮中，旅游业急剧膨胀、繁荣背后引发的危机逐渐暴露出来的背景下，越来越多的学者对旅游业是“无烟工业”的提法表示质疑。

1990 年在加拿大温哥华召开的全球可持续发展大会上，旅游组行动策划委员会提出了《旅游持续发展行动战略》草案，构筑了可持续旅游的基本理论框架，并阐述了可持续旅游发展的主要目的。1995 年 4 月 24 日至 28 日，联合国教科文组织、联合国环境规划署、世界旅游组织和岛屿发展国际科学理事会，在西班牙加那利群岛的兰沙罗特岛召开了“可持续旅游发展世界会议”，大会通过了《可持续旅游发展宪章》和《可持续旅游发展行动计划》，对旅游可持续发展的基本理论观点做了精辟的说明，为可持续旅游提供了一整套行为规范，并制定了推广可持续旅游的具体操作程序，标志着可持续旅游研究已经进入了实践性阶段。

1996 年 9 月，为了响应联合国《21 世纪议程》提出的可持续发展理念及其行动计划，世界旅游组织、世界旅游理事会、地球理事会联合制定了《关于旅行与旅游业的 21 世纪议程：迈向环境可持续发展》，并于 1997 年 6 月在联合国第九次特别会议上发布。1997 年，世界旅游组织授权中国国家旅游局出版《旅游业可持续发展：地方旅游规划指南》，用以指导各地旅游事业发展。旅游业作为以服务消费与精神消费为内容的高层次消费，对环境有很强的依赖性，旅游天然地要求有好的环境。因此旅游业有实现可持续发展的内在动力，应成为可持续发展理论实践的先行领域。

（二）旅游可持续发展的内容

根据世界旅游组织 WTO 在 1993 年出版的《旅游与环境》丛书中的《旅游业可持续发展——地方旅游指南》的定义，旅游可持续发展是指在维持文化完整、保持生态环境的同时，满足人们对经济、社会和审美的要求。它能为今天的主人和客人们提供生计，又能保护和增进后代人的利益并为其提供同样的机会。这一定义被看成对旅游可持续理念的进一步总结，其不仅指出了旅游业本身的特质，而且提出了区际公平发展的思想，对旅游可持续发展的国际认定具有重要的指导意义。1995 年《可持续旅游发展宪章》中指出：“可持续旅游发展的实质，就是要求旅游与自然、文化和人类生存环境成为一个整体”，即实现旅游、资源、人类生存环境三者的统一，以形成一种旅游业与社会经济、资源、环境良性协调的发展模式。

由此可见，可持续旅游发展是可持续发展理论在旅游业中的具体体现，与一般意义上的可持续发展理论具有本质上的一致性。一是满足需要方面，发展旅游业首先是通过适度利用环境资源，实现经济创收，满足旅游目的地的基本需要，提高旅游目的地居民的生活水平，在此基础上，再满足旅游者对更高生活质量的渴望，满足其发展与享乐等高层次需要。二是环境限制方面，资源满足人类目前和未来需要的能力是有限的，这种限制体现在旅游业中就是旅游环境承载力，即一定时期、一定条件下某地区环境所能承受的人类活动作用的阈值。它是旅游环境系统本身具有的自我调节功能的度量，而可持续旅游的重要标志是旅游开发与环境的协调。因此，作为旅游环境系统与旅游开发中间环节的环境承载力，应当成为判断旅游业是否能够可持续发展的一个重要指标。三是公平性方面，强调本代人之间、各代人之间公平分配有限的旅游资源，旅游需要的满足不能以旅游区环境的恶化为代价，当代人不能为满足自己的旅游需求和从旅游中获得利益而损害后代公平利用旅游资源的权利与利用水平。我们要强调这样的旅游发展理念：环境既是我们从先辈那里继承来的，也是我们从后代那里借来的。我们要把旅游看成这样的活动：当代人为了保护好前代人遗留下来的环境，或是利用前代人留下的环境，为后代人创造更加优异的环境的行动。

1990 年，在加拿大温哥华召开的 1990 年全球可持续发展大会旅游组行动策划委员会会议上，大会委员会提出旅游业发展的目标：

（1）增进人们对旅游所产生的环境、经济效应的理解，强化其生态意识。

（2）促进旅游的公平发展。

（3）改善旅游接待地的生活质量。

（4）向旅游者提供高质量的旅游经历。

（5）保护上述目标所依赖的环境质量。

在旅游可持续发展中使得四方受益是关键，即旅游者、目的地居民、未来的旅游者和目的地未来的居民共同受益，涉及的是同代人不同利益群体之间，同一利益群体代际之间和不同利益群体代际之间的公平问题。对于旅游可持续发展，需要强调的是经济发展目标与社会发展目的相适应，改变不合理的旅游开发和消费模式，增加生态环境的保护费用，保证旅游资源的可持续利用。

（三）旅游可持续发展的意义

旅游业发展到今天，已经成为国人重要的生活方式之一。旅游可持续发展已经成为世界旅游业发展的必然趋势，作为处于全球风口的产业，旅游的影响力在政治、经济、文化、科技、环境等方面都是存在的。

以极地旅游为例，地球南北两极独特的自然环境、罕见的动植物和瑰丽的极地风光，让人无限神往。于是去南极与企鹅拍照、到北极与北极熊共舞，就成了不少旅游爱好者的梦想。如今这种极地旅游体验已经流行开来，并被称为“高端旅游”。为了吸引游客，南极旅游的形式日趋多样化，在固定景点参观和考察站游览的基础上，又增加了雪地野营、冰海漂流、追逐鲸鱼、直升机历险等刺激的行程体验和极限挑战项目；而到北极旅游，游客可以通过入住当地小镇、与当地居民交流感受极地生活，了解神秘的纽因特人在极寒环境下如何生存以及因此形成的独特民俗文化。国际南极旅游组织行业协会（IAATO）最新数据显示：2017—2018 年南极旅游季，全球共计有 51 707 名游客到访南极，中国游客人数达到 8 273 人，占比达 16%，仅次于美国。北极旅游虽然没有类似组织的统计数字，但成长态势与南极相吻合。

虽然极地旅游业的快速发展对居住在极地的土著人乃至全世界都意味着机会，但也构成了挑战。从旅游可持续发展的维度看，随着航道的发展，北极旅游不断升温，游览船只呈增长趋势，船舶载客量不断提高，旅游景点持续扩大，不同季节旅游项目得以拓展……这些都使极地附近的国家深受鼓舞，把极地旅游看成一个新的经济增长点。但是随着人类活动的增加，北极生态环境治理机制却滞后了许多，基础设施、游客安全、环境污染等问题日益显露。如何避免触礁、着火、推进器失效、沉船、燃油泄漏等海上事故，提供有效的船舶救助应急反应，是对相关国际组织和环北极国家的严峻挑战。从环境保护方面而言，交通运输工具的燃油泄漏和污染物排放、旅游者产生的废物垃圾以及密集人流对野生动植物和生态系统的干扰，都会给极地生态环境带来压力和潜在影响。

综上，旅游业具有联动性广、经济性强的特点，可以对相关产业的发展起到显著的促进作用。实现旅游业的可持续发展，有助于推动我国经济发展、扩大社会就业总量；有助于促进发展方式转变、助力推动低碳经济发展；有助于扩大国际文化交流、提升国家软实力。

三、旅游实现可持续发展的实施途径

可持续旅游发展战略，既反对以牺牲环境换取短期发展的“先污染、后治理”模式，也反对消极保护环境、限制经济发展的“零增长”模式。就如何落实可持续旅游，众多学者都提出了自己的观点和看法，但他们都认为实现旅游的可持续发展需要政府相关管理部门、旅游企业、旅游者及全社会给予全面支持。

首先，在旅游业发展初期，从政府层面以国民经济可持续发展目标和旅游可持续发展为依据，制定旅游目的地可持续发展的规划和行动方案，从资源分类和评估着手，确定实施保护等级，安排专项资金，实施如生态环境治理工程等促进经济、社会、环境效益平衡的多元化举措；要加快职能转变，引导企业深化改革，完善市场竞争机制，坚持公平竞争原则，推动旅游业的可持续发展。如遵循深化旅游业改革开放、实现旅游业可持续发展的理念，切实加强规划工作，在编制旅游规划时本着高标准、高要求的原则，做到专业、个性、创意和特色；实施精品战略计划，加快重点景区建设步伐，将景区打造成集观光、度假、休闲、商务等为一体的综合景区。

其次，转变旅游业发展方式，实现产业融合，着重将简单粗放的发展模式向规模化、效益化的发展模式进行转变。旅游目的地不仅要注重硬件设施的建设，还要优化服务和提高环境质量，实现旅游业与其他产业的融合发展。一方面，在景点建设开发时要充分考虑当地生态环境的可持续发展以及对当地居民生活可能造成的影响，坚持以保护为主的原则，适度、科学地开发生态旅游资源。另一方面，应加速旅游业与其他产业的融合发展，合理利用农村的特色旅游资源，依托当地生态环境，积极发展草原旅游、湖泊旅游、山川旅游等，同时借助历史文化资源，开发一大批特色古镇、古村，完善乡村旅游设施和旅游产品，增加乡村旅游的吸引力，推动乡村经济发展；加强对旅游工艺品、纪念品的创新设计，鼓励旅游用品的研发，推动旅游装备制造业的发展；充分借助文化、体育、信息、交通等行业优势，实现不同行业间的交叉互补，推动旅游产品和行业的发展，构建多样化旅游产品，转变旅游市场结构，不断升级旅游产业结构，促进旅游业持续健康发展。

最后，不断进行旅游业管理创新，不断深化市场机制。各国要在现代企业管理制度的基础上，通过升级旅游产业结构，规范旅游市场秩序，革新人才培养方案，创造出适合旅游业健康发展的良好环境。我们可以通过整合中小型旅行社，建成一批集旅游、购物、住宿、娱乐为一体的跨行业、跨地区的大型旅游企业，使旅行社从“小、散、弱”向龙头式的集团化方向转变，并使之成为推动旅游业体制改革和管理创新的中坚力量。同时，我们要大力发展旅游行业协会组织，加强行业自律、监督，规范企业行为，遵循市场秩序，并不断鼓励民营、私营企业的参加；努力构建旅游业保障体系，加强旅游安全；不断完善旅游业咨询、信息服务和安全救援体系等，提高服务能力，对广大游客生命财产负责；建立健全旅游保险制度，完善旅行社责任险、旅游意外险等旅游险种，增强旅游保险的理赔效能，提高规避和化解风险的能力；不断完善旅游投诉处理机制，及时、认真听取和处理游客的投诉意见，切实维护旅游者合法权益。

［核心知识小结］

本章主要针对旅游影响及旅游可持续发展相关知识进行了讲述。主要内容包括旅游影响的具体表现，其对社会文化、经济和环境的积极影响与消极影响；可持续发展战略、旅游可持续发展的概念、内容和意义，以及旅游可持续发展的实施途径。对旅游影响的研究可以反观旅游市场的发展与社会、经济、环境、文化、人口、科技等存在着什么样的联系，如何互相影响。对可持续旅游发展战略的探讨可以明确旅游经济需要在环境、社会、经济三效合一的基础上持续发展，是一种既反对以牺牲环境换取短期发展的“先污染、后治理”模式，也反对消极保护环境、限制经济发展的“零增长”的模式。旅游的可持续发展需要政府相关管理部门、旅游企业、旅游者及全社会给予全面支持。

［案例解析］

鄂西南太阳河“旅游小镇”文旅路上致富忙

［复习思考］

1. 什么是旅游影响？
2. 旅游影响的表现有哪些？
3. 旅游可持续发展的含义是什么？
4. 通过本课程的学习，你认为研究旅游影响和旅游可持续发展有哪些意义？

参考文献

［1］刘琼英，汪东亮．旅游学概论［M］．2 版．桂林：广西师范大学出版社，2017.

［2］洪帅．旅游学概论［M］．2 版．上海：上海交通大学出版社，2011.

［3］芬杏娟，张闵清．旅游学概论［M］．2 版．重庆：重庆大学出版社，2013.

［4］周晓梅．旅游学概论［M］．北京：北京交通大学出版社，2010.

［5］吴必虎．旅游学概论［M］．北京：中国人民大学出版社，2013.

［6］格拉本，彭兆荣，赵红梅．旅游人类学家谈中国旅游的可持续发展［J］．旅游学刊，2006（1）：54-59.

第十章 旅游+新业态概述

［学习目标］

1. 了解全域旅游产生的时代背景。
2. 了解智慧旅游的技术支撑。
3. 理解全域旅游、智慧旅游的概念。
4. 掌握旅游的新形式。

［引导案例］

中法成都大熊猫生态创意产业园合作框架协议在人民大会堂签署

在法国总统马克龙首次访华之际，2018 年 1 月 9 日下午 2∶30，法国戴罗乐（Deyrolle）公司、广东方所文化投资发展有限公司和成都文化旅游发展集团有限责任公司于北京人民大会堂广东厅，在原商务部部长钟山、原外交部副部长王超、法国欧洲和外交部部长勒德里昂和法国经济和财政部部长勒梅尔等的共同见证下，举行了中法成都大熊猫生态创意产业园项目合作框架协议的签约仪式。这是全球唯一一个以大熊猫为主题的、关注人与自然、科学与艺术、娱乐与教育、生命健康以及绿色生态产业的横向贯穿的新经济开发项目。

中法成都大熊猫生态创意产业园项目选址毗邻成都大熊猫繁育研究基地，面积约 5 257亩（1 亩≈666.7 平方米）。首期由八个中心组成：自然科学与艺术互动体验博物馆（包括一个大型多物种生态植物保护观赏园）、熊猫文化的 IP 研发中心、生态农业中心、可持续发展教育中心、循环利用及再生创新中心、生态环保产业孵化中心、生态康养及媒介医学中心、生态主题国际会议中心。

项目将在法国爱丽舍宫和法国文化部、环保部、经济部、教育部的大力支持下，由戴罗乐公司及其拥有者德布罗意先生（Louis Albert de Broglie）提供项目整体设计，整合法国最优秀的业界创意机构、博物馆及相关产业公司进行8个中心的内容深化，由成都文旅集团、广东方所文化公司及戴罗乐公司共同实施建设及运营。

“中法成都大熊猫生态创意产业园期望动员聚集中法两国各种规模的具有专业认知及技能的公司参与，使公众意识到大自然的脆弱性，及保护生物多样性的急迫性，成都大熊猫在世界上已经成为这个势在必行的环保共识的象征使者”，德布罗意先生解释道。

“中法成都大熊猫生态创意产业园项目的目标是要提供创新和具体的内容解决方案，以更好地应对当今在国内乃至全球的环保及新经济挑战”，方所总裁毛继鸿先生强调。

成都文化旅游发展集团有限责任公司总经理蒋蔚炜表示：“该项目的落地有助于进一步提升中国大熊猫文化的世界影响力，深化中法两国在人文艺术、自然科学等领域的融合发展，推进四川成都建设全面体现新发展理念的国家中心城市和世界文化名城。”

中法成都大熊猫生态创意产业园项目将协调经济发展与环保的需求，形成良性循环，在全球推动大熊猫文化并开创绿色发展的新模式，并在21世纪的中法产业合作中引领新的方向。

（资料来源：成都文旅 http://www.cdctg.com/index.php?m=content&c=index&a=show&catid=34&id=1084）

思考：

1. 该项目的落地会如何促进中国大熊猫文化旅游的发展？

2. 你对未来的旅游发展方向有何思考？

第一节　全域旅游

一、全域旅游产生的时代背景

2010年以后，我国的大众旅游出现了几个新的趋势。

（一）类型由观光向休闲发展

人们刚开始旅游时都是为了追求新奇、观赏风光，为了换一个角度看世界。随着旅游经历的增加和旅游体验的逐步深化，人们不再满足“走马观花”式的旅游方式。人们希望走出常住地，换一个角度看世界，在一定的时间里换一种环境和生活方式，使由长期紧张压抑的现代生活形成的心理压力得以释放，从而得到身心的放松和愉悦。

于是，传统的观光旅游正逐渐向以休闲娱乐为主要目的和内容的新的旅游方式转变。

（二）目的地由城市向乡村发展

人们过去的旅游一般是从一个城市到另一个城市，从国内旅游城市到国外旅游城市，观赏的是城市间的差异，较为关注人类创造文明的成果和建设的成就，尤其是各种博览会和不同的城市建筑。随着城市化进程的加快、现代物流的高度发展、大众文化的广泛传播，城市间趋同的共性增加，个性的差异越来越小，到哪个城市旅游都大同小异。人们开始把目光投向郊区和乡村，纷纷涌入乡村旅游，与大自然进行亲密的接触，在大自然里放飞自己的心情，感受“天人合一”的美妙。乡村天地广阔，“十里不同风，百里不同俗”，为旅游者提供了更多的差异化目的地的选择自由。乡村旅游的发展，改善了农村的产业结构，增加了农民的经济收入，促进了城乡一体化的发展。

（三）方式上由听从安排向自我掌控发展

随着人们可自由支配收入和闲暇时间的增多，一年中旅游次数的增多和旅游需求的丰富化和个性化意识逐渐增强，现代旅游者更喜欢张扬个性、突出自我，在旅游方式和节奏上也希望能够由自己控制。这样一来，自驾汽车旅游、摩托车自驾游、自行车骑游，甚至徒步旅行就成为现代旅游的新潮。原国家旅游局统计显示，2018 年春节全国（不含港澳台地区）接待旅游者 3.86 亿人次，自驾车出游比例接近 50%。旅游者出游方式呈现散客化趋势，游玩空间呈现全域化趋势，消费需求呈现多样化趋势。与之相对的是，传统的“景区+酒店+旅行社”供给结构已无法满足大众旅游时代旅游者的需求，全域旅游已然成为转变旅游发展思路、变革旅游发展模式、创新旅游发展战略的突破口。

（四）“快行慢游”和“深度体验”成为旅游时尚

现代社会的生活方式速度快、节奏快，人们在有限的闲暇时间里总想尽可能地减少旅游空间移动所花费的时间，希望搭乘的交通工具快捷、安全、方便，而在旅游目的地却愿意多花费一些时间慢慢品味和细微体验。因此，过去“蜻蜓点水”式的旅游方式已逐渐向深度体验发展。

在这样的时代背景下，一种新的旅游理念和旅游实践——全域旅游在我国一经问世便迅速发展。

二、全域旅游内涵

全域旅游是在一定区域内，以旅游业为优势产业，通过对区域内经济、社会资源，尤其是旅游资源、相关产业、生态环境、公共服务、体制机制、政策法规、文明素质等进行全方位、系统化的优化提升，实现区域资源有机整合、产业融合发展、社会共建共享，以旅游业带动和促进经济、社会协调发展的一种新的区域协调发展理念和模式。全域旅游的对象是将特定区域作为完整的旅游目的地；全域旅游的目标是实现旅游业全域共建和联动（景区内外、城市和乡村）、旅游成果全域共享（设施和服务主客共享）、旅游景观全域优化、旅游服务全域配套、旅游发展全民参与；全域旅游的做法是进行整体规划布局、综合统筹管理（多部门）、一体化营销推广，促进旅游业全区域、全要素、全产业链发展；全域旅游的本质是以新发展理念为指导的发展思路、发展模式，是发展战略的再定位。全域旅游发展的核心是要从原来孤立的点和线向全社会、多领域、综合性的方向迈进，让旅游的理念融入经济、社会发展全局。

全域旅游是我国各地旅游发展的实践产物，是国人对旅游学理论的贡献。随着旅游业的发展，传统的“旅游景点发展模式”已经不能满足市场需求。2016 年原国家旅游局局长李金早在全国旅游工作会议上做了《从景点旅游走向全域旅游，努力开创我国“十三五”旅游发展新局面》的工作报告，并提出了我国旅游要从“景点旅游”向“全域旅游”转变。从“景点旅游”向“全域旅游”的转变，是发展理念的创新、发展模式的革命、发展路径的根本转变。

对全域旅游的研究大概可以分为两个阶段。2009—2012 年为概念提出阶段，在这一时期全域旅游的概念还处于朦胧期，学者们只是单纯提到“全域旅游”这个词语。相关学者分别从全域旅游的概念、理念运用等方面提出自己的看法，极大地丰富和推动了全域旅游发展路径研究。

表 10-1　全域旅游发展历程

概念提出阶段	2008 年	浙江绍兴市委、市政府提出“全域旅游”发展战略，启动全城旅游区总体规划招标，上海奇创旅游咨询运营机构中标
	2009 年	江苏《昆山市旅游发展总体规划修编》提出“全域旅游；全景昆山”
	2010 年	四川大邑县发展全域旅游的高端形态，启动全域旅游休闲度假战略规划
	2011 年	《杭州市“十二五”旅游休闲业发展规划》中，创新性地提出了旅游全域化战略；浙江桐庐提出全域旅游的全新理念；四川甘孜州提出了全域旅游概念
	2012 年	四川甘孜州委明确提出，实施全域旅游发展战略；山东一些县域将“全域旅游”确立为发展方向，如蓬莱、日照五莲县等，山东沂水县确定“建设全景沂水发展全域旅游”发展战略；湖南资兴市推进旅游业由“区域旅游”向“全域旅游”转变

表10-1(续)

地方试点探索阶段	2013 年	宁夏回族自治区明确提出要“发展全域旅游，创建全域旅游示范区（省），把全区作为一个旅游目的地打造”；桐庐成为浙江省全域旅游专项改革试点县，诸城市成为山东省全域旅游试点市；重庆渝中区启动《全域旅游规划》
	2014 年	五莲县、临沂市、莱芜市、滕州市、沂水县成为山东省全域化旅游改革试点；河南省郑州市人民政府发布《关于加快全域旅游发展的意见》
国家示范推进阶段	2015 年	国家旅游局下发了《关于开展“国家全域旅游示范区”创建工作的通知》，同时李金早局长提出：“在 2 000 多个县中，每年以 10% 的规模来创建。今年要推进 200 个县实现全域旅游，3 年 600 个县实现全域旅游”
	2016 年	2016 年 2 月 5 日，国家旅游局公布 262 个市县成为首批国家全域旅游示范区创建单位
		2016 年 3 月 4 日，李金早在《人民日报》发表文章，全面阐述全域旅游的价值和途径
		2016 年 4 月国家旅游局发布的《全域旅游示范区创建的验收标准》明确了各省市全域旅游建设的验收标准
		2016 年 9 月国家旅游局发布的《国家全域旅游示范区认定标准（征求意见稿）》全方位提出全域旅游的建设目标和方向，推动综合的旅游管理体制、全面的旅游公共服务、融合的旅游产业体系、开放的旅游营销体系的建设
		2016 年 12 月国家旅游局发布的《“十三五”旅游业发展规划》提出，积极推动以抓点为特征的景点旅游发展模式向区域资源整合、产业融合、共建共享的全域旅游发展模式加速转变
	2017 年	2017 年 6 月国家旅游局发布《全域旅游示范区创建工作导则》提出，推进全域统筹规划、合理布局、整体营销，实现全域宜居宜业宜游和全域接待海内外游客，成为目的地建设的典范
		2017 年 8 月国家旅游局发布《2017 全域旅游发展报告》对全域旅游的发展取得的成效做出阶段性的汇总，对全域旅游发展成果给予高度的肯定和鼓励

2012 年以前，全域旅游只是出现在各地区规划或报道性论文中，但是对于全域旅游是什么，人们还没有统一的认识。随着研究的不断深入，目前学术界对全域旅游的解读比较丰富且基本观点一致，其中厉建新和吕俊芳奠定了全域旅游的基本内涵。2013 年，厉建新等对全域旅游的内涵进行了较为系统的解读，认为全域旅游是指“各行业积极融入，各部门共同管理，居民游客共同享有，充分挖掘目的地的吸引物，创造全过程与全时空的旅游产品，从而满足游客与居民全方位的体验需求”。吕俊芳解析了全域旅游的三个发展条件：社会条件——全民休闲时代的到来；人口条件——非农人口比重增加；资源条件——旅游资源的全域化。全域旅游的核心是重新整合旅游资源，在空间上、板块上形成特色各异的旅游产品或业态集群。

对全域旅游理念的运用主要体现在两个方面。一方面体现在具体的旅游规划中的运用。整体上看，目前很多学者、地区均在关注全域旅游的发展规划，并取得了一定的成效，其空间研究尺度有大有小，从城市、县域到乡村都有，但只是停留在宏观方面，缺乏微观的具体层面的全域旅游规划。另一方面表现在对区域发展路径的研究。全域旅游是区域发展旅游、实现经济腾飞的有效途径，全域旅游最根本的目标是打破景区（景点）的限制，将整个区域打造成一个旅游目的地。

三、全域旅游的意义

（一）全域旅游顺应了全民旅游、自助游、自驾游的时代趋势

改革开放给我国经济插上了腾飞的翅膀，经过几十年的发展，我国的综合国力大大增强，城乡居民的可自由支配收入成倍增长。显著的影响是，我国城镇化进程加快，人们的生活方式、旅游方式都发生了很多变化，在出游方式上，自助游超过85%，自驾游超过60%，甚至很多人在体验出镜自驾游。现代移动互联网等信息技术的迅猛发展，又进一步加速了人们的生活方式、旅游方式的深刻变革。这就要求在旅游供给方面，要从全域整体优化旅游环境，优化旅游的全过程，配套旅游的基础设施、公共服务体系和旅游服务要素，只有这样才能切实提升旅游者的获得感和满意感，才能将旅游业真正发展成为人民群众更加满意的现代服务业。

（二）全域旅游是我国新时代的旅游发展战略

推进全域旅游是我国新时代旅游发展的战略，是一场具有深远意义的变革。2016年，原国家旅游局局长李金早在《全域旅游大有可为》一文中阐述了全域旅游要实现的九大转变：一是从单一景点景区建设和管理向综合目的地统筹发展转变；二是从门票经济向产业经济转变；三是从导游必须由旅行社委派的封闭式管理体制向导游依法自由有序流动的开发式管理转变；四是从粗放低效旅游向精细高效旅游转变；五是从封闭的旅游自循环向开放的“旅游+”融合发展方式转变；六是从旅游企业单打独享向社会共建共享转变；七是从景区（景点）围墙内的“民团式”治安管理、社会管理向全域旅游依法治理转变；八是从部门行为向党政统筹推进转变；九是从仅是景区（景点）接待国际游客和狭窄的国际合作向全域接待国际游客，全方位、多层次国际交流合作转变，最终实现从小旅游格局向大旅游格局的转变。

（三）全域旅游推进我国新型城镇化和新农村建设

旅游业作为资源消耗低、带动系数大、就业容量大、综合效益高的综合产业，已成为优化区域布局、统筹城乡发展、促进新型城镇化的战略支柱产业。旅游目的地通过发展全域旅游，可以加快城镇化建设，有效改善城镇和农村基础设施，促进人口有序地向星罗棋布的特色旅游小镇转移；可以聚集人气商机，带动现代生态农业、农副

产业加工、商贸物流、交通运输、餐饮酒店等其他行业联动发展，为城镇化提供有力的产业支撑；通过发展乡村旅游、观光农业、休闲农业，使农民实现就地、就近就业，就地市民化；通过发展全域旅游，改善农村生态环境，真正建设美丽乡村，实现城市文明和农村文明的直接相融，农民在家就能开阔视野，提升文明素质，加快从传统生活方式向现代生活方式转变。

总体来说，全域旅游对旅游目的地社区居民、旅游者、旅游投资商、当地政府都有着积极的影响。对于旅游目的地社区居民来说，全域旅游不但产生了新的就业机会与岗位，也带来了新的生活气息。旅游者不会成为“干扰生活”的侵入者，不会成为“待宰的羔羊”，而是成为服务的对象、受欢迎的客人。对于旅游者来说，原来的“看景”转变为“体验一种本地生活，观赏一片本地景观，了解一类本地文化”，真正成为“体验旅游、度假旅游”，真正实现“玩得开心、住得舒心、吃得高兴、消费放心”，真正“融入地方、爱上地方”，实现“长停留、多频次、高消费”。对于旅游投资商来说，旅游项目的投资不再是“独木孤舟”，全域范围的旅游形象提升与旅游项目开发，使得单点项目具备更好的投资环境，带来更多的“附带游客”，项目的投资建设也将成本更低、效益更好。对于当地政府而言，社会气象会发生变化，经济活力会增强，城市形象会不断提升，区域发展可步入良性循环。

总之，发展全域旅游，将一定区域作为完整的旅游目的地，以旅游业为优势产业，统一规划布局、优化公共服务、推进产业融合、加强综合管理、实施系统营销，有利于不断提升旅游业现代化、集约化、品质化、国际化水平，更好地满足旅游消费需求。

四、全域旅游的特征

全域旅游具备全域配置资源、全域统筹规划、全域协调管理、全域开展“旅游+”、全域共享共建五个基本特征。

（一）全域配置资源

全域旅游不只局限于景区（景点）、饭店的配置，而是更加注重全社会各类发展资源及公共服务的高效配置，既宜游又宜居，“处处是风景，处处可旅游”。例如，植树造林不仅要满足水土保持、荒山绿化功能，还要有休闲度假功能和审美游憩价值。

（二）全域统筹规划

发展全域旅游，就是要使景区（景点）内外协调一致，以旅游者的体验为中心，以让旅游者满意到极致为目标，按照全区域景区化的建设和服务标准，从整体上优化环境、从全局上优美景观，优化旅游服务全过程，避免出现景区内外“两重天”的现象。

（三）全域协调管理

按照综合执法和综合产业发展需求，创新全域治理体系，提高治理能力，实现全域综合管理。围绕旅游形成发展合力，实施综合改革，让资源要素分属多头管理的瓶颈和制约旅游发展的体制障碍得以破除，充分发挥政府引领作用，充分发挥市场配置资源的决定性功能。

（四）全域开展“旅游+”

促进旅游和相关产业的深度融合，催生新的生产力和竞争力。利用旅游业拉动力、融合力强的特性，为相关产业的发展提供平台，以产生新的业态，提升其综合价值和发展水平。

（五）全域共享共建

全域旅游的理念是要让全区域的社区居民都成为主人和服务者，使他们从局外人和旁观者变为受益者和参与者。全域旅游既能够让建设方、管理方参与决策，也能让旅游者和社区居民共同参与共建，使社区居民树立人人都代表旅游形象的意识，自觉把自己作为旅游环境建设的一份子，树立主人翁意识，提升整体旅游意识和文明素质。

基于全域旅游的上述特征，全域旅游必须规划先行，从全面性、经济性、可操作性等层面通盘考虑，有序推进，这样才能形成产品导向明确、产业集聚区功能完善、全域各类设施配套、项目创新性强、全民有序参与的全域旅游开发新局面。

此处需要特别强调的是：全域旅游的“全域”体现在三个方面，即空间上超越独立景区的“全域”，参与上超越景区工作人员的“全民”，产业上超越旅游单一发展的“全产业”。

空间上的全域：旅游不再局限于景区（景点），而是要更加注重社会发展的各类资源和公共服务的有效再配置，通过旅游来带动各类资源的有效配置和产业的发展。将原有的独立的景区建设变更为全域性的、多角度的旅游开发，将城市、乡村、街道的建设和发展与旅游业结合起来，一方面满足旅游者的多元化需求，另一方面提升本地社区居民的居住体验，另外还能够提升旅游目的地的整体形象。发展全域旅游，就是要在全域优化配置资源，充分发挥旅游带动作用。

参与上的全民：全民参与发展旅游，旅游业的发展从“政府知道、投资商明白、从业者服从”拓展到“全民皆知旅游发展特色，全民改变服务思路”。全民参与是全域旅游的最大特征，是通过全民共享旅游发展成果，提升全域整体旅游意识和文明素质，形成共建共享美好生活、共建共享基础设施、共建共享公共服务、共建共享生态环境的旅游发展大格局。全民参与的参与者不仅包括旅游工作人员，也包括景区的社区居民和旅游者，而且要实现全民共享发展成果。

产业上的全产业：以“旅游+”的思路去发展旅游。“旅游+”是实现全域旅游的重要方法和路径，通过“旅游+”大力推进旅游业与第一和第二产业融合发展，推动旅游与新型工业化、信息化、新型城镇化、农业现代化及民航交通、体育等行业的融合发展，创新旅游发展新领域，拓展旅游发展新空间。“旅游+”将旅游发展与产业发展结合起来，加强区域内的农业、工业、文化、体育、商业、房地产等产业与旅游业的融合，用旅游业来提升这些产业的附加值，推动产业的共同发展并形成新的产业形态，提升地区品牌，提升产业环境，辅助产业招商，改变以单一旅游形态为主导的产业结构，构建起以旅游为平台的复合型产业结构，推动我国旅游产业域由“小旅游”向“大旅游”转型。

总之，全域旅游要实现从门票经济向产业经济转变，从粗放低效方式向精细高效方式转变，从封闭的旅游自循环向开放的“旅游+”转变，从企业单打独享向社会共建共享转变，从景区内部管理向全面依法治理转变，从部门行为向政府统筹推进转变，从单一景区（景点）建设向综合目的地服务转变。

发展全域旅游，就是要全域发挥“旅游+”功能。

作为需求旺盛、潜力巨大的产业，“旅游+”有以下四个鲜明特点。

（1）“旅游+”是需求拉动、市场推动的“+”。“旅游+”以巨大的市场力量和市场机制，为所“+”各方搭建巨大的供需对接平台。

（2）“旅游+”是创造价值、放大价值的“+”。“旅游+”不是机械的“+”，不是简单的“1+1”，而是有机融合，会发生化学反应，产生“1+1>2”的效果。这种“+”的魅力就在于能“+”出新的价值、新的惊喜。

（3）“旅游+”是以人为本、全民参与的“+”。“旅游+”是一个可以广泛参与、广泛受益、广泛分享的“+”，而且，“+”的过程就是一个人力资本开发、创造力激发的过程。旅游是人本经济，“旅游+”的核心是人的发展，实质是通过人来实现“+”，用“+”来服务人。

（4）“旅游+”是可以充分拓展的“+”。旅游业无边界，“旅游+”具有天然的开放性、动态性。“+”的对象、内容、方式都不断拓展，“+”的速度越来越快。经济、社会越进步发展，“旅游+”就越丰富多彩。就此而论，“旅游+”也是我国改革开放发展的重要成果和标志。

原国家旅游局发布的《2017全域旅游发展报告》显示，随着“旅游+”的持续深化，新产品、新业态不断涌现。“旅游+城镇化、工业化和商贸”，形成了美丽乡村、旅游小镇、森林小镇、风情县城、文化街区、宜游名城等；“旅游+农业、林业和水利”，形成了现代农业庄园、田园综合体、森林人家、沙漠公园、国家水利风景区等产品；“旅游+科技、教育、文化、卫生和体育”，形成了科技旅游、研学旅游、养生养老旅游、体育旅游等业态；“旅游+交通、环保和国土”，涌现了众多自由行产品，如自驾车房车营地、公路旅游区、低空旅游、海洋海岛旅游等；“旅游+互联网”，形成了在线旅游相关产品，如旅游互联网金融、分享型旅游产品、旅游大数据等。

阅读材料 10-1　四川省甘孜州发展全域旅游的实践

第二节　智慧旅游

一、智慧旅游的源起

智慧旅游来源于智慧地球（smarter planet）及其在中国实践的智慧城市（smarter cities）概念。2008 年国际商业机器公司（IBM）首先提出了智慧地球概念，指出智慧地球的核心是以一种更智慧的方法通过利用新一代信息技术来改变政府、公司和人们交互的方式，以便提高交互的明确性、效率、灵活性和响应速度。智慧城市是智慧地球从理念到实际落地城市的举措。IBM 认为，21 世纪的智慧城市能够充分运用信息和通信技术手段感测、分析、整合城市运行核心系统的各项关键信息，从而对于包括民生、环保、公共安全、城市服务、工商业活动在内的各种需求做出智能的响应，为人类创造更美好的城市生活。我国专家对智慧城市也有自己的解读：中国工程院副院长邬贺铨认为，智慧城市就是一个网络城市，物联网是智慧城市的重要标志；武汉大学教授李德仁指出，数字城市+物联网=智慧城市。IBM 的智慧城市理念把城市本身看成一个生态系统，城市中的市民、交通、能源、商业、通信、水资源构成子系统。这些子系统形成一个普遍联系、相互促进、彼此影响的整体。

在国务院《关于加快发展旅游业的意见》（国发〔2009〕41 号）的指引下，旅游业开始寻求以信息技术为纽带的旅游产业体系与服务管理模式重构方式，以实现旅游业建设成为现代服务业的质的跨越。受智慧城市的理念及其在我国建设与发展的启示，智慧旅游应运而生。

二、智慧旅游的概念

尽管我国许多地方已在尝试进行智慧旅游的建设，但相关的智慧旅游研究文献却较为少见，对智慧旅游的概念众说纷纭，没有统一的、标准的、科学的定义。

叶铁伟、黄超、李云（2011）认为，智慧旅游是旅游业相关云利用云计算、物联网等新技术通过互联网或移动互联网，借助便携的移动终端上网设备，感知旅游资源、经济、活动和旅游者等方面的信息并及时发布，让人们能够及时了解这些信息，及时安排和调整工作与旅游计划，从而达到对各类旅游信息智能感知、方便利用的效果，并通过便利的手段实现更加优质的服务。吴学安（2011）提出智慧旅游是利用移动云计算、互联网等新技术，借助便携的终端上网设备，主动感知旅游相关信息，并及时安排和调整旅游计划。刘军林、范云峰（2011）认为智慧旅游系统是智慧旅游的技术支撑体，它以在线服务为基础，通过云计算中心海量信息存储和智能运算服务，满足服务端和使用端便携地处理旅游综合信息的需求。马勇（2011）指出智慧旅游是物联网、云计算、下一代通信网络、高性能信息处理、智能数据挖掘等技术在旅游中的应用。

综上所述，本书认为智慧旅游是基于新一代信息技术，以提升旅游服务、改善旅游体验、创新旅游管理、优化旅游资源利用为目标，充分满足旅游者个性化需求、提高旅游企业经济效益和提升旅游行政监管水平，带来新的服务模式、商务模式和政务模式的智能集成系统，是智慧地球及智慧城市的一部分。

智慧旅游系统是智慧旅游的技术支撑体，它以在线服务为基础，通过云计算中心海量信息存储和智能运算服务的提供，满足服务端和使用端便捷地处理旅游综合信息的需求。构建智慧旅游系统的前期技术支撑主要包括云计算、物联网、高速无线通信技术、地理信息系统、虚拟现实技术等。

阅读材料 10-2　智慧旅游的技术支撑

阅读材料 10-3　美国智能租车服务

阅读材料 10-4　北京的智慧旅游

三、智慧旅游的发展趋势

智慧旅游有着广泛的应用前景，它不仅引领世界旅游的发展潮流，成为现代服务业与科技结合的典范，还可以改进管理平台、增强竞争优势，满足旅游者的个性需求。

（一）引领世界旅游发展潮流

智慧旅游以人文、绿色、科技创新为特征，利用云计算、物联网、高速通信技术等信息高科技提升旅游服务质量，改进服务方式，改变人们的旅游消费习惯与旅游体验。国家旅游局提出争取用 10 年时间，在我国初步实现智慧旅游的战略目标，这必将使我国在世界旅游竞争格局中占据优势地位，成为引领世界旅游产业发展的重要力量。

（二）打造现代服务业科技典范

智慧旅游建设是我国旅游业由传统服务业向现代服务业转变的突破口，借助智慧旅游示范城市、产业园区、示范企业的建设，进行智慧旅游装备制造、智慧旅游应用软件、智慧旅游经营发展模式等方面的探索和建设，以提升我国旅游业的科技含量，增强我国旅游创新能力，提升我国旅游服务质量和国际竞争力，使我国旅游业发展成为高信息含量、知识密集的现代服务业的典范。

（三）探索旅游管理创新平台

智慧旅游需要有智慧旅游系统应用平台的支撑。智慧旅游系统应用平台作为一个信息集成系统，收集景区物联网的监控信息，通过虚拟数据中心的云计算系统，传输到云计算中心，在云计算中心完成信息计算与处理，再返回虚拟数据中心。虚拟数据中心的系统平台提供分析结果，供管理者进行旅游信息决策，使景区管理更加高效、合理。

（四）满足旅游体验个性化需求

智慧旅游发展的直接受益者是旅游者。旅游者通过智慧旅游系统的终端，进行网上旅游咨询服务，还可订制私人旅游线路，合理安排个人日程，最大化地利用旅游时间。智慧景区也将提供多元化、个性化的服务，旅游者能够根据自己的需要选择性消费。旅游者借助虚拟辅助系统能够全面、直观、深入地进行旅游体验。旅游者与智慧景区系统不断地进行信息互动，进而使景区服务形式和消费内容不断创新，旅游者每次到来都有不同的体验和感受，从而乐于重复消费。

阅读材料 10-5　乐山大佛景区的智能化建设

第三节　新兴的旅游形式

一、研学旅行

（一）研学旅行的定义及特点

2014年4月19日，教育部基础教育一司司长王定华在第十二届全国基础教育学校论坛上发表了题为《我国基础教育新形势与蒲公英行动计划》的主题演讲。在会上，他首先提出了研学旅行的定义：研究性学习和旅行体验相结合，学生集体参加的有组织、有计划、有目的的校外参观体验实践活动。研学要以年级为单位、以班为单位进行集体活动，同学们在老师或者辅导员的带领下，确定主题，以课程为目标，以动手做、做中学的形式，共同体验，分组活动，相互研讨，书写研学日志，形成研学总结报告。

王定华还针对研学旅行的特点提出了"两不算，两才算"。第一个特点，校外的一些兴趣小组、俱乐部活动、棋艺比赛、校园文化活动，不属于研学旅行的范畴。第二个特点，有意组织，即有目的、有意识的地作用于学生身心变化的教育活动，如果周末三三两两出去转一圈，那不叫研学旅行。第三个特点，集体活动。以年级为单位，以班为单位，乃至以学校为单位进行集体活动，同学们在老师或者辅导员的带领下一起活动、一起动手，共同体验，相互研讨，这才是研学旅行。如果孩子跟着家长到异地转一圈，那也只是旅游。第四个特点，亲身体验。动手做、做中学，学生必须要有体验，而不仅是看一看、转一转，要有动手、动脑、动口和表达的机会，在一定情况下，应该有对抗演练，逃生演练，应该出点力、流点汗，乃至经风雨、见世面。

（二）研学旅行提出的背景

1. 2013年2月2日发布的《国民休闲旅游纲要》

《国民休闲旅游纲要》明确提出，"在放假时间总量不变的情况下，高等学校可结合实际调整寒、暑假时间，地方政府可以探索安排中小学放春假或秋假"，并提出了要"逐步推行中小学生研学旅行""鼓励学校组织学生进行寓教于游的课外实践活动，健全学校旅游责任保险制度"。

2. 2014年8月21日发布的《关于促进旅游业改革发展的若干意见》

《关于促进旅游业改革发展的若干意见》首次明确了"研学旅行"要纳入中小学生日常教育范畴：积极开展研学旅行。按照全面实施素质教育的要求，将研学旅行、夏令营、冬令营等作为青少年爱国主义和革命传统教育、国情教育的重要载体，纳入中小学生日常德育、美育、体育教育范畴，增进学生对自然和社会的认识，培养其社会责任感和实践能力。按照教育为本、安全第一的原则，建立小学阶段以乡土乡情研学为主、初中阶段以县情市情研学为主、高中阶段以省情国情研学为主的研学旅行体系。加强对研学旅行的管理，规范中小学生集体出国旅行。支持各地依托自然和文化遗产资源、大型公共设施、知名院校、工矿企业、科研机构，建设一批研学旅行基地，逐步完善接待体系。鼓励旅游机构对研学旅行给予价格优惠。

3. 2014 年 7 月 14 日发布的《中小学学生赴境外研学旅行活动指南（试行）》

该指南对举办者安排活动的教学主题、内容安排、合作机构选择、合同订立、行程安排、行前培训、安全保障等内容提出了指导意见，特别在操作性方面，规范了带队教师人数、教学内容占比、协议规定事项、行前培训等具体内容，为整个行业活动划定了基本标准和规则。

4. 2016 年 12 月 19 日教育部等 11 部门关于推进中小学生研学旅行的意见

中小学生研学旅行是由教育部门和学校有计划地组织安排，通过集体旅行、集中食宿的方式开展的研究性学习和旅行体验相结合的校外教育活动，是学校教育和校外教育衔接的创新形式，是教育教学的重要内容，是综合实践育人的有效途径。开展研学旅行，有利于促进学生培育和践行社会主义核心价值观，激发学生对党、对国家、对人民的热爱之情；有利于推动全面实施素质教育，创新人才培养模式，引导学生主动适应社会，促进学生的书本知识和生活经验的深度融合；有利于加快提高人民生活质量，满足学生日益增长的旅游需求，从小培养学生文明旅游意识，使他们养成文明旅游行为习惯。

近年来，各地积极探索开展研学旅行，部分试点地区取得显著成效，在促进学生健康成长和全面发展等方面发挥了重要作用，积累了有益经验。但一些地区在推进研学旅行工作的过程中，存在思想认识不到位、协调机制不完善、责任机制不健全、安全保障不规范等问题，制约了研学旅行的有效开展。当前，我国已进入全面建成小康社会的决胜阶段，研学旅行正处在大有可为的发展机遇期，各地要把研学旅行摆在更加重要的位置，推动研学旅行健康快速发展。

阅读材料 10-6　四川研学旅行迎来发展“风口”

二、体育旅游

（一）体育旅游的基本含义

随着当代社会物质与精神生活水平的提高，人们越来越崇尚有利于身心健康、追求休闲时尚、突出个性发展的生活方式。将体育和旅游融为一体的体育旅游，真正让人们亲近自然、放松身心、释放个性，提高生活质量。目前，体育旅游已成为一个全球性的文化现象，是当前旅游业和体育业发展的一个重要项目，是一项新兴的旅游产品，并有着巨大的市场前景。体育旅游作为旅游产业和体育产业交叉融合又相互渗透产生的一个新的领域，是以体育资源为基础，吸引人们参加与感受或体验体育活动和大自然情趣的一种新的旅游形式。体育与旅游有机结合，它一方面有益于拓展新的旅游产品，另一方面有益于开发体育资源，丰富和拓展体育运动产品，使旅游者参与体育与旅游之中，在旅游中寻找体育乐趣、强健体魄，在运动中观光赏景、陶冶情操。

由于体育旅游是一个新的课题，新的概念，因此在国际和国内都还没有一个最终的定义。下面是目前关于体育旅游的几种叙述：

（1）体育旅游是指旅游者为了满足各种体育需求，借助于体育组织或其他中介机构进行的旅游活动。

（2）体育旅游是体育与旅游相互融合交叉的部分，它体现了体育的社会性与旅游的社会性。体育旅游属于社会体育的一个产业分支，也是旅游的重要组成部分（起初旅游界把体育旅游称为特种旅游），是人类社会生活中的一种新兴旅游活动，其概念有广义和狭义之分。从广义上讲，体育旅游是指旅游者在旅游中所从事的各种娱乐身心、锻炼身体、竞技竞赛、刺激冒险、康复保健、体育观赏及体育文化交流活动等与旅游地、旅游企业、体育企业及社会之间关系的总和；从狭义上讲，体育旅游则是为了满足和适应旅游者的各种专项体育需求，以体育资源和一定的体育设施为条件，以旅游商品的形式，为旅游者在旅游过程中提供融健身、娱乐、休闲、交际等于一体的服务，使旅游者身心得到和谐发展，是促进社会物质文明和精神文明发展，丰富社会文化生活的一种社会活动。

（3）体育旅游是指旅游者在旅游中所从事的各种体育健身、体育竞技、体育娱乐、康复、探险和观赏体育比赛等活动与旅游地、旅游企业及社会之间的关系总和。

（4）体育旅游是指旅游者以参加或观赏各类健身娱乐、体育竞技、体育交流等为主要目的的旅游，比如森林旅游、登山、攀岩、探险、参加体育比赛以及一些传统的民族体育项目等。

（5）体育旅游是指游客以参与或观赏体育运动项目为主要目的的、有组织的旅游活动。

（6）体育旅游是指游客离开家庭所在地，以前往某一目的地参与或观摩相关体育活动为主要内容的主题旅游。

从以上叙述可以看出，学术界人士从不同的角度对体育旅游进行各种叙述和界定，可谓仁者见仁，智者见智。本书认为，体育旅游的含义应包括以下内容：

体育旅游是体育与旅游交叉融合而产生的具有体育特点的新型产业。体育旅游首先是一种旅游行为，在体育旅游行程中，它包括旅游的各种要素（吃、住、行、游、购、娱）。

体育旅游必须是以体育资源构成的体育项目为活动目的，这是体育旅游与一般旅游的根本区别。

体育旅游参与者根据自身对体育项目和体育活动的个体需求选择个性化的体育旅游活动，包括参与者展现自我、勇往直前、永不退缩和释放压力、寻求刺激、挑战极限、勇攀高峰的乐观向上和奋力拼搏精神。这是体育旅游的核心。

体育旅游是一项专业性较强的旅游活动。体育旅游内涵十分丰富，我们把体育旅游分为广义体育旅游和狭义体育旅游两类。

广义体育旅游，指以体育资源为载体，体育旅游参与者在从事体育健身、体育休闲、体育探险、观看体育赛事、参与（体验）体育活动及体育文化交流等活动时与旅游地、旅游景区、旅游企业及社会之间关系的总和。体育旅游是一项专业性较强且具有一定风险的旅游活动。

狭义体育旅游，指以体育资源为载体，以观看、参与（体验）体育运动项目为主要目的的、有组织的旅游活动。

（二）体育旅游的分类

体育旅游所涉及的体育运动项目很广，学术界对体育旅游的分类方法也很多，在类型的划分上没有完全可参照的范例，我们只能从体育旅游自身特性和我们多年实践的经验总结出发，在诸多种类的体育旅游活动中寻找一种分类方法——根据体育运动项目特点、参与项目活动的程度和参与者的个人喜好以及它的社会属性，将体育旅游分为六类：

一是休闲健身类体育旅游。如徒步、钓鱼、放风筝、高尔夫、汽车自驾游、二级水域以下的漂流、溯溪、龙舟、独竹漂、露营等。参与这类项目活动的特点就是让游客能放松心情、与大自然融为一体，享受运动带来的愉快与欢乐，同时达到健身的目的。

二是观看体育比赛体育旅游（或观战体育旅游）。如奥运会、世界杯足球赛、F1汽车大奖赛、环法自行车赛、网球比赛、亚运会、全运会等。参与这类项目活动的特点就是把参与者对不同体育项目的爱好、体育赛事的精彩场面和对体育明星的喜好融入整个活动当中，从而达到精神上的满足。

三是参加体育赛事的旅游。此类旅游者出游的主要目的是前往目的地作为运动员、裁判员、随队工作人员参加有组织的体育赛事。如参加奥运会、世界杯足球赛等。他们在比赛期间或比赛结束后参加赛事主办城市的旅游观光活动。

四是参观体育胜地的旅游。此类旅游者出游的主要目的是前往目的地参观自己心中景仰的体育胜地。如参观奥林匹克总部、北京鸟巢、水立方等的旅游者。

五是探险刺激类体育旅游。体育旅游爱好者参加如攀岩、蹦极、溶洞探险、潜水、野外生存、登山、滑翔、跳伞等。这类活动对参与者要求较高，风险较大。但是，这类活动能让参与者感受到的勇敢、无畏、精彩、刺激。

六是教育类体育旅游。如拓展项目、中小学生夏令营等。

（三）我国体育旅游的发展历程

1. 体育旅游的萌芽发展阶段（1985 年以前）

在原始社会，人们为了求生而进行狩猎活动。到阶级社会后，狩猎活动演变成为贵族阶层的一种享乐和健身活动，其内容不断丰富，形成了具有中国特色的狩猎文化。到近代，体育旅游也仅仅在某些阶层或个人身上表现得比较突出。

无论是原始社会人们的求生需求，还是阶级社会贵族阶层的享乐活动需求，都不能算是真正意义上的体育旅游。

早期中国人还没有明确的体育旅游意识，其活动带有一定的自发性或阶级性；鉴于当时的社会经济水平、人们的收入水平以及交通设施等条件的限制，体育旅游还没有形成一定的市场规模。所以说早期的这些活动与现代意义上的体育旅游还存在着相当大的差距，因此我国体育旅游业的兴起和发展都滞后于西方国家。

1984 年，西藏自治区体育运动委员为了满足国外登山爱好者登珠穆朗玛峰的需求，成立了我国第一家体育旅游专业公司——西藏国际体育旅游公司，该公司的成立标志着我国体育旅游产业步入了起步阶段，也为我国体育旅游开了先河。

表 10-2 为我国体育旅游相关政策文件汇总。

表 10-2　我国体育旅游相关政策文件汇总

序号	文件名称	发布时间	颁发机构
1	《国务院关于加快发展服务业的若干意见》	2007. 3. 19	国务院
2	《关于促进中国体育旅游发展倡议书》	2009. 12. 10	国家旅游局、国家体育总局
3	《体育产业“十二五”规划》	2011. 4. 29	国家体育总局
4	《国务院办公厅关于印发国民旅游休闲纲要（2013—2020 年）的通知》	2013. 2. 18	国务院办公厅
5	《国务院关于促进旅游业改革发展的若干意见》	2014. 8. 21	国务院

表10-2(续)

序号	文件名称	发布时间	颁发机构
6	《国务院关于加快发展体育产业促进体育消费的若干意见》	2014. 10. 20	国务院
7	《国务院办公厅关于进一步促进旅游投资和消费的若干意见》	2015. 8. 11	国务院办公厅
8	《促进体旅互动融合，助力经济转型升级》	2016. 5. 15	国家体育总局
9	《国务院关于印发全民健身计划（2016—2020 年）的通知》	2016. 6. 23	国务院
10	《国务院办公厅关于加快发展健身休闲产业的指导意见》	2016. 10. 28	国务院办公厅
11	《国务院办公厅关于进一步扩大旅游文化体育健康养老教育培训等领域消费的意见》	2016. 11. 28	国务院办公厅
12	《关于大力发展体育旅游的指导意见》	2016. 12. 22	国家旅游局、国家体育总局
13	《“一带一路”体育旅游发展行动方案（2017—2020 年）》	2017. 7. 6	国家旅游局、国家体育总局
14	《国务院办公厅关于加快发展体育竞赛表演产业的指导意见》	2018. 12. 21	国务院办公厅

2. 体育旅游的探索起步阶段（1985—1994 年）

我国现代意义上的体育旅游业始于 20 世纪 80 年代中后期。1986 年，国家体育运动委员会（1998 年 3 月改组为国家体育总局）组建了全国体育旅游管理机构——中国国际体育旅游公司，统筹全国体育旅游管理，促进体育旅游的快速发展。一些体育旅游公司（社）相继成立，如贵州省国际体育旅游公司、湖南省体育旅行社、甘肃国际体育旅行社、广东省国际体育旅游公司等，但当时这些体育旅游公司（社）主要经营普通旅游项目，体育旅游活动项目非常少。

20 世纪 90 年代以来，随着我国经济的快速发展、改革开放步伐加快、人民生活水平日益提高，及国务院颁布新的休假条例，国内掀起旅游热潮。体育旅游由于具有刺激、娱乐等独特魅力，所以受到人们的欢迎，一些体育旅游项目如登山、滑雪、漂流、沙漠探险等开始在我国兴起。我国各地也因地制宜，开发了各种体育旅游产品，较著名的有青藏高原登山、黄河漂流、东北滑雪、湖北赛龙舟、郑州少林武术、内蒙古那达慕大会等。

3. 体育旅游的稳步发展阶段（1995—2008 年）

1995 年，国家体育运动委员会张发强副主任做了《关于体育旅游业的几个问题》的报告，这也是国内首次把体育旅游作为一个产业提出，因此吹响了体育旅游业大发展的号角。该报告深刻地阐述了体育和旅游、体育旅游与健身的关系等问题①。2000 年悉尼奥运会时，国内旅游行业也提出了“体育旅游”的概念，并组织 1 114 名国内游客分批赴悉

① 张发强. 关于体育旅游业的几个问题［R］. 1995.

尼感受奥运会的魅力，这也是我国第一次大规模民间组织的奥运会观摩活动。

2001 年，原国家旅游局开展了主题为“中国体育健身游”的活动，同时推出了 60 项具有地方特色的大型体育健身旅游活动和 11 大类 80 个专项体育健身旅游产品和服务，并推动构建以“两湖”（“环太湖体育圈”和“北京龙潭湖体育主题公园”）基地体育健身设施和活动建设为主的 20 个全民健身景观。2005 年，国家体育总局公布了在全国建设以“环青海湖民族体育圈”为代表的 16 个“体育圈”项目。2008 年我国开展了“中国奥运旅游年”的活动。随着体育旅游产品的多样化，体育旅游消费的大众化，体育旅游经营的产业化，体育旅游经济的高效化，与世界接轨的、可持续发展的体育旅游良好局面开始形成，我国体育旅游业也因此进入一个崭新的阶段。

4. 体育旅游的快速发展阶段（2009 年至今）

2009 年 12 月 1 日，国务院下发《国务院关于加快发展旅游业的意见》（国发〔2009〕41 号），其中多处指出与体育产业融合发展的措施。此时，上至国务院下至各省（直辖市、自治区）政府都纷纷出台推进体育旅游发展的相关措施或方法。

2009 年 12 月 10 日，国家体育总局、原国家旅游局联合发出的《关于促进中国体育旅游发展倡议书》指出，“旅游部门和体育部门科学谋划，努力实践，创新体育产业融合发展体制机制，积极探索促进发展的工作方式和方法，研究相关政策措施，引导体育旅游产业健康发展”。国家体育总局也把体育旅游列入了《体育产业“十二五”规划》，明确指出“大力发展体育旅游业，创建一批体育旅游示范区，鼓励各地建设体育旅游精品项目”。在这些政策、措施的促进下，我国的体育旅游业取得了长足发展，主要表现在以下三个方面：

第一，各地方体育旅行社、体育俱乐部等体育旅游从业机构逐渐增多。随着旅游产业的繁荣，我国的体育旅游也得到了迅猛发展，呈现出崭新的面貌，产生了一批体育旅游从业机构。

第二，体育旅游产业带来的经济效益和社会效益已初见端倪。

第三，已初步形成体育赛事、冰雪运动、水上运动、民族民俗项目等相结合的、多样化的体育旅游产品体系。随着人们的旅游消费由单纯的观光向休闲、度假、体验、参与的全面推进，一些旅游目的地更加重视体育旅游产品的开发，期望通过优化旅游产品结构来吸引游客，延长旅游地的生命周期。

阅读材料 10-7　成都马拉松正式开跑

三、乡村旅游

（一）乡村旅游的概念

乡村旅游是指以各种类型的乡村为背景，以乡村文化、乡村生活、乡村环境和乡村风光为旅游吸引物而进行的兼有观光、休闲、体验性质的活动。

乡村旅游发源于19世纪中叶的欧洲，始于法国，最初是欧美度假旅游发展的一种空间选择。1855年，一位名叫欧贝尔的法国参议员带领一群贵族来到巴黎郊外的农村度假，与当地农民同吃同住，参与农业活动，这使他们重新认识了大自然的价值，加强了城乡人民间的交往，增强了城乡人民的友谊。1863年，托马斯. 库克组织了到瑞士农村的第一个包价旅游团。1865年，意大利成立了“农业与旅游全国协会”，介绍城市居民到农村去体味乡村野趣。这种早期的乡村旅游，具有比较明显的贵族化特点，普及型不强，真正意义上的大众化的乡村旅游则起源于20世纪60年代的西班牙。

国外学者相当重视对乡村旅游概念的研究，认为这涉及乡村旅游理论体系的构建，但目前对概念的界定尚未取得一致意见。西班牙学者吉尔伯特和董（Gilbert and Tung，1990）认为：乡村旅游（rural tourism）就是农户为旅游者提供食宿等条件，使其在农场、牧场等典型的乡村环境中从事各种休闲活动的一种旅游形式。世界经济合作与发展委员会（OECD，1994）的定义为：在乡村开展的旅游，田园风味是乡村旅游的中心和独特的卖点。英国的布拉姆威和莱恩（Bramwell and Lane，1994）认为：乡村旅游不仅是基于农业的旅游活动，而是一个多层面的旅游活动，它除了包括基于农业的假日旅游外，还包括特殊兴趣的自然旅游、生态旅游，在假日步行、登山和骑马等活动，探险、运动和健康旅游，打猎和钓鱼，教育性的旅游，文化与传统旅游，以及一些区域的民俗旅游活动。

国内对乡村旅游的定义也很多。郭焕成认为：乡村旅游是指以乡村地区为活动场所，利用乡村独特的自然环境、田园景观、生产经营形态、民俗文化风情、农耕文化、农舍村落等资源，为城市游客提供观光、休闲、体验、健身、娱乐、购物的一种新的旅游经营活动。2004年，在贵州举行的乡村旅游国际论坛上，专家学者们最终形成了一个比较统一的观点，认为中国的乡村旅游至少应当包括以下三个特点：第一，为提升乡村旅游的品位及丰富性，乡村旅游需要具备特色鲜明的乡村民俗民族文化。第二，为便于展示“住农家屋、吃农家饭、干农家活、享农家乐”的民俗特色，乡村旅游需要以农民为经营主体。第三，为满足城市居民享受自然风景、体验淳朴民风民俗的愿望，乡村旅游的目标市场主要定位为城市居民。也就是说，乡村旅游的核心和焦点是乡村性，其发展的主体空间在乡村，发展的要素是农民、农业和农村建设，发展的内涵不仅仅包括设施和景观，还体现为乡村文化的传承和体验。

农业旅游是利用农林牧渔等农业形态发展旅游，休闲农业和观光农业都是农业旅游的子类，两者有交叉。农业旅游占乡村旅游相当大的部分。乡村旅游还包括农民的居住环境、农村的生活、农村的生态环境等。乡村旅游和农业旅游的区别表现在：乡村是和城市相对的概念，但是农业在很多城市存在，城市可以搞都市农业。所有的农业旅游未必都在农村，但是乡村旅游都在乡村。

（二）乡村旅游的特点

乡村旅游是农业与旅游业产业融合的产物。从农业的角度看，乡村旅游是传统农业向现代农业发展的产物。从旅游业的角度看，乡村旅游是旅游业发展到一定阶段和规模后出现的一种新的形式。因此，乡村旅游兼具了农业与旅游业的特征。乡村旅游最大的吸引力在于其本身特有的环境和情景，最大的优势在于可以与生态旅游结合起来，其特点有：一是开发门槛低，二是乡村性，三是内容的广博性，四是地域的差异性，五是参与体验性，六是较强的季节性，七是景观的多样性。

阅读材料 10-8　邛崃大梁酒庄

四、康养旅游

（一）康养旅游的概念

我国康养旅游发展迅速，但康养旅游研究还处在起步阶段，其概念经常界定不清，易与养生旅游、保健旅游、健康旅游等概念混淆，不同学者对这些概念之间的关系也存在不同的见解。吴耿安、郑向敏（2017）认为康养旅游等同于保健旅游，二者仅在表达上存在差异。徐红罡教授在《〈康养旅游示范基地〉标准解读》中认为健康养生旅游即康养旅游，直接取其字面意思进行解释。祁小云（2017）在其文章中将康养旅游与健康旅游、养生旅游等进行比较，认为康养旅游的范畴更广，健康旅游、养生旅游等类型都包含其中。

最早定义“康养旅游”这一概念的是王赵（2009），他将康养旅游概括为健康旅游、养生旅游。他认为康养旅游是一种建立在自然生态环境、人文环境、文化环境基础上，结合观赏、休闲、康体、游乐等形式，以达到延年益寿、强身健体、修身养性、医疗、复健等目的的旅游活动。之后的学者如谢晓红（2018）、汪文琪（2018）、戎天（2018）、任宣羽（2016）、杜宗棠（2017）等大都在此基础上界定康养旅游。总的说来，大部分学者都是从康养旅游的目的（促进旅游者的生理健康和心理健康）出发确定其概念。而在康养旅游目的的解释中，任宣羽（2016）将康养旅游的目的升华为：康养旅游的目的不仅在于促进旅游者的身心健康，其更高层次的目的是提升旅游者的幸福感。杜宗棠（2017）在定义康养旅游时，则更强调人与自然、与他人的和谐关系。由此可见，康养旅游概念的发展是一个不断完善的过程。在康养旅游的概念界定中，不同学者的观点虽存在些许差异，但从其概念的不同界定可以看出，康养旅游不仅仅关注旅游者自身的生理、心理体验，还逐渐开始强调人与他人的互动关系。

康养旅游从字面来看，它就是一种健康养生的旅游活动。根据世界卫生组织给出的解释，健康不仅指一个人身体有没有出现疾病或虚弱现象，还是指一个人生理、心理和社会上的完好状态。养生，有保养、涵养、滋养之意。保养即通过运动、护理等手段让身体机能恢复应有机能；涵养即开阔视野、通达心胸、广闻博见，通过修炼与提升自身素质和道德，让身心得到静养与提升；滋养，则为适时、适地、适人调理周身，以达到治未病而延年的效果。若从康养旅游的目的出发界定其概念，我们可以发现，康养旅游的目的极其广，凡是有益于旅游者身心发展、提升的旅游活动都可以称之为康养旅游。另外，笔者认为，从旅游目的来看，康养旅游确实属于一个范畴较大的概念，健康旅游和养生旅游等应该包含其中。在康养旅游的发展条件中，笔者还认为，除了康养旅游资源外，还应注重周围环境“润物细无声”的作用。

小贴士：康养旅游政策汇总

2016 年 1 月：国家旅游局发布《国家康养旅游示范基地标准》。

2016 年 2 月：国家林业局印发《关于启动全国森林体验基地和全国森林养生基地建设试点的通知》。

2016 年 4 月：国家林业局印发《中国生态文化发展纲要（2016—2020 年）》。

2016 年 5 月：国家林业局印发《林业发展“十三五”规划》。

2016 年 10 月：中共中央国务院印发《“健康中国 2030”规划纲要》。

2017 年中央一号文件《中共中央、国务院关于深入推进农业供给侧结构性改革加快培育农业农村发展新能动的若干意见》。

2018 年中央一号文件《中共中央、国务院关于实施乡村振兴战略的意见》。

（二）发展康养旅游的意义

1. 发展康养旅游产业是应对人口老龄化的重大举措

目前，中国社会老龄化越来越严重，面对加速增长的老龄化群体，我国的养老服务和保障如何应对这种挑战和机遇成为我们关注的课题。发展康养旅游产业可以缓解老龄化对社会医疗的巨大压力，为城市养老提供新的解决方案。

2. 发展康养旅游产业符合经济社会发展需求

党的十八大以来，习近平总书记多次提到把绿水青山真正转化为金山银山的“两山理论”。康养旅游产业是一种新的模式，依托森林资源、水域资源、田园资源等环境优势，能充分体现“创新、协调、绿色、开放、共享”的发展理念。

3. 发展康养旅游产业有利于促进旅游产业升级

康养旅游产业与旅游产业联系最为紧密，可实现旅游产业和康养产业的提质增效，并提升档次。我们要不断探索旅游产业和康养产业的协同发展，寻找它们的契合点和交叉点，并以“旅游+康养”为模式，探索多种复合式主题活动。

阅读材料 10-9　四川天府青城康养休闲旅游度假区

五、文化旅游

（一）文化旅游的概念

1. 国外研究综述

麦金托什（Mclntosh，1986）和世界旅游组织（UNWTO，1985）最早从广义的角度对文化旅游进行了定义，他们认为文化旅游关键在文化，旅游只是形式。文化旅游包括旅游的各个方面，旅游者从中可以学到他人的历史和遗产，以及他们的当代生活与思想。随后，厄里（Urry，1990，1995）、歌邦（Grabum，1989）从狭义的角度认为文化旅游是对“异质”事物的消费，指出文化旅游实际上是一些拥有浓厚怀旧情绪，对异质事物有强烈好奇心的文化旅游者的猎奇行为。文化旅游的广义和狭义定义在一定程度上都有自身的局限性，前者过于抽象，有泛化倾向，后者又偏重强调追寻“奇异”文化而把大众文化排斥在外（徐菊凤，2005）。1991 年，欧洲旅游与休闲教育协会（ATLAS）在参照了多种相关定义之后对文化旅游给出了比较中性的定义（概念性定义和技术性定义）其概念性定义（conceptualdefinition）：人们为了获得和满足文化需求而离开自身日常居住地，前往文化景观所在地的非营利性活动。其技术性定义（operationaldefinition）：人们为了获得和满足文化需求而离开自己日常居住地，到文化吸引物所在地，如遗产遗迹、艺术与文化表演地、艺术歌剧表演地等的一切非营利性活动。该定义不但为文化旅游提供了一个观念性的理论框架，而且还从技术性的角度明确了文化旅游的内容和范畴，更便于实际操作。在此基础上，詹森（Jamieson，1994）对文化旅游的内容进行了细化，认为文化旅游应该包括：手工艺、语言、艺术和音乐、建筑、对旅游目的地的感悟、古迹、节庆活动、遗产资源、技术、宗教、教育等。

由此可见，目前国外学界对文化旅游的认识尚未统一，而其定义也相对松散，这主要缘于学者们的界定角度、所采用的方法和使用的技术不一。

2. 国内研究综述

国内方面，学者们对文化旅游的定义大致可归纳为四类（魏代俊、方润生，2012）：一是认为文化旅游属于运动的范畴，是一种旅游类型（马波，1998）。旅游者因为自己的艺术审美情趣以及对异地异质文化的求知和憧憬，进而离开自己的日常生活环境，去观察、感受、体验异地或异质文化，消费带有文化色彩的旅游产品，从而获得精神上或文化上全方位满足的旅游活动（郭丽华，1999；张国洪，2001）。二是认为文化旅游是一种旅游产品。它是供给者为需求者提供的，旨在以学习、研究、考察所游览国（地区）文化的一方面或诸方面为主要目的的旅游产品。其大致可分为遗迹遗址旅游、建筑设施旅游、人文风俗节庆旅游、特色商品旅游等类型（蒙吉军、崔凤军，2001；朱桃杏、陆林，2005）。更有学者直接就将文化旅游等同于民俗旅游这一具体的旅游产品类型（于岚，2000）。三是认为文化旅游是一种意识，是旅游经营者融入文化旅游产品开发中的一种创新思维，是一种旅游产品的设计思路（郭丽华，1999；丁丽英，2002；马静，2011）。四是认为所有的旅游都是文化旅游，这主要缘于文化与旅游二者的不可拆分性，文化是旅游的灵魂，旅游是文化的载体。任何的旅游都包含了文化，而文化又更好地提升了旅游（李顺，2004）。也有与这一说法持对立观点的学者，他们认为文化旅游与旅游存在差别，这是因为文化旅游资源与自然旅游资源有着本质的差别，真正的文化旅游产业是由人文旅游资源开发出来的，可分为历史文化类和社会文化类文化旅游产业（龚绍方，2008）。

综上所述，我们可以发现：一是国内外学者对“文化旅游”概念的界定都先后经历了从宽泛到狭窄、从抽象到具体的过程。二是在定义“文化旅游”的过程中，大部分学者都强调文化旅游资源的重要性，认为它是文化旅游活动顺利开展的基础。三是认为“文化旅游”是旅游者对某些特殊文化的向往与憧憬，进而对该类文化旅游资源内涵进行深入体验与感受的一种旅游类型。正如部分学者所说，“文化旅游”是以文化的互异性为诱因，以文化碰撞与互动为过程，以文化的相互融洽为结果（庄大昌，2006）。四是国内学者对文化旅游的研究起步较晚，且还停留在对某一类文化旅游资源的开发上，鲜有学者从系统科学的视角来审视整个文化旅游产业系统，并对其概念进行界定。五是部分研究成果仍然存在将“旅游文化”与“文化旅游”概念混淆的现象。

阅读材料 10-10 乌镇文化旅游的发展路径

（二）文化旅游的发展现状

随着经济社会的发展，中国文化旅游市场竞争日趋激烈。文化和旅游部发布的《中华人民共和国文化和旅游部 2018 年文化和旅游发展统计公报》指出：截至 2018 年年末，全国各类文化和旅游单位 31.82 万个，从业人员 375.07 万人。艺术表演团体 17 123个，比上年末增加 1 381 个；全年演出 312.46 万场，比上年增长 6.4%；国内观众 13.76 亿人次，比上年末增长 10.3%。公共图书馆 3 176 个，比上年末增加 10 个；图书总藏量约 10.37 亿册，比上年末增长 7.0%；全年全国公共图书馆流通总人次约 8.20 亿，比上年末增长 10.2%；全年共为读者举办各种活动 179 043 次，比上年增长 15.1%；参加人次 10 648 万，比上年增长 20.2%。群众文化机构 44 464 个，比上年末减少 57 个；全年共组织开展各类文化活动 216.48 万场次，比上年增长 10.9%；服务人次70 553万，比上年增长 10.3%。全年国内旅游人数 55.39 亿人次，比上年增长 10.8%，入境旅游人数 14 120 万人次，比上年增长 1.2%，出境旅游人数 14 972 万人次，比上年增长 14.7%。文物机构 10 160 个，比上年增加 229 个；全年接待观众 122 387万人次，比上年增长 6.6%。2018 年全国文化事业费 928.33 亿元，比上年增加 72.53 亿元，增长了 8.5%；全国人均文化事业费 66.53 元，比上年增加 4.96 元，增长了 8.1%。文化事业费占财政总支出的比重为 0.42%，比重与上年持平。

文化旅游将作为一项具有潜力的智慧产业，以资本、创意和科技为驱动，刷新人们之前对旅游业的认识。在目前文化旅游产业发展进入到大发展、大融合的新形势下，政府部门围绕推动和促进文化旅游产业发展制定和实施了一系列的鼓励和扶持政策。为进一步兴起社会主义文化建设新高潮，鼓励和推动文化旅游产业发展升级具有重大而深远的意义。在此背景下，我国的文化旅游产业发展也进入新常态。现从我国文化旅游业未来的发展建议来分析文化旅游业。

1. 大力开发文化旅游资源，合理化开发

我国的文化旅游业不但要大力发展，而且因为各地的文化旅游资源不同，所以还应该进行具有文化针对性的开发。我们要进行深挖掘、重点开发、科学的规范，要走差异化发展道路。只有这样，才能促使文化旅游业得到健康的、快速的、可持续的发展。任何一个文化旅游的形态，都会随着其整合能力的增强，使得其特色更加的明显，文化个性越发的突出。文化旅游有了明显的特色和文化个性，才能有自己的美学价值，才能吸引游客，产生轰动性的效应。只有达到了轰动效应，才可能将其转化为更好的经济效益。景区应当树立“人无我有，人有我特”的文化旅游特色概念，用独特的文化底蕴，提升其价值。

2. 完善配套设施建设，不断革新

在景点开发之时，景区应当充分考虑景点配套设施的建设；要落实餐饮、交通等配套设施的合理建设。针对商业化，景区应该进行合理整合，要配合景区的文化底蕴，尽量做到少而精，让商业化和文化旅游主题进行完美融合；加大力度解决用地困难现象，要懂得利用荒山、垃圾场、废区进行建设，坚持做到废物利用。

3. 增强开发资金的投入，大力推动民营企业的发展

国家应当针对文化旅游业进行大力投资，促进其发展。同时国家要引导金融产业支持文化产业发展，进行金融产品创新，开发出适合文化旅游产业特点的险种，支持我国民营文化旅游企业的发展；要积极引导民间资金进入文化旅游产业，鼓励社会资本进入文化旅游产业，要让民间企业能够看见市场前景，进而吸引民间投资。

近二十年来，我国越来越重视文化旅游产业的发展，并不断加大政策支持和投资力度。文化旅游品牌开发持续推进，文化旅游管理和服务不断加强，文化旅游市场已经具备一定的规模。

[核心知识小结]

本章主要针对全域旅游、智慧旅游及时下新兴的一些旅游形式进行论述；分析了全域旅游提出的背景、特征和发展全域旅游的意义；详细论述了智慧旅游兴起的背景和发展智慧旅游所需要的技术支撑，如云计算、物联网、高速无线通信技术、地理信息系统、虚拟现实技术等，结合旅游业的现状详细说明了其在现代旅游业中的利用状况。最后介绍了一些新兴的旅游形式，如乡村旅游、康养旅游、体育旅游和文化旅游等。

[复习思考题]

1. 全域旅游的发展背景如何？
2. 研学旅行与传统旅游的差异？
3. 什么是智能景区？中国目前智能景区的建设情况如何？

[案例解析]

四川成都郫都区战旗村乡村旅游的经验分享

参考文献

[1] 钟栎娜，邓宁. 智慧旅游：理论与实践 [M]. 武汉：华东师范大学出版社，2017.

[2] 石培华. 如何认识与理解全域旅游 [N]. 中国旅游报，2016-02-03 (7).

[3] 李金早. 务实科学发展全域旅游：在全域旅创建工作现场会上的讲话 [N]. 中国旅游报，2016-05-26.

[4] 李云鹏，胡中州，黄超，等. 旅游信息服务视阈下的智慧旅游概念探讨 [J]. 旅游学刊，2014 (5)：106-115.

[5] 张钊，杨运星. 大理"智慧旅游"现状及发展问题研究 [J]. 旅游纵览（下半月），2016 (3)：145-146.

[6] 彭丽，谭艳，周继霞. 基于智慧旅游背景下的乡村旅游发展模式研究：以重庆合川区为例 [J]. 农业经济，2014 (12)：49-50.

[7] 王虹，廖文喆. 政府主导型智慧旅游发展模式研究 [J]. 社会科学论坛，2014 (5)：194-201.

[8] 付业勤，郑向敏. 我国智慧旅游的发展现状及对策研究 [J]. 开发研究，2013 (4)：62-65.

[9] 曾博伟，张晓宇. 体育旅游发展研究 [M]. 北京：中国旅游出版社，2019.

图书在版编目(CIP)数据

旅游学概论/贾荣,王毓梅主编;张辉辉,闫海莹副主编.—2版.—成都:
西南财经大学出版社,2022.6
ISBN 978-7-5504-5330-2

Ⅰ.①旅… Ⅱ.①贾…②王…③张…④闫… Ⅲ.①旅游学—概论
Ⅳ.①F590

中国版本图书馆CIP数据核字(2022)第086465号

旅游学概论(第二版)
LÜYOUXUE GAILUN

主　编　贾　荣　王毓梅
副主编　张辉辉　闫海莹
参　编　李汶桐　彭　璐　李姣楠

策划编辑:李邓超
责任编辑:王　琴
责任校对:高小田
封面设计:张姗姗
责任印制:朱曼丽

出版发行	西南财经大学出版社(四川省成都市光华村街55号)
网　　址	http://cbs.swufe.edu.cn
电子邮件	bookcj@swufe.edu.cn
邮政编码	610074
电　　话	028-87353785
照　　排	四川胜翔数码印务设计有限公司
印　　刷	郫县犀浦印刷厂
成品尺寸	185mm×260mm
印　　张	14.5
字　　数	299千字
版　　次	2022年6月第2版
印　　次	2022年6月第1次印刷
印　　数	1—3000册
书　　号	ISBN 978-7-5504-5330-2
定　　价	39.80元